SCHLÜSSELTEXTE DER BERUFSPÄDAGOGIK

Theorie, Geschichte und Didaktik

Herausgegeben von Friedhelm Schütte

Franz Steiner Verlag

Bibliografische Information der Deutschen Nationalbibliothek:
Die Deutsche Nationalbibliothek verzeichnet diese Publikation in der Deutschen Nationalbibliografie; detaillierte bibliografische Daten sind im Internet über <http://dnb.d-nb.de> abrufbar.

Layout und Herstellung durch den Verlag
Satz: DTP + TEXT Eva Burri, Stuttgart
Druck: Memminger MedienCentrum, Memmingen
Gedruckt auf säurefreiem, alterungsbeständigem Papier.
Printed in Germany.
ISBN 978-3-515-13329-6

Vorwort

Die Frage nach der Bedeutung von Klassikerinnen und Klassiker der Berufs- und Wirtschaftspädagogik ist die Frage nach dem Gegenstandsbereich und dem Theoriegebäude der Disziplin. Spätestens mit der so genannten realistischen Wende in den 1960er Jahren wird das disziplinäre Theorieverständnis, das Selbstverständnis der Disziplin insgesamt regelmäßig hinterfragt. Mit dem Einzug der Soziologie in das Theoriegebäude der Disziplin und deren struktureller Analyse des Bildungs- und Beschäftigungssystems ist die alte Ordnung des Gegenstandsbereichs mit der nichtakademischen männlichen Jugendbildung im Mittelpunkt sowohl in die Kritik als auch in die wissenschaftstheoretische Defensive geraten. Der Diskurs um das ‚deutsche System der Berufsausbildung' (*Greinert*) in Form des ‚dualen Systems' (*Abel*), bildungspolitisch, volkswirtschaftlich und curricular konzentriert auf die Qualifikation von ‚Facharbeitern' in Industrie, Handwerk, hat die (bildungs-)philosophische Begründung von Berufserziehung und beruflicher Bildung in den Schatten berufs- und wirtschaftspädagogischer Reflexion gestellt. Die Suche nach dem disziplinären Theoriekern sowie einem respektablen Platz im Wissenschaftsgebäude respektive akademischen Betrieb ist keineswegs abgeschlossen. Sie ist noch immer virulent. Die methodische Grenzziehung zwischen den benachbarten Sozialwissenschaften Soziologie, Sozialpsychologie, Anthropologie, Politik-, Arbeits- und Kulturwissenschaft erweist sich in Abhängigkeit vom Objekt von Forschung und Lehre als eine methodische Herausforderung respektive wissenschaftliche Gradwanderung.

Die Ver-Sozialwissenschaftlichung der Disziplin nachzuvollziehen ist eine Herausforderung, die einerseits ein seriöses Quellenstudium voraussetzt, andererseits durch lebendigen Austausch (Disputation, Diskurs) im Seminar erst thematische Substanz erhält und sachliche Konkretion gewinnt. Im Zeitalter von Pandemie und Online-Seminaren (digitalen Lehrveranstaltungen) inklusive Home-Office ist die Versorgung von Studierenden mit ausgewählten Originaltexten nur ein hochschuldidaktisch unbedeutendes, nebensächliches Detail, allerdings versehen mit mehr subjektiven Nach- als Vorteilen. Zum einen legitimiert erst der diskursive Austausch in akademischer Gemeinschaft sowie die unmittelbare Auseinandersetzung mit ‚den Quellen', mithin die ‚Arbeit am Text' selbst das Studium gleichwie das Selbststudium. Zum anderen liefert der Blick auf zeitgenössische Quellen nicht nur einen historischen sondern auch einen systematischen Einblick in, und via Rückblick, auf den Objektbereich der Disziplin.

Der Wandel der disziplinären Theoriebildung spiegelt sich in den klassischen gleichwie Texten jüngeren Datums. Zugleich markieren sie wesentliche Veränderungen sowohl innerhalb der wissenschaftlichen Arena als auch außerhalb der Disziplin bei der bildungspolitischen Bearbeitung eines zentralen gesellschaftlichen Reproduktionsbereichs: der nichtakademischen Berufsbildung (Jugendbildung).

Damit sind Adresse und die Adressaten:innen benannt. Angesprochen sind alle Akteurinnen und Akteure im Feld von Berufs-, Sozial- und Wirtschaftspädagogik, mithin angehende Lehrkräfte im System beruflicher Bildung, das Ausbildungspersonal in Handwerksbetrieben und Industrieunternehmen, Politiker:innen sowie das Berufsbildungsmanagement in Organisationen und staatlichen Stabsstellen der beruflichen Aus- und Weiterbildung.

Die *semantische Verschiebung* der Begriffe Berufserziehung, Berufsarbeit, Erwerbsarbeit, Berufsbildung und Berufliche Sozialisation über einen längeren Zeitraum offenbart nicht nur die Historisierung berufs- und wirtschaftspädagogischer Chiffren, sie vermittelt zugleich eine Vorstellung davon, was Hermeneutik im Umgang mit Texten zu leisten vermag. Die Leserinnen und Leser sind somit aufgerufen, sich hermeneutische Kenntnisse anzueignen und in diskursiver Absicht bei kritischer Lektüre ein individuelles Erkenntnisinteresse herauszuarbeiten.

Der vorliegende Band korrespondiert inhaltlich mit der vom Autor im gleichen Verlag publizierten Veröffentlichung „Berufserziehung – Jugendbildung. Fünfzehn berufspädagogische Vorlesungen". Insofern versteht sich der Band als inhaltliche Ergänzung bzw. Vertiefung des Studiums der Berufs- und Wirtschaftspädagogik sowie der beruflichen Aus- und Weiterbildung, mithin des Systems beruflicher Bildung in der Bundesrepublik Deutschland.

Charlottenburg und Kladow im Juli 2021

Inhaltsverzeichnis

Einführung

FRIEDHELM SCHÜTTE

Mit der Vorlage klassischer berufspädagogischer Texte ist die Absicht verbunden, eine Selbstvergewisserung (Bestandsaufnahme) der Disziplin in Zeiten der Desorientierung anzustoßen und im Rahmen eines Rückblicks ‚klassische' Argumente zu ausgewählten Themenfeldern einzuholen. Eine Genese des wissenschaftlichen Objektbereichs der Berufs- und Wirtschaftspädagogik sowie der Theoriebildung ist damit unmittelbar verbunden. Das Vorhaben grenzt sich mit der Konzentration auf vier thematische Schwerpunkte von den herkömmlichen Quelleneditionen unterschiedlicher Provenienz durch eine wissenschaftstheoretische Positionierung ab.[1] In den disziplinären Fokus geraten somit der Wandel des Objektbereichs, theoretische und methodologische Kontroversen sowie der (berufs-)bildungspolitische Diskurs der Disziplin über einen Zeitraum von rund einhundert Jahren (1919–2013). Herangezogen werden sowohl ‚alte' als auch ‚neue' Klassikerinnen und Klassiker sowie zwei jüngere Autoren, die u. a. das Selbstverständnis der Disziplin erneut hinterfragen.

Die Frage der Integration der männlichen Arbeiterjugend in die Große Industrie am Ausgang des 19. Jahrhunderts war konstitutiv für die Etablierung der Berufspädagogik (und Wirtschaftspädagogik) als wissenschaftliche Disziplin. Soziale Integration durch Berufserziehung an schulischen und betrieblichen Lernorten stand fortan im Zentrum der jungen Wissenschaft, die sich die nichtakademische Jugendbildung mit den Mitteln der Berufserziehung auf ihre Fahnen schrieb. In ihrer rund einhundertjährigen Geschichte hat sich der Objektbereich der nachmaligen Universitätsdisziplin nur marginal verändert, wohl aber der gesamtgesellschaftliche Rahmen und damit der wissenschaftliche Reflexionshorizont.

1 An dieser Stelle kann nur eine Auswahl diverser Quelleneditionen vorgelegt werden: Stratmann/Bartel 1972; Grüner 1983; Lange/Harney/Rahn 1999; Pätzold 1992 sowie die legendäre, blaue Stratmann-Reihe Quellen und Dokumente zur Geschichte der Berufsbildung in Deutschland (Stratmann 1980 ff.) Zur Übersicht: Schütte 2015, S. 459.

Die Expansionsschübe des Bildungssystems nach 1920 und insbesondere nach 1960 auf der einen Seite sowie der Wandel von der Industrie- zur postindustriellen Dienstleistungsgesellschaft hat die Institution Berufsbildung bzw. das System beruflicher Bildung kontinuierlich verändert. Das Verhältnis von Fach- und Allgemeinbildung hat sich über Jahrzehnte und politische Systeme zwischen 1890 und 1969 – der Etablierung des Berufs- und Fachschulwesens und der Verabschiedung des Berufsbildungsgesetzes – nachhaltig gewandelt und die bildungspolitische Asymmetrie zwischen nichtakademischer und akademischer Bildung und (Berufs-)Erziehung substantiell aufgeweicht mit Rückwirkungen auf die zentralen Institutionen sozialer Reproduktion (Familie; Schule/Berufsschule; Hochschule/Universität) einerseits, Arbeits- und Lebenswelt andererseits. Die Verwissenschaftlichung der Warenproduktion im 20. Jahrhundert veränderte schließlich die Anforderungen an die Ausbildungsberufe[2] im nichtakademischen wie akademischen Bildungssektor mit markanten Eingriffen in die Bildungs- und Studiengänge einschließlich der Revision ihrer Curricula.

Mit der Einführung des Bologna-Systems für den akademischen Sektor und der Verabschiedung des Brügge-Kopenhagen-Lissabon-Prozesses für die nichtakademischen Berufe mit dem dualen System im Mittelpunkt, begibt sich das bundesrepublikanische Bildungssystem mit seinen korrespondierenden, weithin tariflich geregelten Teilarbeitsmärkten in eine doppelte Systemkonkurrenz, und zwar auf nationaler wie auf europäischer Ebene. Unter dem Diktat beruflicher Mobilität steht nunmehr national das Verhältnis von Fachbildung und Allgemeinbildung (erneut) zur Disposition – in Europa die ordnungs- und berechtigungspolitische Kollision des Systems beruflicher Bildung bzw. dessen Funktionalität hinsichtlich der geplanten Konvergenz von Bildungs- und Beschäftigungssystemen. Die Integration der (europäischen) Jugend in ein demokratisches Gemeinwesen, die Wertigkeit der erworbenen Bildungszertifikate und die Allokation von Berufen akademischer sowie nichtakademischer Provenienz erweisen sich somit als zentrale Herausforderung des Kontinents und berufspädagogischer Reflexion. Der Modus gesellschaftlicher Reproduktion steht unübersehbar zur Diskussion, mithin die Teilhabe an demokratischer Gesellschaft und deren Gestaltung in der Epoche binärer Codierung der weltumspannenden Warenproduktion.

Der theoretische Korpus der Berufs- und Wirtschaftspädagogik (BWP)[3] kann den Blick auf das aktuelle Szenario innerhalb und außerhalb der Bundesrepublik Deutschland in zweifacher Hinsicht schärfen: Erstens durch die Genese wissenschaftstheoretischer Diskurse resp. öffentlicher Debatten auf der Basis zeitgenössischer wie aktueller

2 Hiermit sind die nichtakademischen Berufe (Ausbildungsberufe) nach dem Berufsbildungsgesetz (BBiG) von 1969 und dessen Novellierung aus dem Jahre 2005 angesprochen (Schütte 2010, 2014).

3 Im Folgenden werden nur die Theorieangebote und historischen Diskurse aus dem wissenschaftlichen Umfeld der Berufs-, Arbeits- und Betriebspädagogik herangezogen. Damit wird der Objektbereich insbes. in seiner institutionellen und curricularen Dimension auf den gewerblich-technischen Sektor, dessen Bildungsgänge und Ausbildungsberufe eingegrenzt (Pahl/Herkner 2010).

innovativer Texte; zweitens durch die Befragung der Tragfähigkeit der Begriffe Beruf und Bildung als theoretische Leitkategorien sozialer Integration[4] resp. beruflicher Sozialisation, die gesellschaftstheoretisch sowohl die soziale Reproduktion als auch die klassische Jugendfrage in immer neuen Variationen widerspiegeln. ‚Bildung im Medium des (Ausbildungs-)Berufs' (Blankertz), dessen Chancen und Grenzen, markiert das berufspädagogische Erkenntnisinteresse des vorliegenden Bandes sowie dessen zentrale Fragestellung: Ist Bildung im System beruflicher Bildung denkbar und wenn ja, in welcher Form und mit welchen Inhalten?

Vor diesem Horizont sind die folgenden Schwerpunkte und Beiträge zu den einzelnen Themenfeldern zu betrachten. Die Auswahl der Texte legitimiert sich durch Originalität, Intervention und Rezeption. Mit Originalität sind Neuerungen theoretischer und/oder methodischer Art angesprochen, die eine Intervention in den innerdisziplinären Diskurs für sich in Anspruch nehmen können und i. w. S. einen Beitrag zur Binnenlegitimität der Berufspädagogik leisteten bzw. leisten. Die Rezeption trifft Aussagen über die Wirkungsgeschichte der Text und deren wissenschaftliche Longe durée. Die ausgewählten Texte kommentieren mit unterschiedlichen Argumenten und theoretischen Zugängen erstens den Wandel von Beruf und Bildung und damit korrespondierend die historische Transformation des Bildungs- und Beschäftigungssystems von einer vormodernen in ein ‚moderne' demokratische Gesellschaft westlichen Typs, zweitens die soziale Mobilität von (Jugend-)Generationen im Kontext von Ausbildungsberuf und Erwerbstätigkeit in Handwerk und Industrie sowie drittens die Bildungsaspiration von Familien und Jugendlichen und deren Erwartungen an eine berufsfachliche, systematische Fachbildung gedacht als Alternative in Form gymnasialer Bildung. Die Frage der Reproduktion moderner Gesellschaften im Kontext sich wandelnder Bildungssysteme ist hiermit ebenso adressiert wie die klassenspezifische Platzierung von Individuen in berufsförmig-hierarchisch organisierten Gemeinwesen.

Während sich Originalität und Rezeption auf die historische resp. zeitgenössische Wirkung der Beträge im akademischen sowie insbesondere im öffentlichen Diskurs beziehen und dadurch einen fachwissenschaftlichen Kanon produzieren bzw. Begriffs- und Theoriearbeit leisten, zielt Intervention auf eine nachhaltig oder auch kurzfristige Wirkung vornehmlich in der berufsbildungspolitischen Arena. Die ausgewählten Texte stellen insofern nur einen kleinen Ausschnitt aus intensiv geführten Arenagesprächen in der jeweiligen Epoche dar.[5] Die Rezeption ist insofern ein Spiegel des zeitgenössischen Diskurses.

In den Blick des vorliegenden Bandes werden sowohl berufsbildende Vollzeit-Bildungsgänge in öffentlicher Trägerschaft genommen als auch das duale System mit

4 Der Begriff ‚Inklusion' wird nicht verwendet, weil er den neuzeitlichen, nicht jedoch den historischen Diskurs wiedergibt (Schütte 2017).

5 Zum Überblick: Blättner/Kiehn u. a. 1960; Schlieper 1963; Müllges 1967; Greinert 1997; Arnold/Lipsmeier 2006; Arnold/Gonon 2006; Zabeck 2009; Nickolaus/Pätzold/Reinisch 2010.

seinem schulischen und betrieblichen Lernort. Die doppelte Dualität des Systems beruflicher Bildung – charakterisiert durch eine ordnungspolitische und didaktische Dimension – ist hierbei in wissenschaftstheoretischer Absicht systematischer Referenzpunkt sowohl für die so genannten Klassikerinnen und Klassiker der Berufs- und Wirtschaftspädagogik (*Fischer, Kerschensteiner, Litt, Siemsen, Spranger und Wissing*) als auch für alle anderen, seit den 1950er Jahren publizierten ‚klassischen' Beiträge. Insofern spiegeln sich in den siebzehn Beiträgen ganz unterschiedliche Wissenschaftstraditionen, theoretische Ansätze und politische Einschätzungen, die als Subtext nicht nur die Etablierung des berufsfachlichen Bildungssystems zwischen Systemfindung und Systemkomplementierung adressieren (Schütte 2003, 2015), sondern vornehmlich die systematische Verschiebung des bildungsphilosophischen bzw. geisteswissenschaftlichen Diskurshorizonts im Kontext des Neuhumanismus hin zu sozialwissenschaftlich argumentierenden Deutungsangeboten. Hierbei ist die Kontinuität der disziplinären Leitbegriffe Beruf, Erziehung, Bildung und Arbeit ein Phänomen, die politische Stabilität des Reproduktionsmodells nichtakademischer Berufsbildung ein weiteres.[6] Die Ideengeschichte der Berufs- und Wirtschaftspädagogik lässt sich somit in Etappen nachvollziehen aber auch und vor allem der wechselhafte Wandel des innerdisziplinären Diskurses (Gonon/Reinisch/Schütte 2010).

1. Schwerpunkte und Themenfelder – Kapitelüberblick

In vier thematischen Schwerpunkten wird der wissenschaftstheoretische Diskurs der universitären Berufspädagogik nachgezeichnet und die Konjunkturen der bildungspolitischen Debatten im Längsschnitt sichtbar. Die einzelnen Themenfelder geben sowohl einen Einblick in zeitgenössische Kontroversen und deren neuen disziplinären Herausforderungen als auch Hinweise auf ein sich veränderndes methodisches Setting. Neue theoretische Ansätze geraten in den Blick, methodische Brüche, mithin Traditionslinien und Diskontinuitäten sind nachvollziehbar. Ideologiekritik, Sozialgeschichte, Bildungs- und Industriesoziologie sowie die Aufnahme anthropologischer Argumente erweitern den Zugang zum berufs- und wirtschaftspädagogischen Feld über geisteswissenschaftliche Deutungen hinaus und akzentuieren die Jugendfrage (Jugendbildung) in einem neuen wissenschaftstheoretischen Kontext.

War die so genannte Jugendfrage seit der Wende zum 20. Jahrhundert zunächst ein isoliertes Thema, das politisch-administrativ mit der Etablierung des Systems beruflicher Bildung nach einer rund zwanzigjährigen Systemfindungsphase[7] institutionell

---

6 Die aktuelle berufsbildungspolitische Debatte der Enquete-Kommission des Dt. Bundestages (2021) zur „Berufliche(n) Bildung in der digitalen Arbeitswelt" unterstreicht die Kontinuitätsthese eindrucksvoll.
7 Zum Systembildungsansatz: Schütte 2003, S. 22 f., insbes. S. 397 ff.

beantwortet und auf das begriffliche Dual Beruf und Bildung reduziert wurde[8], öffnet sich der Diskurs seit den 1920er Jahren für Fragen u. a. der Berufswahl, sozialer Mobilität, systematischer Berufsbilder, berufsbildender Lehrpläne, Unterrichtsmethoden und akademische Lehrkräftebildung. Die (berufs-)bildungstheoretische Legitimation von Beruf und Bildung geriet in dem Umfang – unterbrochen von einer beispiellosen Instrumentalisierung der Berufserziehung während des Nationalsozialismus (1933–1945) –, in eine Krise, wie die Befunde der qualitativen und quantitativen Sozialforschung Eingang in das Methodenarsenals der Disziplin fanden. Die Widersprüche zwischen moderner Erwerbarbeit und sozialer Reproduktion via Berufserziehung bzw. beruflicher Sozialisation waren ausbildungs-, ordnungs- und berechtigungspolitisch offensichtlich.[9] Die berufspädagogischen und (berufs-)bildungspolitischen Antworten darauf fallen nicht nur sehr unterschiedlich aus, sie markierten auch eine disziplinhistorische Zäsur. Im Zuge der realistischen Wende innerhalb der Erziehungswissenschaft verblasst die geisteswissenschaftliche Traditionslinie am Ausgang der 1960er Jahre zusehens (Zabeck 2009, S. 659 ff.). Die Ver-Sozialwissenschaftlichung der Disziplin generiert nicht nur neue ‚Traditionslinien' (Schütte 2013, S. 16 f.), sondern hinsichtlich neuer Themenfelder – zu nennen sind Ordnungspolitik, (Berufs-)Bildungsökonomie, Überbetriebliche Berufserziehung, Lernortkooperation, Berufliche Weiterbildung, Bildungsexpansion, Vergleichende Bildungssystemforschung, Lebenslanges Lernen – auch eine Ausdifferenzierung der Theorieangebote, die sich in den vorliegenden Texten in unterschiedlicher Weise wiederfindet.[10] Die neuen Themen liefern die materielle Basis zur Erweiterung des Objektbereichs mit semantischen Verschiebungen der berufs- und wirtschaftspädagogischen Begrifflichkeit sowie des methodischen Settings.

Kapitel 1 – Konstitution des Objektbereichs

Die Konstitution des Objektbereichs (Arbeiter-)Jugendbildung wird maßgeblich von *Georg Kerschensteiner* (Text 1), *Aloys Fischer* (Text 3), *Anna Siemsen* (Text 4) und *Eduard Spranger* (Text 2) gestaltet. Die Klassikerinnen und Klassiker der ‚Zunft' – ein-

---

8 Der Begriff der Arbeit, der den berufspädagogischen Diskurs von Anbeginn begleitet hat – u. a. von *Kerschensteiner* nachhaltig pädagogisiert (Gonon 2002) –, ist im Kern ein vom Beruf abgeleiteter Begriff und verweist, ohne das Thema (mit Ausnahme von *Fischer* und *Siemsen*) ins Forschungsprogramm aufzunehmen, auf Lohnarbeit, Berufsarbeit, Erwerbstätigkeit usf. Erst die frühe Berufssoziologie und Arbeitswissenschaft sowie die so genannte Psychotechnik haben den Gegenstand Arbeitserziehung und damit ‚Arbeit' zu einem berufspädagogischen erklärt (Riedel 1925). Der neomarxistische Diskurs der 1920er Jahre hat zur Popularisierung des Begriffs beigetragen (Schütte 1992, S. 60 ff.).

9 Siehe dazu i. E. historisch: Schütte 2013 und ideengeschichtlich: Reinisch/Gonon/Schütte 2010; ferner die Angaben in Anmerkung 5 sowie der Beitrag von Münk (Text 13) im vorliegenden Band.

10 Einschließlich eines ‚Methodenpluralismus'; neuerdings: Münk (Text 13); Lempert 1974, S. 311 f., 1980.

schließlich *Theodor Litt* – gehören mit Ausnahme von *Kerschensteiner* einer Generation an, sozialisiert im Kaiserreich.[11] Die wissenschaftstheoretische Epoche, die die Autorinnen und Autoren seit 1900 ideell und theoretisch bis in die frühen 1960er Jahre hinein prägen, wird von der Systemfindung sowie Systemkomplementierung des Systems beruflicher Bildung einerseits, der normativen Begründung von Beruf und Bildung andererseits charakterisiert. Die Konstitution des Objektbereichs mit der nichtakademischen Berufsbildung bzw. Sozialintegration der Arbeiterjugend (Jugendbildung) in die Industriegesellschaft im Mittelpunkt, geht einher mit neuen Formen der Arbeitsteilung und dem Einsatz neuer technischer Produktionsmittel. Mit der Expansion der zentralisierten Industrielehre nach 1918/19 und der schrittweisen Einführung der ‚neuen' Berufsschule erlebte die nichtakademische, betrieblich orientierte Nachwuchspflege nicht nur eine große öffentliche Aufmerksamkeit, sondern eine bis dahin nicht gekannte, im weitesten Sinne berufspädagogische Literaturproduktion unterschiedlicher Provenienz. Alle aufgeführten Autorinnen und Autoren positionieren sich zum Neuhumanismus bzw. zur philosophisch ausgerichteten Phänomenologie, namentlich *Kerschensteiner* und *Spranger*, oder disqualifizieren ihn politisch wie *Siemsen* oder interpretieren ihn wie *Fischer* im Rahmen einer phänomenologisch orientierten Soziologie, die Sozialintegration nicht als Frage der Klassenzugehörigkeit diskutiert, sondern als Vorbereitung auf eine lebenslange, beruflich grundierte Erwerbtätigkeit.

Aloys Fischer und *Anna Siemsen* erweitern mit ihren Studien zur Jugendbildung die wissenschaftliche Reflexion von Erwerbsarbeit und binden Berufserziehung in einen gesamtgesellschaftlichen Rahmen ein. Während *Kerschensteiner* und *Spranger* der Disziplin ein bildungsphilosophisches Fundament verleihen, thematisieren *Siemsen* und *Fischer* mittels jugendpolitischer sowie soziologischer Argumente die Spannungen zwischen Kapital und Arbeit im Feld der nichtakademischen Jugendbildung. Sozialpolitische, institutionelle und rechtliche Aspekte rücken in den Vordergrund. *Siemsen* tritt überdies als erste Kritikerin der namentlich von *Kerschensteiner* vorgelegten Berufsbildungstheorie hervor.[12] *Theodor Litt* wird rund zwei Jahrzehnte später, in der frühen Nachkriegszeit, daran anknüpfen.[13] Die nationalsozialistische Ära sowie die nunmehr unübersehbaren Veränderungen insbesondere der industriellen Produktionsweise im Blick, unterzieht *Litt* den klassischen Objektbereich und deren Leitbegriffe einer kritischen Würdigung. Durch die Kritik am Berufs- und Bildungsbegriff erlangt der berufspädagogische Diskurs Anschlussfähigkeit an die sich rasch etablierenden, aus dem Ausland (re-)importierten Wissenschaftsdisziplinen Anthropologie

---

11 Zur Biografie der einzelnen, aufgeführten Autorinnen und Autoren siehe die Angaben in Anmerkung 19.

12 Dazu ausführlich: Siemsen 1926. Die dezidierte Kritik von *Anna Siemsen* an der Berufsbildungstheorie ist von der Berufs- und Wirtschaftspädagogik mehr oder weniger unterschlagen worden. Zu Vita und Wirken von *Anna Siemsen*: Olga Essig (1953): Porträt Anna Siemsen. In: Berufspädagogische Zeitschrift [BPZ] 2. Jg., H. 4, S. 65.

13 Siehe dazu Text 10 im Band.

und vor allem Soziologie. *Litts* Intervention läutete nach dem Ende des Zweiten Weltkriegs eine erste Bestandsaufnahme der Berufsbildungstheorie ein.

Kapitel 2 – Erweiterung des berufspädagogischen Objektbereichs

Die Erweiterung des klassischen berufs- und wirtschaftspädagogischen Feldes (Objektbereichs) gründet nach 1950 zum einen auf einer Neuausrichtung der nichtakademischen Jugendbildung, zum anderen auf einer wirtschaftlichen, insbesondere industriepolitischen Dynamik, die erst in den 1970er Jahren zum Stillstand kommt. Die damit einhergehende Expansion des berufsbildenden Schulwesens, gepaart mit einer gesamtgesellschaftlichen Aufwertung der nichtakademischen Bildung liefert der Erweiterung des Objektbereichs die wissenschaftliche Basis und der Überprüfung des bildungstheoretischen Rahmens Legitimität. Berufswechsel, die Automatisierung der Warenproduktion, soziale Mobilität in Verbindung mit einer curricularen Integration von beruflicher und allgemeiner Bildung liefern dem innerdisziplinären Wissenschaftsdiskurs in den ersten zweieinhalb Dekaden nach dem Zweiten Weltkrieg die Stichworte (Greinert 2013, S. 96 ff.; Lisop 1985; Stratmann/Schlösser 1990; Zabeck 2009, S. 665 ff.).

Die fortgeschrittene Arbeitsteilung jenseits der klassischen zwischen Handwerk und Industrie in Gestalt neuer Berufsbilder bzw. Ausbildungsberufe, die Etablierung und Expansion vollzeitschulischer Bildungsgänge im Form u. a. von Berufsfachschulen[14] gekoppelt mit einer Überprüfung der tradierten Lehrpläne und die ordnungspolitische Reform des Systems beruflicher Bildung, namentlich des dualen Systems auf der Grundlage eines Berufsbildungsgesetzes erfordert nachgerade eine wissenschaftliche Neujustierung des Objektbereichs. Wenngleich sich das System bis in die 1980er Jahre durch eine hohe Flexibilität auszeichnet, die durch den Beitritt der Deutschen Demokratischen Republik (DDR) zur Bundesrepublik Deutschland 1989/90 mit der Übernahme des Berufsbildungsgesetzes nochmals unterstrichen wird – eine ordnungs- und bildungspolitische Kontinuität lässt sich hier beobachten –, liefert die Installierung neuer Produktionsmethoden (*Martin Baethge*, Text 6), die chronische Krise des Jugendarbeitsmarkts mit bemerkenswerter Jugendarbeitslosigkeit (*Karlwilhelm Stratmann*, Text 7), die Finanzierung des duales Systems (*Ingrid Lisop*, Text 8) und eine veränderte Bildungsaspiration (*Friedhelm Schütte*, Text 9) der wissenschaftlichen Erweiterung des Objektbereichs neue, objektive Argumente.

---

14 Zwischen 1950 und 1970 nahm die Zahl der Schülerinnen und Schüler an Berufsfachschulen von 81 868 auf 205 022, d. h. um 250 % zu (Zabeck 2009, S. 670).

Mit der Etablierung des Bologna- und Brügge-Kopenhagen-Prozesses erhält sie mit der Vergleichenden Berufsbildungsforschung eine weitere Dimension.[15] Die ideelle Verzahnung der akademischen mit der nichtakademischen Bildungssäule i. S. des European Qualification Frame (EQF) bzw. des Deutschen Qualifikationsrahmens (DQR) erfordert wissenschaftlich nachgerade die disziplinäre Konzentration auf das duale System heraus. Vornehmlich der in den späten 1990er Jahren anlaufende Krisendiskurs, der die ordnungspolitische und didaktische Tragfähigkeit der Institution duales System in Frage stellte, spiegelt die Erosion des klassischen Objektbereichs und die Rezeption der Klassiker.[16] Die Epoche der zweiten Systemkomplementierung – mithin die Jahre zwischen 1956 und 2010/12 – wird somit zum Ausgangspunkt der Erweiterung des disziplinären Objektbereichs auf sozialwissenschaftlicher Grundlage. Vier Beiträge widmen sich in exemplarischer Absicht der disziplinären Horizontverschiebung.

Kapitel 3 – Kritik der Begriffe, der Theorie, der Politik

Mit vier kritischen Einlassungen zur Wirkung von Beruf, Bildung, Erziehung, Sozialisation und Qualifizierung thematisiert das dritte Kapitel die ideelle, strukturelle, bildungspolitische und subjektive Seite berufsfachlicher Jugendbildung. Eine kritische Abrechnung mit der Berufsbildungstheorie und deren Begrifflichkeit nach dem Ende des Zweiten Weltkriegs wird von *Theodor Litt* (Text 10) gewährleistet. Eine Replik auf zwei bildungspolitische Reformmodelle im berufspädagogischen Feld aus den 1970er Jahre, durchgeführt im Flächenland Nordrhein-Westfalen und in Berlin wird mit *Wolf-Dietrich Greinert* (Text 11) unternommen. Die berufliche Sozialisation an sich und für sich rückt vor diesem Hintergrund in den Forschungshorizont der Berufs- und Wirtschaftspädagogik *Wolfgang Lempert* (Text 12). Die sozialwissenschaftliche Perspektive auf Jugendbildung kritisiert einerseits das klassische neuhumanistische Theoriegebäude in phänomenologischer Tradition, andererseits adressiert sie Fragen an ein modernes, Fach- und Allgemeinbildung integrierendes berufsfachliches Curriculum. Die formulierte Kritik zielt auf eine wissenschaftliche Neuorientierung der Disziplin verbunden mit der Forderung nach einer umfassenden Bildungsreform.[17] Die Dysfunktionalität des Systems beruflicher Bildung – namentlich in Form des dualen Systems – in Zeiten von Harmonisierung der nichtakademischen Berufsbildung im Kontext des

---

15 *Heinrich Abel* hat bereits im Lichte der Römischer Verträge von 1958 auf die wachsende Bedeutung der Vergleichenden Berufsbildungsforschung (Erziehungswissenschaft) hingewiesen (Schütte 2019).

16 *Rolf Arnold* und *Philipp Gonon* (2006, S. 173) konstatieren für die 1990er Jahre eine Verabschiedung „ideologische(r) Fragwürdigkeiten" bei gleichzeitiger Ausblendung bzw. Marginalisierung des klassischen disziplinären Wissenskanons bzw. Theoriegebäudes. *Günter Kutscha* (1992) hingegen verteidigt gegen alle Krisenszenarien vehement den mehr oder weniger klassischen Begriff von Beruflichkeit. Siehe auch den Beitrag von *Antonius Lipsmeier* (Text 17) im vorliegenden Band.

17 Siehe dazu neuerdings: Schütte 2022a.

europäischen Qualifikationsrahmens (DQR vs. EQF) wirft Fragen sowohl nach einem berufspädagogischen Theoriedefizit als auch jene nach strukturellen Disparitäten bzw. fehlender politischer Steuerung auf. Diesen Aspekt stellt *Dieter Münk* (Text 13) in den Mittelpunkt. Die Kritik von Begrifflichkeit, Theorie und Politik offenbart mithin die wissenschaftstheoretischen Grenzen des klassischen Objektbereichs. Die ketzerische Frage nach dem Pädagogischen im europäischen Vocational-Education-and-Training-Diskurs (VET) lenkt die Aufmerksamkeit nicht nur auf die soziale und berufliche Mobilität, auf das Lebenslange Lernen mithin auf das normative sowie theoretische Gebäude der Berufs- und Wirtschaftspädagogik, sondern auch auf die ideellen Grundlagen sowie politischen Rahmenbedingungen des europäischen Integrationsprozesses im Feld nichtakademischer Berufsbildung.

Damit schließt sich der Kreis zum ersten und zweiten Kapitel. Die Kritik an Theorie, Strukturen und Politik beinhaltet immer auch – namentlich im Horizont eines beruflichen Sozialisationsprozesses – eine Neuausrichtung der tradierten Didaktik und Methodik bzw. Unterrichtsmethodik in prozesstheoretischer Absicht, mithin eine Revision berufsfachlicher Curricula.

Kapitel 4 – Unterrichtsmethodischer und didaktischer Diskurs

Spiegeln die voran gegangenen drei Kapitel die berufsbildungstheoretische Ideengeschichte und deren Rezeption in einer sich dynamisch wandelnden Industriegesellschaft mit neuen Formen der Arbeitsteilung, industrieller Warenproduktion und sozialer Reproduktion, wendet sich das vierte Kapitel allgemeinen und speziellen Fragen der Beruflichen Didaktik sowie der Curriculumentwicklung, d. h. der Konstitution und Konstruktion berufsfachlicher Curricula für vollzeit- und teilzeitschulische Bildungsgänge zu. In den Blick geraten damit sowohl die Schneidung von ‚Bildungsplänen' mit der Differenzierung zwischen so genannter Grund- und Fachbildung, m. a. W. die Gewichtung und Verteilung beruflicher Leitfächer im Rahmen der Erstausbildung, die unmittelbar mit dem Namen *Jürgen A. Wissing* (Text 14) verbunden sind. Während *Herwig Blankertz* (Text 15) einen Einblick in den zeitgenössischen Diskurs einer curricularen Integration von Fach- und Allgemeinbildung im Rahmen des Pilotprojekts Kollegstufe NW gewährt, diskutiert *Felix Rauner* (Text 16) die inhaltliche Berücksichtigung und Bedeutung berufsrelevanter Arbeitsplatzanforderungen. Die curriculare und (fach-)didaktische ‚Arbeitsteilung' zwischen den Lernorten Schule und Betrieb im Kontext des dualen Systems unter Berücksichtigung des Bildungsauftrags des beruflichen Schulsystems problematisiert *Antonius Lipsmeier* (Text 17) im Kontext fach-, technik- und berufsdidaktischer Begrifflichkeiten.

Ein Einblick in die Genese und Weiterentwicklung der Unterrichtsmethodik zur Beruflichen Didaktik mit ihren diversen Theoriefamilien in den Varianten Fach-, Technik-, Berufs-, Bildungsgang- und Berufsfelddidaktik lässt sich hiermit in Ausschnitten nachvollziehen.[18] Didaktische sowie methodische Kontinuitäten und Brüche sind dabei als Reaktion auf die sich wandelnde Produktionsweise bzw. den Einsatz neuer, computergesteuerter Produktionsmittel ebenso zu beobachten wie neue Lernkonzepte als Antwort auf soziale und subjektive Herausforderungen an moderne berufsfachliche Tätigkeitsdomänen im technisch-gewerblichen Wirtschaftssektor. Die fachdidaktische Transformation von nichtakademischer Fachbildung in eine genuine Berufsschuldidaktik und -methodik sowie deren kontinuierliche Anpassung an die Lebenswelt von Jugendlichen einerseits (Schütte 2022), die Vorphase bis zur Entwicklung eines handlungsorientierten Unterrichtskonzepts andererseits, lässt sich damit unmittelbar nachvollziehen. Die besondere Qualität des didaktischen Dualismus – vor allem dessen historische Kontinuität – tritt hierbei in den Vordergrund. Die vorliegende Textauswahl will hierzu einen Beitrag liefern.

2. Charakteristika der Autorinnen und Autoren

In der Auswahl der Texte spiegeln sich sowohl Wirkungsgeschichte berufspädagogischer Theorie und die Originalität der Autorinnen und Autoren als auch kritische Rückfragen an den innerdisziplinären Diskurs.[19] Insofern thematisieren die vorliegenden Texte die Binnen- und Außenlegitimität der Berufs- und Wirtschaftspädagogik. Im Diskurshorizont der Disziplin begegnen sich somit Beiträge von zeitgenössischer wie auch aktuelle Bedeutung. Deshalb sind *Kerschensteiner* (Jg. 1854–1932), *Fischer* (Jg. 1880–1937), *Litt* (Jg. 1880–1962), *Siemsen* (Jg. 1882–1951), *Spranger* (Jg. 1882–1963) und *Wissing* (Jg. 1897–1988) den ‚alten' Klassikern – der Gründergeneration – zuzuordnen, während *Abel* (Jg. 1908–1965), *Blankertz* (Jg. 1927–1983) und *Lempert* (1930–2018) u. a. zu den ‚neuen' Klassikern gezählt werden können.[20] *Wissing,* im Gegensatz zu den anderen genannten Klassikern ein ausgewiesener Fachmethodiker, argumentiert in der *Herbart'schen* Tradition der Unterrichtsmethodik. Lehrplantheorie und Schulorganisation unter Berücksichtigung von zwei Lernorten stehen im Mittelpunkt seiner fachmethodischen Reflexion. In kollegialer Zusammenarbeit mit *Richard Botsch* und *Ludwig Geißler* entwickelt *Wissing* die Frankfurter Methodik als neuen Gegenstandsbereich der Berufspädagogik.[21] Der Anschluss an die Allgemeine Didaktik wird somit ebenso gewahrt wie eine curriculare Idee bzw. berufsfachliche Lehrplantheorie. *Strat-*

---

18 Zur Vertiefung neuerdings: Schütte 2018a, 2020a.

19 Zur Vita der aufgeführten Autorinnen und Autoren neuerdings: Lipsmeier/Münk 2019 und 2022, passim.

20 *Otto Monsheimer* (1956) hat seit der Jahrhundertwende und für die Zwischenkriegszeit ‚drei Generationen' identifiziert. *Jürgen Zabeck* (2009, S. 681) thematisiert den 1960er Jahren einsetzenden „Generationswechsel als Paradigmenwechsel" und diskutiert diesen in „wissenschaftstheoretische(r) Zuordnung und Abgrenzung (…) als ambivalent" (S. 685).

21 Zur Frankfurter Methodik: Schütte 2006, S. 136 ff.; hier weiterführende Literatur.

mann (1930–1997), *Greinert* (1938–2019), *Lisop* (Jg. 1933), *Lipsmeier* (Jg. 1937) sowie *Münk* (Jg. 1962) und *Schütte* (Jg. 1951) sind entweder ausgewiesene Schüler bzw. Kollegen der ‚neuen' berufspädagogischen Generation oder wählen wie *Baethge* (1946–2018) und *Rauner* (Jg. 1941) wissenschaftstheoretisch einen soziologischen resp. sozialwissenschaftlichen Zugang zum Feld von Berufserziehung und Berufsbildung. Insbesondere *Abel* und *Lempert* brechen in sozialwissenschaftlicher Absicht radikal mit der von der Gründergeneration vertretenen geisteswissenschaftlichen Tradition, während *Blankertz* eine Neuinterpretation des Neuhumanismus (Neukantianismus) vorlegt und damit eine berufsbildungstheoretische Brücke zwischen der älteren und jüngeren Generation schlägt. Insofern kann somit der Disziplingeschichte ein wissenschaftstheoretischer Spiegel vorgehalten werden.[22]

Die historische und zeitgenössische Auseinandersetzung mit den Themenbereichen Berufserziehung, Jugendbildung sowie Gesellschaft, Berufsbildungspolitik und Ideologie steht im Zentrum der Arbeiten von *Stratmann*.[23] Von *Abels* empirisch-ereignisgeschichtlichen Ansatz geprägt, widmet sich *Stratmann* der Rekonstruktion des Systems beruflicher Bildung sowie der Etablierung der Historischen Berufs- und Wirtschaftspädagogik als universitäre Disziplin in allen einschlägigen Themenbereichen.[24] Im Mittelpunkt steht der institutionelle und politische Wandel der nichtakademischen Berufsbildung im 20. Jahrhundert.[25]

Im Zentrum von *Greinerts* vorwiegend historisch-systematisch ausgerichteten Studien[26], stehen, ganz der Tradition *Abels* folgend, die Strukturen des dualen Systems sowohl national als auch vergleichend-international.[27] Nicht die Ideengeschichte der Berufspädagogik sowie deren Wirkung leiten sein Interesse, sondern vielmehr die ordnungspolitische Verfasstheit sowie die Organisation des dualen Aus- und Weiterbildungssystems. In dem Blick geraten sowohl Vergangenheit als auch Gegenwart des ‚deutschen Systems' sowie dessen Gegenmodelle in der Europäischen Union.

Lisops Studien verbinden institutionelle und bildungspolitische Argumente mit subjekttheoretischen Ansätzen.[28] Damit werden sowohl die innerdisziplinären Grenzen zwischen Berufs- und Wirtschaftspädagogik systematisch aufgehoben als auch der Objektbereich in einem größeren, erziehungs- und sozialwissenschaftlichen Horizont

---

22 Zum Netzwerk der aufgeführten Autorinnen und Autoren neuerdings: Götzl/Geiser/Müller 2020.

23 Zum Ansatz *Stratmanns*: Zabeck 2009, S. 89 ff.

24 Über *Stratmanns* Studien und deren thematische Breite gibt eine von *Günter Pätzold* und *Manfred Wahle* (1999) besorgte Aufsatzsammlung Auskunft.

25 Exemplarisch steht dafür die Analyse historischer Reformdebatten: Stratmann/Schlösser 1990.

26 Zum Überblick über das *Greinert'sche* Werk siehe u. a. die Festschrift: Schütte/Uhe 1998.

27 *Greinert* versteht sich als Schüler *Heinrich Abels*. Zum Verhältnis der beiden Autoren: Greinert 2012. Siehe auch den Nachruf auf *Greinert* von *Sandra Bohlinger, Karl Düsseldorff, Rita Meyer, Friedhelm Schütte*: Vergleichende (Berufs-)Bildungssystemforschung: Eine stetige Herausforderung der Berufs- und Wirtschaftspädagogik. In: ZBW 116 (2020) 1, S. 132–134; neuerdings: Lipsmeier/Münk 2022, S. 36–39

28 Zu *Lisops* Vita: Ingrid Lisop (Lisop 2014).

diskutiert. Die moderne Arbeitswelt als Ganzes wird einer kritischen, auf substantielle Veränderung zielende Reflexion unterworfen. Wirtschaft, Technik und Verwaltung (Bürokratie) auf der einen Seite, Bildungsinstitutionen, Lernprozesse und Subjektausstattung auf der anderen liefern dem von *Abel* und *Blankertz* inspirierten Ansatz die Themen (Lisop/Huisinga 1994).

Das Werk von *Lipsmeier* wird sowohl durch historische als auch systematische Arbeiten charakterisiert. Institutionelle Aspekte stehen folglich neben genuin berufspädagogische sowie berufsbildungspolitische und mit Blick auf die Lehrkräfte an berufsbildenden Schulen professionspolitische.[29] Daneben hat *Lipsmeier* zahlreiche Beiträge zur Didaktik beruflicher Bildung und deren Historie sowie zur internationalen Berufs- und Weiterbildung vorgelegt. Die Einlassungen *Lipsmeiers* erstrecken sich mithin nicht ausschließlich auf die systemische Seite der nichtakademischen Berufsbildung, sondern beinhalten immer auch die gesellschaftspolitische Dimension schulischer und betrieblicher Berufserziehung.

Rauner hingegen betrachtet in seinen Studien den berufspädagogischen Objektbereich primär im Licht von Werkstatt resp. Betriebslehre und stellt vornehmlich die industrielle Facharbeiterausbildung in den Mittelpunkt seiner wissenschaftlichen Reflexion.[30] Aspekte von Qualifikation sowie betrieblicher Innovation beherrschen neben einer curricularen Modernisierung von Berufsbildern und Ausbildungsinhalten das berufswissenschaftliche Paradigma des Ansatzes.

Schütte beansprucht die Sozial- und Ideengeschichte von Bildung und Erziehung aus der Perspektive der Subjekte zu analysieren und dadurch den Zusammenhang von Institution, Bildungsgang, Curriculum sowie berufsfachliche Bildungs- und Erziehungsprozesse in der Tradition von *Fischer, Siemsen, Litt, Abel* und *Blankertz* zu diskutieren.[31] Abhängig vom Gegenstandsbereich – im Zentrum steht sowohl das Berufs- als auch das Fachschulwesen (Schütte 2003b) – greift der Autor auf historisch-hermeneutische sowie sozialwissenschaftliche Methoden zurück. Die Integration von allgemeiner und beruflicher Bildung in bildungstheoretischer Absicht einerseits, die Konvergenz von Berufsbildern und Berufsfeldern andererseits adressieren sein Forschungsfeld im Kontext gesellschaftlicher Reproduktionsmodi.

Münks Arbeiten konzentrieren sich auf die Wechselwirkung von beruflicher Bildung und Institutionalisierung des Berufsbildungssystems im Kontext von Qualifikation und europäischer Integration.[32] Im Zentrum steht somit die ideelle und materielle Begrenzung, d. h. Übertragbarkeit des deutschen Ausbildungsmodells nichtakademi-

---

29 Zur thematischen Einordnung des *Lipsmeier'schen* Werks siehe die Festschrift: Arnold/Dobischat/Ott 1997.

30 Zum Einblick in den berufswissenschaftlichen Ansatz: Pahl/Rauner/Spöttl 2000; ferner: Rauner 2006; siehe auch die Angaben in Anm. 60.

31 Zur Vita *Schüttes*: Uhe 2011. Einen Einblick in die Arbeiten gewährt die Festschrift: Fischer/Grimm 2011 sowie die frühe Aufsatzsammlung: Schütte 2006.

32 Zur Einordnung der Arbeiten neuerdings: Bohlinger/Scheiermann/Schmidt 2022.

scher Berufe auf der einen Seite, die Hürden der europäischen Systemintegration infolge des Brügge-Kopenhagen-Lissabon-Prozesses – im Gegensatz zum Bologna-Prozess für akademische Berufe – aus bundesrepublikanischer Sicht auf der anderen.

3. Einordnung und Thema der Beiträge

Der Zugang und die Interpretation der vorliegenden siebzehn Texte erfolgt in drei Schritten. Alle Texte werden a) inhaltlich analysiert, b) wirkungsgeschichtlich verortet und c) mit einem Kurz-Kommentar versehen. Die Quellenangabe zum ausgewählten Text – i. d. R. handelt es sich um eine gekürzte Fassung – befindet sich in der Fußnote. Im Folgenden werden Zitate (Auszüge) aus den Originaltexten kursiv gekennzeichnet, Einfügungen des Herausgebers in eckigen Klammern präsentiert.

Kapitel 1: Konstitution des Objektbereichs

Kerschensteiner – Spranger – Fischer – Siemsen

Kerschensteiners Text ‚Persönlichkeit und Bildungsprozess' (Text 1) liefert einen Einblick in sein Opus Magnum Theorie der Bildung aus dem Jahre 1926.[33] *Inhalt:* Der Auszug entwickelt im Anschluss an Heinrich Rickert's (1863–1936) Werttheorie eine Idee der Persönlichkeits- und Sittlichkeitserziehung auf der Grundlage eines wie auch immer formal organisierten beruflichen Sozialisationsprozesses. Eine sittliche Persönlichkeit wird als anzustrebender individueller *„Bildungswert"* in aktiver Auseinandersetzung mit Kulturgütern verstanden und bildungstheoretisch als immanenter Bildungswert diskutiert. *„Dieses Eindringen in die [kulturellen, wissenschaftlichen, F. S.] Sinngefüge ist und bleibt eine Art Nachschaffens, nur mit dem Unterschied, daß die Bündigkeit des Gebildes bereits vorliegt und kein schöpferisch intuitiver Akt vorausgesetzt wird."* Die dem Individuum zugesprochene Sinnstiftung erfährt in der *„arbeitsberuflichen Bildung"* ihre alltagspraktische Konkretion. Zweck und Mittel der sinnstiftenden Verwirklichung sind in der Arbeitswelt der Jugendlichen aufzuspüren. *„Der Weg der Menschenbildung geht über die Berufsbildung, oder wie wir auch sagen können: Der Weg zur Bildung geht über die Arbeit der der Einzelne jeweils innerlich berufen ist, berufen gemacht werden kann"*. Berufserziehung wird von Kerschensteiner in kultureller Absicht als *„Arbeits- und Lebensberuf"* konzipiert, in philosophischer Hinsicht als Beitrag zur *„sittlichen Ordnung einer Gemeinschaft"* gedacht, unabhängig von der jeweiligen Staatsform.

---

33 *Quelle:* Kerschensteiner, Georg (1931): Theorie der Bildung. 3. Aufl. Leipzig, S. 86–219 (Auszug).

Wirkungsgeschichte: Kerschensteiners berufsbildungstheoretischen Arbeiten u.a. zur staatsbürgerlichen Erziehung machten ihn bereits zu Lebzeiten im Umfeld der Fortbildungsschul-Lehrerschaft zur Legende und zu einem populären Pädagogen. Der Rekurs auf eine ethisch-sittlich argumentierende Bildungstheorie reicht bis in die 1960er Jahre (Müllges 1967; Gonon 2002). Für die Berufsschul-Lehrerschaft der zweiten und dritten Generation wurde Kerschensteiner einerseits zu einem Säulenheiligen erklärt, dessen Arbeiten zur Berufserziehung und Berufsbildung im Folgenden kanonisiert wurden. Andererseits diente Kerschensteiner der Legitimation beruflicher Bildung, insbesondere der männlichen Lehrlingsausbildung im Handwerk in Abgrenzung zur Allgemeinbildung (Arnold/Gonon 2006, S. 139ff.). Die berufspädagogische Narration ist unmittelbar mit den Namen Kerschensteiner und Spranger verbunden.

Kommentar: Mit der Einschreibung von Berufsbildung in die süddeutsche Tradition der Werttheorie[34] entwirft Kerschensteiner mit den Begriffen *„Sittlichkeit“*, *„Persönlichkeit“*, *„Berufe“*, *„Berufenheit“* ein Theoriegebäude, das soziale Reproduktion und Jugendalter in einer arbeitsteiligen, hierarchisch verfassten Klassengesellschaft lebensphilosophisch deutet. Eine „prinzipienwissenschaftliche Pädagogik“ wird damit verfolgt (Blankertz 1982, S. 295). Aus dem Blick gerät dabei sowohl die Klassenlage der Jugendlichen als auch die soziale Dynamik von Staat, Herrschaft, Kultur und Wirtschaft. Die Erziehung zu absoluten, überzeitlichen Werten charakterisiert die Berufsbildungstheorie Kerschensteiners. Sie abstrahiert von der institutionellen Verfasstheit beruflicher Erziehung und Bildung (Jugendbildung) im Kaiserreich und der Weimarer Republik (→ Fischer, → Siemsen) und idealisiert die Lebensbedingungen und Arbeitswelt von Jugendlichen in Handwerk, Industrie und Verwaltung (Schütte 1992; Stratmann 1992).

Sprangers (Text 2) im Titel programmatisch festgehaltene Drei-Stadien-Theorie (Grundlegende Bildung – Berufsbildung – Allgemeinbildung) reagiert sensibel, gewissermaßen im Vorgriff, auf die neue, demokratische Gesellschaftsordnung der Weimarer Republik.[35] *Inhalt:* Notwendige Veränderungen innerhalb des Bildungssystems werden von Spranger ebenso benannt wie eine Neuausrichtung der neuhumanistischen Bildungstheorie vorgestellt. Die im März 1918 vor Fortbildungsschul-Lehrkräften gehaltene Rede hat insofern einen Zeitkern, als sie die Allgemeinbildung vor dem Hintergrund der Etablierung des Systems beruflicher Bildung bildungspolitisch relativiert und die Berufsbildung nach Würdigung der ‚grundlegenden Bildung‘ in den Vordergrund rückt. *„Es ist die Aufgabe unserer Zeit, das Wort ‚Berufsbildung‘ wieder in seinem ganzen Gehalt zu verstehen.“* Es wäre mithin völlig falsch, anzunehmen, *„als ob Beruf und Bildung sich gegenseitig ausschlössen wie Enge und Weite.“* Unter Hinweis auf

34 Damit ist eine spezielle *Kant*-Rezeption angesprochen, die nicht die Erkenntnistheorie, sondern die Moralphilosophie ins Zentrum stellt.
35 *Quelle:* Spranger, Eduard (1923): Grundlegende Bildung, Berufsbildung, Allgemeinbildung. In: Ders.: Kultur und Erziehung. 2. erw. Aufl. Leipzig, S. 159–177 (Auszug).

erfolgreiche Fachschultypen plädiert Spranger für eine Revision der Lehrpläne, mit dem Ziel, sowohl die fachliche als auch die allgemeine Bildung curricular zu integrieren. Das lehrplantheoretische Credo lautet: *„Erweiterung des Gesichtskreises von einem bestimmten Standpunkt aus“*, mit dem Ziel, nicht nur Fachmann, sondern *„ein wirklich gebildeter Mensch“* zu sein. Die Moralerziehung, bislang Gegenstand des Unterrichtsfachs Bürgerkunde, die nunmehr um Lebenskunde zu erweitern sei, könne, so Spranger, den *„sittlichen Gehalt der Arbeit“* als didaktische Ressource nutzen. Spranger folgt hierbei weitgehend den Vorstellungen Kerschensteiners, nämlich durch Beruf und Arbeit die Sittlichkeit der nichtakademischen Jugend im Sinne einer Jugendbildung zu fördern.

Wirkungsgeschichte: Die zeitgenössische Bedeutung und allgemeine Wirkung der Rede sind kaum zu unterschätzen. Mit dem vorliegenden und anderen im o. g. Band Kultur und Erziehung veröffentlichten Beiträgen stieg Spranger zu den wichtigsten Stichwortgebern der deutschen Pädagogik auf. Seine beachtliche und lange Bestand habende Wertschätzung im Kreis der Berufspädagogen:innen, die sowohl der akademischen Profession als auch den Berufsschul-Lehrkräften zur Reputation verhalf, gründet vornehmlich auf Spranger Wahrnehmung sowie Aufwertung der Berufserziehung und deren im Kaiserreich erfolgreichen Institutionen. Spranger Stellungnahme ‚adelte‘ mit seinem demokratischen Impetus erstmals das deutsche System beruflicher Bildung aus berufenem Munde. Die Akzeptanz einer zweiten Bildungssäule wurde damit nachhaltig befördert, ferner die öffentliche Aufmerksamkeit auf das Berufs- und Fachschulwesen gelenkt. Die Thematisierung der Jugendfrage erfuhr hiermit in den 1920er Jahren einen ersten Höhepunkt (→ Siemsen, Text 4). Sprangers Stern verblasste in den 1960er Jahren im Zuge der realistischen Wende rasch (→ Abel, Text 5; → Lempert, Text 12).

Kommentar: Mit der Gegenüberstellung von Allgemein- und Berufsbildung (Fachbildung) anerkennt Spranger nicht nur unterschiedliche Bildungswege, er fordert darüber hinaus den systematischen Ausbau des berufsbildenden Schulwesens auf allen Ebenen. Obschon Spranger methodisch das Fachschulwesen aus der Perspektive des Gymnasiums betrachtet und vor allem die Defizite der Berufserziehung hervorhebt, redetet er einer symbolischen Aufwertung der beruflichen Bildung das Wort. Die Forderung einer Öffnung der Bildungslandschaft nach dem Ende des Ersten Weltkrieges ist ein Novum und trägt dem historischen Entwicklungsstand des Schulwesens am Vorabend der Weimarer Republik Rechnung. Mit der institutionellen Öffnung wird unter Rückgriff auf bildungstheoretische Argumente mit bildungspolitischem Gespür auf den sich anbahnenden demokratischen Wandel reagiert. Sprangers Verdienst besteht darin, das deutsche Bildungs- und Erziehungswesen als organische Einheit zu betrachten und strukturelle Aspekte mit curricularen zu verbinden. Eine Reformperspektive wird damit aufgezeigt, die zum einen die Trennung von Allgemein- und Berufsbildung in neuhumanistischer Absicht zu überwinden sucht, zum anderen bildungspolitische Reformen ins Gespräch bringt ohne den Gesamtaufbau grundsätzlich in Frage zu stellen. Die von Spranger vorgetragene neuhumanistische resp. bildungstheoretische Argumentationsfigur wird einige Jahrzehnte später von Litt (→ Text 10) und Blankertz (1963) wieder aufgegriffen.[36] Die Inanspruchnahme entwicklungspsychologischer Erkenntnisse markiert überdies eine wissenschaftstheoretische Erweiterung der Pädagogik über die Philosophie hinaus. Moralerziehung allein auf Loyalität zum Staat hin auszurichten, unabhängig von seiner Rechtsform, offenbart ebenso Sprangers theoretisches Defizit wie die Idealisierung von Allgemeinbildung, handwerklicher Berufserziehung und die funktionalistische Begründung des Bildungsauftrags der ‚neuen' Berufsschule.

Fischer' Vortrag Wirtschaft und Schule (Text 3), auf der Münchener Mitgliederversammlung des Deutschen Verbandes für das kaufmännische Bildungswesen zur Diskussion gestellt, wirbt am Beispiel des Verhältnis von Jugendbildung und Berufserziehung für einen sozialen Interessenausgleich zwischen Wirtschaft und Staat.[37] *Inhalt*: Inmitten der Weltwirtschaftskrise von 1932 formuliert Fischer einen Appell in gesellschaftspolitischer Absicht. Fischers Vortrag kreist implizit um die Begriffe soziale Reproduktion und ökonomische Leistungsfähigkeit einerseits, um eine zeitgemäße Schul- und Bildungstheorie andererseits. Ohne eine sozialwissenschaftliche Begrifflichkeit zu verwenden, arbeitet Fischer die Wechselwirkung zwischen Bildungs- und Beschäftigungssystem heraus und benennt die neuen Herausforderungen für Schule und Wirtschaft. Die sich ausdifferenzierende deutsche Industriegesellschaft, eingebettet in eine europäische Völkergemeinschaft, liefert Fischer den berufspädagogischen Hintergrund für eine (bildungs-)politische Stellungnahme. Im Mittelpunkt der Rede steht die Aufforderung an Wirtschaft und Schule einen substantiellen Beitrag zur *„Gestaltung neuer Wirtschaftsordnungen"* zu leisten. Fischer wirbt im Interesse einer *„allgemeinen Jugendbildung"* für eine Arbeitsteilung zwischen den staatlichen berufsbildenden Institutionen (Berufs- und Fachschule) auf der einen Seite und den im Ausbau befindlichen Erziehungseinrichtungen der Wirtschaft (Werkschule, Lehrlingswerkstatt) auf der anderen. Fischer mahnt zur Kooperation, um der desaströsen Jugendarbeitslosigkeit entschlossen entgegenzutreten.[38] Gerechtigkeit und Sittlichkeit grundieren den Vortrag unter Hinweis auf ethische Werte und nationale Wohlfahrt.

Wirkungsgeschichte: Fischers Weckruf blieb ohne tagespolitische Resonanz. Das zentrale Thema *„Versöhnung der Klassengegensätze"* sowie der Befund, die *„Arbeit [ist] in einer ungerechten Weise verteilt"* wurde erst zu Beginn der 1960er Jahren im Zusammenhang mit der Debatte um soziale Ungleichheit und berufliche Mobilität erneut auf die berufsbildungspolitische Agenda gesetzt (→Abel, Text 5; →Blankertz, Text 15; →Lempert, Text

36 Zum Verhältnis von Neuhumanismus und Utilitarismus: Blankertz 1985, S. 72 ff. *Blankertz* konstatiert: „Utilitaristische Theorie beruflicher Erziehung hat ihren Ausgangspunkt im Primat der Gemeinnützigkeit als der obersten sittlichen Verpflichtung" (ebd., S. 114).

37 *Quelle:* Fischer, Aloys (1932): Wirtschaft und Schule: In: Mitteilungen des deutschen Verbandes für das kaufmännische Bildungswesen, Bd. 77. Braunschweig, S. 34–53. *Nachdruck* in Röhrs, Hermann (Hrsg.): Die Bildungsfrage in der modernen Arbeitswelt. Frankfurt/M, 1963, S. 35–60 (Auszug).

38 Zur Jugendarbeitslosigkeit 1929–1933: Schütte 1992, Kap. VI, S. 175 ff.

12). Fischers Argumente i. S. einer *„Humanisierung der Berufsschule"* lassen sich sowohl in der Debatte um den Zweiten Bildungsweg nach 1950 als auch in der Etablierung doppeltqualifizierender Bildungsgänge wiederfinden (Fischer 1924). Die zu klärende Frage, Arbeit und Beruf *„als persönlichen Zweck"* oder als *„Einordnung in die Gesellschaft"*, m. a. W. im Kontext von individueller Berufung oder Akzeptanz von Lohnarbeit als Dienst an der *„Kulturgemeinschaft"* zu interpretieren, stand somit auf der (berufs-)bildungstheoretisch-berufspädagogischen Agenda. Eine Auseinandersetzung mit Aloys Fischers breit angelegtem Werk, in dessen berufspädagogischen Zentrum die *„Humanisierung"* von Fachbildung und Berufserziehung steht, ist nach dem Zweiten Weltkrieg weitgehend unterblieben (Kreitmair 1950; Röhrs 1953, 1963, S. 6 ff.; Müllges 1967, S. 93 ff.).

Kommentar: Der Vortrag argumentiert ganz im Geist der Humanisierung der Berufsschule. Hintergrund und rhetorischer Resonanzboden bildet die hohe Jugendarbeitslosigkeit nach 1929, die allgemeine Not der Jugend und das Scheitern des Berufsausbildungsgesetzes im Reichstag (Schütte 1992, S. 100 ff. und S. 178 ff.). Dezidiert argumentiert Fischer im Sinne einer phänomenologisch ausgerichteten Erziehungs- und Schultheorie, die strikt zwischen subjektiven und objektiven Anforderungen trennt. Das Credo des Vortrags lautet: Die Wirtschaft hat Verantwortung zu tragen – Schule kann nicht (alle) gesellschaftlichen Probleme lösen. Der Gegensatz von Allgemeinbildung im Sinne des gymnasialen Bildungsauftrags und Berufserziehung im Sinne einer Sozialintegration der Arbeiterjugend in die moderne Arbeitsgesellschaft, erfährt bei Fischer insofern eine Neuinterpretation als er die bestehende Dualität kritisiert sowie im Namen einer europäischen Völkergemeinschaft für ein geordnetes *„Wirtschaftsleben"* und für eine zeitgemäße Jugendbildung eintritt. Fischers Stellungnahme blieb nicht nur wirkungslos, wie die Politisierung der Jugendbildung durch das NS-Regime historisch zeigt, auch die indirekte Thematisierung des Schismas von Allgemein- und Fachbildung blieb unverstanden.

Mit der Forderung nach curricularer Aufnahme wirtschaftlicher und sozialer Unterrichtsinhalte gibt sich Fischer als genuiner Schul- und Bildungsreformer zu erkennen. Die Einlassungen zu einem zeitgemäßen Lehrplan, der ein Ende der ökonomischen Krise antizipiert, zeigen einen sozial engagierten Jugendpolitiker, moderaten Reformer sowie politischen Versöhner. Erziehungsprozess mit Curriculumentwicklung zusammen zu bringen ist ein Novum und grenzt Fischer von den anderen Klassikern der Berufspädagogik ab. Schul- bzw. Bildungsreform nicht nur institutionell zu denken, sondern auch didaktisch zu interpretieren zeigt bei aller konservativen Grundhaltung Fischers innovatives berufspädagogisches Denken.

Siemsen spricht in ihrem Vortrag Soziale Funktion der Berufsschule (Text 4) – gehalten vor der Sozialistischen Arbeiterjugend (SAJ) in Berlin – über die Zukunft der proletarischen Jugend in Zeiten der Weltwirtschaftskrise am Ende der 1920er Jahre.[39]

---

39 *Quelle:* Siemsen, Anna (1930): Die soziale Funktion der Berufsschule. Berlin o. J. (Auszug).

Inhalt: Die Frage nach der *„besondere(n) Funktion der Berufsschule gegenüber anderen Schularten"* führt Siemsen zu einer klassenkämpferischen Auseinandersetzung mit Jugendarbeitslosigkeit, Berufswahl, Berufswechsel und Sozialintegration. Im engeren Sinne entwickelt Siemsen eine Berufsschultheorie, im weiteren Sinne thematisiert sie eine Gesellschaftstheorie mit sozialistischem Anspruch, die die Integration der deutschen Arbeiterjugend in die republikanische Gesellschaft zu einer gesellschaftlichen Kardinalfrage erklärt. Die ökonomische Krise dient als Folie sowohl den Kapitalismus als auch die bürgerliche Bildungstheorie und Erziehungspraxis einer scharfen Kritik zu unterziehen. *„Heute, wo der Individualismus, dem er entwuchs, sich zersetzt, wo wir an Stelle der Idee des allgemeinen Menschentums die Idee des gesellschaftlichen Menschen sehen, zerbricht mit ihr auch die Idee der allgemeinen Bildung"*.

Eine Kritik an Kerschensteiner, der punktuell Wertschätzung erfährt, und Spranger ist damit verbunden, aber auch eine Absage an die bestehende Institution Berufsbildung und ihre Lehrkräfte. Siemsen kämpf für die Interessen der proletarischen Jugend und eine neue, sozialistische Idee der Jugendfürsorge. Allerdings stehen weder neue Institutionen noch neue Bildungsgänge im Mittelpunkt ihrer Rede. Vielmehr wird der *„bürgerliche Individualismus"* beklagt, dem zum einen eine sozialistische Idee *„gesellschaftlicher Bildung"*, zum anderen eine *„sozialistische Berufsschulpädagogik"* entgegengesetzt wird. Kern dieser neuen (Berufs-)Pädagogik bildet eine horizontale Ausdifferenzierung der Berufsschule sowie der Berufsbilder. Die Aufhebung der *„Trennung zwischen Lehrlingsschulen und Arbeitsschulen"* ist Siemsen ebenso ein Anliegen wie eine veränderte Inhaltsauswahl und eine Neuausrichtung der Unterrichtsmethoden.

Wirkungsgeschichte: In der berufs- und wirtschaftspädagogischen Zunft ist Siemsen zeitgenössisch nicht zur Kenntnis und nach 1945/49 schlicht vergessen worden. Erst in jüngster Zeit wird sie als linke Bildungspolitikerin entdeckt und als allgemeine Pädagogin (Sozialpädagogin) systematisch rezipiert (Schwitanski 2016; Sänger 2016). Eine Ausnahme stellt die Genderforschung dar, die Siemsen einen Platz im Kanon progressiver Pädagoginnen zuweist (Kleinau/Mayer 1996). Am Beispiel Siemsen wird exemplarisch deutlich, dass einerseits die geisteswissenschaftliche Pädagogik seit den 1960er Jahren ins wissenschaftliche Abseits gerät, andererseits sozialistische Zugänge zum Feld von Jugendarbeit, Jugendbildung und Berufserziehung nicht dem akademischen Mainstream entsprechen. Mit der eindeutigen Positionierung und dem radikalen Eintreten für die proletarische Jugend beider Geschlechter benennt Siemsen die blinden Flecken der noch jungen Disziplin Berufs- und Wirtschaftspädagogik. Allerdings ist zu bedenken, dass Siemsens früher Tod sie daran hinderte, in der Nachkriegszeit (1945 ff.) noch einmal ihre kritische Stimme zu erheben.

Kommentar: Siemsens jugendpolitisches Engagement war gesellschaftskritisch motiviert. Theoretisch lässt Siemsen sich von einer Gerechtigkeitsidee leiten, die einer links-sozialdemokratischen Rhetorik folgt und eine innere (Berufs-)Schulreform propagiert. Siemsen erkennt in der Berufsschule eine Institution der praktischen Jugendbildung und des sozialen Empowerments.

Der Vortrag grenzt sich theoretisch sowohl gegen Kerschensteiner als auch Fischer ab. Vor dem Hintergrund der sozialen Frage, die die proletarische Jugend unmittelbar angesichts der Weltwirtschaftskrise trifft, nähert Siemsen sich dem Thema Arbeit und Beruf und deren beruflichen Erziehungsinstitutionen aus antibürgerlicher Position. Die Überwindung des Individualismus und die *„völlige Umwälzung der Wirtschaft"* ist das erklärte Ziel ihrer Rede, zu der die Jugendpolitik und vor allem die schulische Berufserziehung einen wesentlichen Beitrag zu leisten hat.

Siemsens Rede ist ein Schlüsseltext, der einerseits sozialistische Argumente der 1920er Jahre zur Diskussion stellt, andererseits für Kontinuitätslinien sensibilisiert und Themen benennt, die in den frühen 1950er und 1960er Jahren bildungspolitische Konjunktur hatten: Berufsnot der Jugend, soziale Ungleichheit, berufliche Mobilität. All dies sind Themen die von den Gewerkschaften und der Sozialdemokratie (SPD) aufgegriffen und zum Gegenstand reformpolitischer Forderungen erklärt werden. Siemsen hat mit ihrer, die Anhängerschaft mobilisierenden Rede am Vorabend des Nationalsozialismus einen originellen Zugang zur Funktion der Berufsschule gewählt, der Kerschensteiner und Spranger völlig fremd war. Die politische Instrumentalisierung von staatlicher Berufsschule verkennt allerdings deren Bildungsauftrag, der nicht ausschließlich politisch, sondern nur bildungstheoretisch (→ Fischer, Text 3) einzuholen ist. Dem verweigert sich Anna Siemsen jedoch mit bemerkenswerter Parteilichkeit.

Kapitel 2: Erweiterung des berufspädagogischen Objektbereichs

Abel – Baethge – Stratmann – Lisop – Schütte

Abel rückt in seiner Studie Berufswechsel und Berufsverbundenheit (Text 5) die Fluktuation der Arbeitskräfte und damit deren volkswirtschaftlichen Einsatz ins Zentrum der empirischen Untersuchung.[40] *Inhalt*: Umfang und Gründe des Berufswechsels sind hierbei ebenso von Interesse wie deren Auswirkungen. Berufswechsel einerseits, Berufsverbundenheit durch Berufswahl und Berufserziehung biographisch geformt andererseits, schärfen den analytischen Blick für das Thema berufliche Mobilität in der westdeutschen Nachkriegsgesellschaft. Technische Rationalisierung und eine *„Fabrik neuen Typs"* liefern den Hintergrund, um die berufspädagogische Idee des Lebensberufs und damit das Sozialprestige des gewählten Berufs zu hinterfragen. Abel legt u. a. einen Vergleich zwischen der Sowjetunion und den USA vor. Den Blick richtete Abel auf berufliche Lebensläufe, auf die Kontinuität und Diskontinuität von Erwerbsarbeit. Methodisch wertet Abel internationale Studien aus, blickt auf Groß-

40 *Quelle*: Abel, Heinrich (1957): Berufswechsel und Berufsverbundenheit bei männlichen Arbeitnehmern in der gewerblichen Wirtschaft. Frankfurt/Main, S. 47–64 (Auszug). Zur Biographie Abels: Schütte 2012, passim; neuerdings: Büchter 2013; Schütte 2019, 2020.

und Kleinbetriebe und forscht nach individuellen Motiven für einen Berufswechsel. Die durchgeführten Umfragen zeigen, dass die so genannten Dauerberufe nicht der Realität entsprechen, weder aktuell noch historisch. *„Unsere Umfrage hat erwiesen, daß die Orientierung auf einen Dauer- = Lebensberuf bei der Berufswahl nicht mehr allein bestimmend sein kann. Die industrielle Produktion zwingt immer größere Schichten zu wechselnden Berufstätigkeiten, d. h. zu einer wiederholten Wahl"*. Abel fordert deshalb, sowohl die traditionelle Lehrlingsausbildung in Handwerk und Industrie als auch die tradierte Art der Berufsvorbereitung auf den Prüfstand zu stellen.

Wirkungsgeschichte: Abels im Auftrag der Hochschule für Internationale Pädagogische Forschung (Frankfurt/M.) durchgeführte Studie betritt mit dem empirischen Zugang zum Forschungsfeld methodisches Neuland in soziologischer und historischer Absicht. Vor allem die berufspädagogische Sozialgeschichtsschreibung sowie die Vergleichende Berufsbildungsforschung hat von Abels (Vor-)Arbeiten profitiert – ferner die Bildungssoziologie und Berufsbildungspolitik (Greinert 1998, 2017; Büchter 2013; Schütte 2019, 2020). Seine wissenschaftlichen Impulse haben Eingang in eine Vielzahl von berufspädagogischen Projekten und berufsbildungspolitischen Initiativen gefunden. Sie wirken bis heute in der Disziplin nach.[41] Abels früher Tod hat die Rezeption seines Werkes intensiviert und ihn zu einem modernen Klassiker der Berufspädagogik werden lassen.

Kommentar: Mit der Studie wirft Abel *„grundlegende Fragen [der] Berufsordnung sowie [des] Ausbildungs- und Erziehungssystems"* auf. Abels Untersuchung offenbart bereits in den 1950er Jahren, was in den nachfolgenden Dekaden sich immer deutlicher abzeichnet. Der Ausbildungsberuf kollidiert biographisch mit dem Wandel von Arbeitsmärkten und der ökonomischen Entwicklung in Handwerk und Industrie. Aus einem Ausbildungsberuf wird durch Berufs- und Ortswechsel ein Erwerbsberuf. Arbeitsmarktpolitisch anachronistische Ausbildungsberufe werden entweder überflüssig oder zwingen zur beruflichen Mobilität. Höhere Einkommen, mithin berufliche Anerkennung korrespondieren mit Berufswechsel, befördern oder erzwingen ihn, so der zentrale Befund. Der Berufswechsel wird somit zum zentralen Bestandteil männlicher Normalbiographie. Die Studie führt die Disziplin unter anderem an sozialwissenschaftliche Forschungsstandards heran.

Innerhalb der berufspädagogischen Zunft bricht Abel radikal mit dem vorherrschenden geisteswissenschaftlichen Diskus und nimmt somit die empirische Wende der Erziehungswissenschaft vorweg. Ein neues, empirisches Forschungsdesign wird mit der Studie ebenso erprobt wie ein radikaler forschungsmethodischer Traditionsbruch eingeleitet, der sich alsbald, mit der Soziologie im Zentrum, zum Mainstream erklärt.

Baethges Beitrag Entwicklungstendenzen der Beruflichkeit (Text 6) thematisiert eine *„Entgrenzung"* von Facharbeit, die er auf einen tiefgreifenden Strukturwandel in-

---

41 Zur Kontinuität des Abel'schen Feldzugangs: Stratmann, Text 7; Lisop, Text 8; Greinert, Text 11; Münk, Text 13.

dustrieller Produktion zurückführt.[42] Baethge konstatiert eine Erosion des *„Modells der Beruflichkeit"*, die auf die Institution duales System zielt. *Inhalt:* Damit wird sowohl die soziale Systemintegration des Facharbeitermodells als auch der Ausbildungsberuf im Sinne eines Erwerbsberufs, d. h. als *„sozialstrukturelle Kategorie"* in Frage gestellt. Vornehmlich strukturelle Aspekte werden von Baethge neben curricularen und didaktischen soziologisch kommentiert. Der produktionstechnische Strukturwandel, angetrieben von einem Wechsel der innerbetrieblichen Arbeitsorganisation, steht schlechthin für die Krise der gewerblich-technischen Facharbeit und klassischer Beruflichkeit. Vier Konsequenzen leitet Baethge aus dem beobachteten Strukturwandel ab, die als Rahmen und programmatischer Hinweis für eine grundständige Reform des *„deutschen Facharbeitermodells"* herangezogen werden.

Wirkungsgeschichte: Baethges Aufsatz wurde in der Berufspädagogik zwar zur Kenntnis genommen, allerdings nur bescheiden und kontrovers diskutiert (Schütte 2006, S. 164 ff.). Ein Pro und Contra Beruflichkeit wurde ausgerufen, das System selbst allerdings nicht in Frage gestellt (Greinert 2017, S. 137 ff.). Industriesoziologische Studien, die Baethge heranzieht und dessen Argumentation grundieren, stehen in wissenschaftlicher Konkurrenz zur etablierten Berufs- und Berufsbildungsforschung sowohl in universitären als auch außeruniversitären Forschungseinrichtungen (Kutscha 1992).

Kommentar: Baethge nimmt aus (industrie-)soziologischer Sicht zu einem zentralen Gegenstandsbereich berufspädagogischer sowie berufsbildender Forschung Stellung. Die Krise des dualen Systems, ein disziplinäres Dauerthema, das mit Baethges Beitrag neue Konturen erhält, zugleich aber auch für das Verhältnis von nichtakademischer und akademischer Bildung sensibilisiert (→ Schütte, Text 9), wird pointiert herausgearbeitet. Als Außenseiter mit soziologischer Fragestellung wird Baethge nur eingeschränkt von der Berufs- und Wirtschaftspädagogik rezipiert. Gleichwohl ist es gerade der sozialwissenschaftliche Zugang zur gewerblich-technischen Facharbeit und industriellen Warenproduktion, der wissenschaftliche Impulse liefert. Sensibilisiert wird somit für neue Fragestellungen unter Hinweis auf strukturelle Defizite und unterlassene Reformen im Feld berufsfachlicher Erstausbildung. Insofern gilt: Baethges kontinuierlichen, empirisch fundierten Einlassungen zu Struktur und Wandel der Ausbildung Jugendlicher im gewerblich-technischen Sektor sind eine Bereicherung des zeitgenössischen berufspädagogischen Diskurses.

Mit dem Versuch, das dualen System zu bilanzieren (Text 7), entfaltet **Stratmann** ein breites berufspädagogisch-historisches gleichwie (berufs-)bildungspolitisches Panorama vom 18. Jahrhundert bis in die neunziger Jahre des 20. Jahrhunderts.[43] *Inhalt:*

---

42 *Quelle*: Baethge, Martin (2004): Entwicklungstendenzen der Beruflichkeit – neue Befunde aus der industriesoziologischen Forschung. In: ZBW 100. Jg., H. 3, S. 336–347 (gekürzt).

43 *Quelle*: Stratmann, Karlwilhelm (1999): Das Duale System: Ansätze zu einer Bilanz. In: Karlwilhelm Stratmann: Berufserziehung und sozialer Wandel, hrsg. von Günter Pätzold und Manfred Wahle. Frankfurt/M, S. 375–393 (Auszug).

Im Zentrum des Vortrags stehen die gesellschaftliche Leistungsfähigkeit der gewerblich-technischen Lehrlingsausbildung sowie die damit einhergehenden ordnungspolitischen Arenagespräche im Wechselspiel institutioneller Kontinuität und Diskontinuität. Stratmann fragt mit Rückgriff auf historische Argumente sowohl nach der theoretischen Geltung des *„Berufsprinzips“* angesichts horizontaler und vertikaler Ausdifferenzierung von Erwerbsberufen[44] als auch nach der Modernisierung berufsfachlicher Curricula und didaktischer Konzepte. Die Modernisierung von Berufsbildern wird hierbei ebenso thematisiert wie die politische Abwehr der so genannten Verschulung beruflicher Erstausbildung, m. a. W. die De-Legitimation der Teilzeit-Berufsschule und damit verbunden eine didaktische Neufassung des Verhältnisses von Theorie und Praxis an zwei Lernorten. Die Kritik an fehlender staatlicher Unterstützung hinsichtlich eklatanter Nachwuchslücken an berufsbildenden Schulen wird verbunden mit dem Verweis auf die defizitäre Situation im Bereich der Lehrkräftebildung, d. h. dem Mangel an *„Forschungs- und Lehrkapazitäten an Hochschulen“*.

Wirkungsgeschichte: Der Kölner Vortrag leistet einen frühen Beitrag zu dem in den 1990er Jahren intensiv geführten Diskurs zur Krise des dualen Systems (→ Lisop, Text 8). Die gesellschaftliche Relevanz von beruflicher Erstausbildung resp. Facharbeiterausbildung stand mit der Expansion von Bildungsmärkten einerseits, mit der Verwissenschaftlichung der Warenproduktion andererseits zur Disposition. Stratmann eröffnet mit dem Beitrag eine Diskussion, die zum einen eine Relativierung berufspädagogischer sowie bildungspolitischer Argumente durch Historisierung vornimmt und damit die Kontinuität politischer Abwehr von Bildungsreformen aufzeigt, zum anderen die Politik zum Handeln auffordert, eine Transformation des Systems beruflicher Bildung einzuleiten. Im Kern geht es Stratmann um die Überwindung der Krise durch staatliche Intervention. Stratmann steckt mit seinem Statement den berufsbildungspolitischen Rahmen des nachfolgenden Krisendiskurses ab. Mit dem Beitrag nimmt die innerdisziplinäre Auseinandersetzung Fahrt auf. Immer neue Facetten werden in leidenschaftlich vorgetragenen Pro-und-Kontra-Statements zur Zukunft des dualen Systems und der Kategorie Beruflichkeit zur Diskussion gestellt (Kutscha 1992; Lisop 1998; Lipsmeier 1998; Lempert 2006).

Kommentar: Stratmanns Beitrag ist einer unter mehreren Stellungnahmen zum Stand und zur Zukunft der bundesdeutschen Berufsbildung und deren zentralen Institutionen. Der Versuch einer ersten Bilanz – der durch eine Enquete-Studie im Auftrag des Deutschen Bundestages grundiert wird[45] – zielt auf eine *„Transformation“* des dualen Systems in programmatischer Anknüpfung an die in der großen Reformperiode vorgelegten Gutachten des Deutschen Ausschusses für das Erziehungs- und Bildungswesen (1966) sowie des Deutschen Bildungsrates (1973). Im Mittelpunkt der

---

44 Damit knüpft *Stratmann* argumentativ sowohl an die Arbeiten von *Theodor Litt* als auch *Heinrich Abel* an. Sie ferner: Stratmann/Schlösser 1990.

45 Siehe dazu ausführlich: Stratmann/Schlösser 1990, S. 293 ff.

berufspädagogisch-bildungspolitischen Intervention Stratmanns steht nicht die Abschaffung der traditionsbeladenen Institution duales System sondern dessen Reform. Stratmann ist Realist und mit den hohen ordnungspolitischen resp. verfassungsrechtlichen Hürden vertraut, die die postulierte *„Re-Transformation"* zu behindern droht. Die großen Herausforderungen vor Augen, scheut Stratmann weder den Konflikt innerhalb der Disziplin noch eine Abstrafung durch die (Bundes-)Politik. Ohne einen weiteren Ausbau des berufsbildenden Schulwesen, einer institutionellen und schultheoretischen Weiterentwicklung der *„Berufsschule"*, so Stratmanns Credo, keine wesentliche Sicherung der Berufsbildung und Berufserziehung in der Bundesrepublik Deutschland (→Litt, Text 10; → Baethge, Text 6; → Lipsmeier, Text 17).

Lisop (Text 8) greift mit ihrem Text Finanzierung des dualen Systems ein Thema auf, das in der Berufs- und Wirtschaftspädagogik zu Unrecht völlig vernachlässigt wird: die Finanzierung von Berufserziehung und Berufsbildung.[46] Auf der Basis ausgewählter Studien wird die Finanzierungsfrage des Systems beruflicher Bildung (primär des dualen Systems) nach der Verabschiedung des Berufsbildungsgesetzes (BBiG) in den 1970er Jahren diskutiert.[47] *Inhalt:* Im Mittelpunkt des Beitrags stehen die *„Finanzierungsmöglichkeiten der beruflichen Bildung"* insbesondere die *„Kosten und Finanzierung der außerschulischen beruflichen Bildung"*. Ausgehend von Ergebnissen einer vom Bildungsökonom Friedrich Edding geleiteten Kommission geht die Autorin der Frage nach, welche Steuerungsmittel der intervenierende Staat zur Verfügung hat und mit welchen Problemen ein (geplantes) *„Berufsbildungsfinanzierungsgesetz"* sachlich und ideologisch konfrontiert wird. In Auseinandersetzung mit zwei richtungsweisenden Studie, verfasst von der Industriegewerkschaft Metall (IGM) einerseits, dem Münchener Institut für Sozialwissenschaftliche Forschung (ISF) andererseits, referiert Lisop sowohl unterschiedliche Reaktionsformen zur Abwehr *„normativer staatlicher Regelungen"* als auch die Ursachen für das geringe Angebot an Ausbildungsplätzen, *„die inhaltliche Spezifität"* sowie generell *„die vielfach mangelnde Qualität"* betrieblicher Berufserziehung in Handwerk und Industrie. In den Fokus geraten somit die Grenzen staatlicher Steuerung via finanzieller Transfermittel zum einen, strukturelle, d.h. objektive und subjektive Hindernisse zur Steigerung des Ausbildungsniveaus zum anderen.

Wirkungsgeschichte: Die Finanzierungsfrage bzw. das Finanzierungsproblem hat die berufsbildungspolitische Arena nach der Verabschiedung des Berufsbildungsgesetzes (BBiG) von 1969 bis zum Urteil des Bundesverfassungsgerichts von 1980 intensiv im politischen Kontext der *„Fondfinanzierung"* (später Umlagefinanzierung genannt) beschäftigt, wie der Beitrag Lisops rekonstruiert. Namentlich die chronische Disparität zwischen Angebot und Nachfrage an Ausbildungsplätzen sowie die Qualität der Aus-

46 *Quelle*: Lisop, Ingrid (1985): 40 [vierzig] Jahre Berufsausbildung im technischen Wandel – Ihre Zukunft im Rückspiegel betrachtet. Frankfurt/M, S. 85–98.

47 Siehe dazu auch: Hegelheimer 1977; Offe 1970, 1975a; Greinert 1998, S. 95 ff.

bildung und die damit korrespondierende Umsetzung von Ausbildungsstandards infolge des BBiG rücken das Thema auf die bildungspolitische Agenda (Schütte 2010). Sowohl die finanzielle Ausstattung der überbetrieblichen Ausbildungsstätten ist damit adressiert als auch die in der Industrie (noch) etablierte so genannte Stufenausbildung.

Kommentar: Diesen Diskurs eingeholt und von Lisop in Erinnerung gerufen, erklärt rückblickend die hohe Relevanz der Finanzierungsfrage in den 1970er Jahren und die zur Verfügung stehenden (politischen) Rechtsmittel, aber auch die geringe Wirkung profunder wissenschaftlicher Expertisen. Mit dem Karlsruher Verfassungsurteil vom 10.12.1980 wird das öffentliche Thema Steuerung der Berufsbildung ad acta gelegt und in den Folgejahren mit der Etablierung der Lernortkooperation sowie der Ausbildereignungs-Verordnung (AEVO) beantwortet (Schütte 2014). Das ein Jahr später vom Bundestag (2.12.1981) verabschiedete Berufsbildungsförderungsgesetz (BerBiFG) verzichtet auf jedwedes Instrument zur direkten Finanzierung des Systems beruflicher Bildung. Der Schlussstrich unter ein Reformprojekt von substantieller Bedeutung ist damit bis auf weiteres – bis zum heutigen Tag gezogen.

Der von **Schütte** gewählte Titel nichtakademische versus akademische Bildung (Text 9) ist Programm.[48] *Inhalt:* Die institutionelle Transformation und Konkurrenz von akademischer und nichtakademischer Bildung stehen im Zentrum des Beitrags. Informatisierung und Flexibilisierung der Arbeits- und Lebenswelt, angetrieben durch die digitale Fabrik, einerseits, Bildungsaspiration und berufliche Mobilität andererseits prägen nach Schütte in Zukunft das Bildungs- und Beschäftigungssystem (u. a. in Europa). Die Allokation von nichtakademischen und akademischen Berufen und Bildungstiteln steht mithin mittelfristig zur Disposition, so Schüttes These. Schütte legt eine bildungssoziologische Stellungnahme zum Wandel von Arbeitsmärkten, zur sozialen Mobilität und zur Konvergenz von Bildungs- und Studiengängen in ausgewählten Hochtechnologiebranchen vor. Die Verteilung der Neuzugänge im System beruflicher Bildung zwischen 2000 und 2008 und die Daten zum Arbeitskräftebedarf auf unterschiedlichen Qualifikationsniveaus bis 2025 liefern der Argumentation die empirische Folie. Das Fazit lautet: Technologisches Upgrading, verbunden mit einer Verwissenschaftlichung der Warenproduktion und Bildungsaspiration transformieren das bundesdeutsche Bildungssystem als Ganzes, womit der akademischen Berufsbildung in der Bundesrepublik eine neue Aufgabe hinsichtlich Durchlässigkeit sowie curricularer Abstimmung zufällt.

Wirkungsgeschichte: Der Beitrag reiht sich ein in einen sich verstetigenden (europäischen) Bildungssystemdiskurs (Dernbach-Stolz/Eigenmann/Kamm 2021). Die gesellschaftliche Funktionalität des dualen Systems wird im Lichte einer Reproduktionstheorie hinterfragt und erfährt Zuspruch sowohl innerhalb der Disziplin (Bin-

---

48 *Quelle*: Schütte, Friedhelm (2013): Konkurrenz von akademischer und nichtakademischer Bildung – mehr als ein Phänomen? In: Severin, Eckart/Teichler, Ulrich (Hrsg.): Akademisierung der Berufswelt? Bonn: BiBB/wbv, S. 43–62 (Auszug). Der Beitrag wurde für den vorliegenden Band leicht überarbeitet.

nenlegitimität) als auch in angrenzenden Wissenschaftsgebieten (Nida-Rümelin 2014; Lenzen 2014; Strahm 2014).

Kommentar: Der Beitrag steht programmatisch in einer Reihe mit Baethges (Text 6) und Münks Beitrag (Text 13), geht jedoch über das Thema Lebenslanges Lernen im Kontext einer europäischen Berufsbildungspolitik hinaus. Er betont vor allem die Notwendigkeit curricularer Veränderungen sowie didaktischer Reflexion in der Tradition Herwig Blankertz, d. h. einer curricularen Integration von Fachbildung und Allgemeinbildung (Schütte 2019a, 2020a). Eine weitreichende Curriculumrevision wird damit angesprochen (→ Lipsmeier). Der Beitrag verschiebt wissenschaftstheoretisch den Horizont und erweitert den von Greinert (Text 11) und Rauner (Text 16) bearbeiteten Objektbereich, der ausschließlich das duale System und dessen Funktionalität thematisiert, nicht jedoch das System beruflicher Bildung sowie dessen berechtigungspolitisches Verhältnis zur Allgemeinbildung, mithin das System als Ganzes.

Der Zusammenhang von Bildungsaspiration bzw. Berufswahlverhalten und Bildungsangeboten in Form nichtakademischer wie akademischer Bildungs- bzw. Studiengänge lässt fraglos einen sozialen Wandel sowie eine Transformation des deutschen Bildungssystems auf technologischer Basis und weltweiter Arbeitsteilung erkennen. Schütte verweist mit Blick auf die Berufs- und Wirtschaftspädagogik implizit auf theoretische, bildungspolitische und vor allem didaktische Defizite im innerdisziplinären Diskurs (Schütte 2021, 2022a).

Kapitel 3: Kritik der Begriffe, der Theorie, der Politik

Litt – Greinert – Lempert – Münk

Der Beitrag von **Litt** Berufsbildung – Fachbildung – Menschenbildung (Text 10) beansprucht vor dem Hintergrund der vom Nationalsozialismus verursachten Zerstörung Europas und der systematischen Ermordung der europäischen Juden, Sinti und Roma drei klassische Begriffe der Berufsbildungstheorie zu prüfen und deren Reichweite zu klären.[49] *Inhalt:* Der erste Teil des Litt'schen Textes thematisiert die Notwendigkeit eines geistigen Neuanfangs im Nachkriegs-Deutschland der frühen 1950er Jahre und damit den künftigen Bildungsauftrag der Berufsschule in Zeiten fehlender Orientierung. Litt skizziert in seinem Vortrag die *„nationalpädagogische Aufgabe“* von Berufsbildung in der Absicht, Aufbruchstimmung zu vermitteln. Litt spricht vornehmlich zu Lehrkräften, indirekt zu Schüler und Schülerinnen. Ohne konkrete bildungspolitische

49 *Quelle*: Litt, Theodor (1960): Berufsbildung, Fachbildung, Menschenbildung. Heidelberg. *Nachdruck* in Theodor Litt: Pädagogische Schriften. Eine Auswahl ab 1927. Studienausgabe, hrsg. von *Albert Reble*. Bad Heilbrunn 1995, S. 90–148 (Auszug). *Litts* Studie Berufsbildung und Allgemeinbildung wurde zuerst 1947, der Beitrag Fachbildung und Menschenbildung zuerst 1958 veröffentlicht.

und curriculare Vorschläge zu unterbreiten, nimmt Litt eine scharfe Abrechnung mit dem Nationalsozialismus vor. Die *„Berufsschule"*, so Litts Tenor, habe sich als demokratische Jugendbildungsstätte in der Tradition der 1920er Jahre zu verstehen und durch Bildung eine neue Nachkriegs-Generation zu erziehen.

Der zweite Teil des Beitrags, Fachbildung und Menschenbildung, knüpft an den o. g. Vortrag von 1947 insofern an, als er die *„Erziehung der Jugend"* in den begrifflichen Kontext von *„Fachbildung"* und *„Menschenbildung"* einbettet. Litt konfrontiert die Vertreten:innen der westdeutschen Industrie- und Handelskammern mit der Forderung, die Fachbildung *„vor einer Horizontverengung [zu] bewahren"* und die *„Menschenbildung vor einer Verflüchtigung ins Unverbindliche"*. Litts pädagogische Botschaft lautet: Es gibt keine Berufsbildungstheorie, sondern nur eine Subjektbildungstheorie namens *„Menschenbildung"*. Beide Vorträge wenden sich auf bildungstheoretischer Grundlage sowohl gegen einen *„engstirnige(n) Fachpartikularismus"* als auch gegen einen *„verblasene(n) Bildungsuniversalismus"*. In Abgrenzung zu Kerschensteiner und Spranger plädiert Litt für die Aufhebung des *„Dualismus von Arbeitswelt und Bildungswelt"*.

Wirkungsgeschichte: Die beiden Vorträge erreichen erst eine Dekade später, am Vorabend der Reformära eine breite Fachöffentlichkeit. Litt wurde aufgrund seines Widerstandes gegen den Nationalsozialismus zu einem nachgefragten Wissenschaftler in der berufspädagogischen Arena des ersten Nachkriegsjahrzehnts. Seine philosophischen und bildungstheoretischen Beiträge liefern der anlaufenden Bildungsreform am Ende der 1950er Jahre wichtige Stichworte. Litts Studien und Vorträge erfahren in den 1960er Jahren insofern eine große Aufmerksamkeit als sie bildungspolitische Reformen mit gesellschaftstheoretischer Analyse verbinden. Die These von der Unteilbarkeit der Bildungstheorie leistet nicht nur einen Beitrag zur Überwindung des Schismas von Fach- und Allgemeinbildung, sie wird vielmehr als Aufwertung der beruflichen Bildung insgesamt interpretiert. Durch die partielle Wiederentdeckung der berufspädagogischen Klassiker und die Etablierung berufs- und wirtschaftspädagogischer Lehrstühle an Universitäten wird Litts Werk kanonisiert (Müllges 1967, S. 123 ff.; Arnold/Gonon 2006, S. 129 ff.; Zabeck 2009, S. 504 ff.). Heute ist Litt nahezu vergessen. Nur zu besonderen Anlässen wird der ‚alte' Klassiker gewürdigt (Sünker 2013).

Kommentar: Litts Beiträge verstehen sich als bildungspolitische Intervention in eine neu zu gestaltende bundesrepublikanische Bildungslandschaft. Die eindeutige Verurteilung des Nationalsozialismus wird mit einer Verabschiedung der klassischen Berufsbildungstheorie verflochten. Litt stellt eine Berufsbildungstheorie à la Lettre vor – *„Beruf"* und *„Bildung"* wird mehr oder weniger rhetorisch in Frage gestellt. Nicht nur Kerschensteiner und Spranger stellt Litt in Frage, vielmehr auch seine eigene Position in Konfrontation mit neuen Herausforderungen. *„Seitdem hat mich die wiederholte Beschäftigung mit den gleichen Fragen immer mehr in der Überzeugung bestärkt, daß die Entscheidung zugunsten des dialektischen Denkens durch die Probleme selbst gefordert ist"* (zit. nach: Nicolin/Wehle 1982, S. 49). Litt verabschiedet sich damit von der Phänomenologie und wendet sich in den 1950er Jahren der Hegelschen Erkenntnistheorie zu.

Die *„Wirklichkeit des Berufs"* erklärt Litt zur Folie berufspädagogischer sowie didaktischer Ansätze, ohne allerdings zu benennen wie im Einzelnen die *„nationalpädagogische Aufgabe"* zu stemmen sei. Weder wird ein Szenario neuer Bildungsgänge und revidierter Curricula entworfen noch werden neue Unterrichtsfächer, mit Ausnahme einer erweiterten *„Gegenwartskunde"*, ins Gespräch gebracht. Vordergründig geht es Litt um politische Bildung im Sinne eines ‚Nie wieder'! Eine substantielle Fachbildung mit ausgewiesenem Curriculum bleibt im Hintergrund. Trotz aller kritischen Einlassungen bietet der Beruf bei Litt weiterhin die Möglichkeit, Berufserziehung und Berufsbildung (Jugendbildung) neu zu denken, und zwar im Kontext universaler Menschenbildung.

Die Idee der Integration von Allgemein- und Berufsbildung nimmt **Greinert** (Text 11) zum Anlass für eine ideologische sowie bildungspolitische Generalabrechnung mit der Reformära der 1970er Jahre.[50] *Inhalt:* Greinerts Beitrag zeichnet das Scheitern der Schulversuche in Nordrhein-Westfalen und Berlin nach und kritisiert die Reformansätze als strukturell undurchführbar und bildungspolitisch nicht zu Ende gedacht. Ausgehend vom *„Strukturplan"* aus dem Jahre 1970 und dem *„Gesamtplan"* des Deutschen Bildungsrates (1970/1974) zeigt Greinert die Hürden und bildungspolitischen Volten der politischen Parteien im Umgang mit der von Blankertz u.a. in den 1970er Jahren angestoßenen Integration zweier Bildungssäulen – Allgemeinbildung hier, Fach-/Berufsbildung da – bis zum Auslaufen der Modellversuche auf. Greinerts Fazit lautet: Die angestrebte Integration ist von Anbeginn an zum Scheitern verurteilt – die Reform musste an ordnungs- und berufsbildungspolitischen Interessen sowie Gegensätzen der Parteien im Deutschen Bundestag zerbrechen.

Wirkungsgeschichte: Eine systematische Auseinandersetzung mit einzelnen Reformversuchen in Bund und Ländern ist sowohl vor als auch nach 1949 mit der Gründung der Bundesrepublik Deutschland und der Deutschen Demokratischen Republik in der Berufs- und Wirtschaftspädagogik weitgehend unterblieben (→ Stratmann, Text 7; → Lisop, Text 8).[51] Insofern stellt Greinerts Beitrag ein Novum in der Historiographie der Berufspädagogik dar. Obwohl nur eine zeitlich begrenzte Periode beleuchtet wird, weisen die ordnungspolitischen Zusammenhänge auf künftige, durch den Bologna-Prozess ausgelöste Konflikte hin (→ Münk, Text 13). Die bescheidene Rezeption verweist einerseits auf thematische Konjunkturen in der berufs- und wirtschaftspädagogischen Arena, andererseits auf den berufsbildungspolitischen Diskurs selbst. Bildungsreformen sind verfassungsrechtlich geregelte Angelegenheiten der Bundesländer, die nur bedingt und selektiv zur Kenntnis genommen und wissenschaftlich im

---

50 *Quelle:* Greinert, Wolf-Dietrich (2013): Humanistische versus realistische Bildung. Eine Studie zur Ergänzung der Geschichte der ‚deutschen Sonderwege'. Baltmannsweiler, S. 135–148 (Auszug). Zur Biographie Greinerts: Wiemann 1998; Schütte, Friedhelm (2013): Späte Sieger? – Bleiben wir berufspädagogische Realisten! In: ZBW 109. Jg., H. 1, S. 130 f.; neuerdings: Lipsmeier/Münk 2022, S. 36–39.

51 Siehe ferner: Lisop 1985; Stratmann/Schlösser 1990.

Sinne von Auftragsforschung begleitet werden. Insofern trifft die Rezeption von Reformen und deren Aufarbeitung auch den Autor. Erst im Rahmen des Bologna-Prozesses werden Integrationsmodelle zur Kenntnis genommen und partiell wiederbelebt, die das Schisma von Fach-/Berufs- und Allgemeinbildung thematisieren.

Kommentar: Greinert legt eine scharfe Kritik an beide großen, auf Strukturen zielenden Reformen vor. Sowohl die Düsseldorfer – gestartet im Flächenland Nordrhein-Westfalen – als auch die Berliner Initiative fällt bei der Würdigung der Reformvorhaben durch. Die von den Initiatoren vorgestellten Ziele und Modelle, so Greinerts Befund, gründen auf *„bloße Ideologie"*. So überzeugend die Nachzeichnung des Reformprozesses in beiden Bundesländern unter Einbeziehung der Gesamtsituation des Systems beruflicher Bildung in der Bundesrepublik, so unerkannt bleibt die curriculare und strukturelle Intention der beiden Reformvorhaben. Die Darstellung konzentriert sich vornehmlich auf die Chronologie der Ereignisse in bildungshistorischer Absicht. Sowohl schul- als auch bildungssoziologische, namentlich berechtigungspolitische Aspekte bleiben außen vor.

Die mit den Reformen verbundenen Forderungen, Chancengleichheit sowie berufliche Mobilität zu garantieren und Durchlässigkeit zwischen den Bildungssäulen curricular zu befördern, werden nicht bedacht. Bildungssoziologisch ausgeblendet bleibt somit erstens die mit den Reformmodellen unmittelbar verbundene Curriculumrevision, zweitens die Einführung neuer Bildungsgänge mit der Option, Studienberechtigungen für neue Klientel zu schaffen, drittens der berechtigungspolitische Diskurs zum Beruflichen Bildungsweg, der bereits in den 1950er Jahren eine Hochschul-Zugangsberechtigung für qualifizierte Absolventen:innen des Systems beruflicher Bildung diskutierte. Die Reduzierung des Systems beruflicher Bildung auf das duale System und dessen ordnungspolitische Verfasstheit verkennt somit das Potential dieser breit angelegten (Berufs-)Bildungsreformen.

Lempert (Text 12) legt mit dem Beitrag Soziale Rolle und berufliche Sozialisation ein sozialwissenschaftliches Forschungsprogramm mit dem Rollenbegriff im Zentrum vor.[52] *Inhalt:* Eine doppelt Perspektive beansprucht Lempert mit der Einführung des Rollenbegriffs in den berufspädagogischen Diskurs zu eröffnen: Zum einen wird in methodischer Absicht ein empirisches Forschungsszenario vorgestellt, das sich auf berufliche Sozialisationsprozesse Jugendlicher konzentriert, zum anderen fokussiert Lempert, theoretisch an Helmut Plessner und Jürgen Habermas anknüpfend, die Frage der Demokratisierung von Gesellschaft und Unternehmen. Lemperts Leitfrage lautet: Wie lässt sich eine Deformation der (beruflichen) Persönlichkeit im Rahmen

52 *Quelle*: Lempert, Wolfgang (1974): Soziale Rolle und berufliche Sozialisation. Zur berufspädagogischen Verwendung einer soziologischen Kategorie. In: Dux, G./Luckmann, Th. (Hrsg.): Sachlichkeit. Opladen, S. 313–329 (Auszug). Zur Biographie Lemperts: Schütte, Friedhelm (2010): ‚Soziale Rolle und berufliche Sozialisation' – oder: Die Konstitution menschlicher Arbeitsvermögen durch Berufe. In: ZBW 106. Jg., H. 2, S. 306–309. Neuerdings: Lipsmeier/Münk 2022, S. 67–70.

einer *„berufsrelevanten Sozialisation"* verhindern und wie der negative Einfluss von Elternhaus, Schule, Betrieb aufheben? In sechs *„Desideraten"* entwickelt Lempert die methodischen Vorteile des Rollenbegriffs. *„Verknüpfen soll der Rollenbegriff vor allem jene Dimensionen, die im beruflichen Handeln und Lernen miteinander vermittelt werden: soziale und individuelle Strukturen und Entwicklungsprozesse"*. Alle Desiderate ordnen sich soziologisch und demokratietheoretisch argumentierend diesem Forschungsansatz unter.

Wirkungsgeschichte: Mit dem sozialwissenschaftlichen Zugang zum Feld beruflicher Erziehung und Bildung eröffnet Lempert der Berufs- und Wirtschaftspädagogik ein neues, empirisch ausgerichtetes Forschungsfeld. Lempert bricht nicht nur mit dem vorherrschenden bildungsphilosophischen und kulturtheoretischen Blick auf Jugend und Beruf, sondern bezieht den betrieblichen Lernort in das Forschungsdesign mit ein. Lempert begründet mit dem Beitrag einen eigenständigen Ansatz beruflicher Sozialisationstheorie. Berufserziehung wird unter Rückgriff auf L. E. Kohlberg u. a. empirisch gedeutet. Die Studien beanspruchen einen Beitrag zur Persönlichkeitsentwicklung der Auszubildenden zu leistet. Lemperts Ansatz hat nur begrenzt Eingang in den wissenschaftlichen Kanon der Berufs- und Wirtschaftspädagogik gefunden. Gleichwohl stellen Lemperts umfangreichen Arbeiten einen Solitär innerhalb der Zunft dar.

Kommentar: Lemperts Rollenkonzept wird bemerkenswert affirmativ ins berufspädagogische Gespräch eingebracht. Weder wird die zeitgenössische Kritik am Behaviorismus aufgegriffen noch dessen lerntheoretischen Annahmen bzw. normative Rahmung hinterfragt. Die Differenz zur Kommunikationstheorie und deren sprachanalytische Deutung von Arbeit und Interaktion wird zwar erkannt, bleibt jedoch innerhalb der wissenschaftstheoretischen Dramaturgie blass.

Der Beitrag eröffnete der Disziplin fraglos sowohl theoretisch als auch methodisch völlig neue Perspektiven. Der Text kann als Vorarbeit für eine breit angelegte berufliche Sozialisationstheorie betrachtet werden.[53] Mit seinem sozialwissenschaftlichen Ansatz nimmt Lempert vorweg, was die Berufs- und Wirtschaftspädagogik mit Blick auf die ‚alte' Jugendfrage im Feld der beruflichen Sozialisation (Erziehung) einschließlich eines zu entwickelnden Berufsethos in den nachfolgenden Jahrzehnten immer wieder bewegen wird. Mit dem Begriff der *„Emanzipation"* greift Lempert keineswegs nur ein gesellschaftliches Thema auf, das vornehmlich die *„Lehrlinge"* und die Ausbildungspraxis in Industrie, Handwerk und Handel adressiert, vielmehr richtet sich Lempert gesellschaftstheoretisches Interesse auf ein demokratisch verfasstes Gemeinwesen einschließlich Demokratisierung der modernen Arbeitswelt. Lempert gehört neben Abel insofern zu den ‚neuen' Klassikern als er der Ver-Sozialwissenschaftlichung der Berufspädagogik wichtige Impulse verliehen hat. Damit leistet der Autor fraglos einen Beitrag dazu, Spranger, Kerschensteiner und Litt vom Kopf auf die Füße zu stellen.

---

53 Siehe dazu i. E.: Lempert 1976, 1980, 2002.

Der Beitrag von **Münk** (Text 13), Europäischer Qualifikationsrahmen – Verlust der pädagogischen Perspektive?, fragt vor dem Hintergrund theoretischer Leerstellen der Berufs- und Wirtschaftspädagogik nach dem Einfluss der universitären Disziplin auf die europäische Berufsbildungspolitik.[54] *Inhalt:* Zwei Themen treiben Münk um: Das chronische Theoriedefizit der Disziplin zum einen, die Einmischung der Disziplin in die europäische Berufsbildungspolitik zum anderen. Münks Resümee lautet: Die bundesdeutsche Berufs- und Wirtschaftspädagogik ist eine hinsichtlich ihres Gegenstandsbereichs bemerkenswert heterogene Wissenschaftsdisziplin mit disparaten methodischen Ansätzen. Gleichwohl, so der Befund, ist sie in der Europadebatte präsent, konzentriert auf einzelne Themenfelder. Vor diesem Hintergrund unternimmt Münk eine Spurensuche des Engagements der Disziplin in der Europäischen Union. Er zieht dafür den Deutschen und Europäischen Qualifikationsrahmen (DQR, EQF) heran und diskutiert u. a. das *„Paradigma vom Lebenslangen Lernen"*.

In Auseinandersetzung mit ausgewählten innerdisziplinären Theoriedebatten jüngeren Datums, aber auch unter Rückgriff auf einschlägige Studien von CEDEFOP, UNESCO und OECD, die auf das Lebenslange Lernen der Individuen fokussieren, gelangt Münk zu dem Schluss, dass der Zug hinsichtlich des Bologna-Prozesses, d. h. Homogenisierung des Hochschulbereichs einerseits, des Brügge-Kopenhagen-Lissabon-Prozesses, d. h. Homogenisierung der Abschlüsse des Systems beruflicher Bildung andererseits, abgefahren ist – die Einflussnahme der Zunft mithin gegen Null tendiert. Mit Blick auf das Programm des Lebenslangen Lernens sieht Münk hingegen noch Möglichkeiten der Intervention. Kritisch bemerkt er: das Konzept des Lebenslangen Lernens orientiert sich primär nicht an (berufs-)bildungstheoretischen Ideen, sondern vielmehr am Imperativ von Employability und Marktgängigkeit der erworbenen Abschlüsse (Zertifikate).

Wirkungsgeschichte: Münks Beitrag ist darauf angewiesen, in nationale Diskurse rückübersetzt und damit in den Kontext nationaler Bildungspolitiken eingeordnet zu werden (Schütte 2001). Berufsbildungspolitik und Sozialgeschichte folgen hingegen weitgehend nationalen Narrationen. Nicht nur die Vielstimmigkeit der europäischen Staaten behindert die wechselseitige Rezeption, auch Theorie- und nationalstaatliche Erziehungstraditionen blockieren den Diskurs sowohl in der wissenschaftlichen als auch berufsbildungspolitischen Arena. Zudem ist die sozialwissenschaftliche Konkurrenz in der europäischen Arena, angeführt von den Politologen:innen, beachtlich. Das so genannte Lebenslange Lernen, gefördert von der Europäischen Union, stößt gleichwohl auf ein breites Interesse in den europäischen Staaten.

---

54 *Quelle:* Münk, Dieter (2012): Bologna, Lissabon, der EQR und die pädagogische Perspektive – von der Schwierigkeit eines Berufs- und Wirtschaftspädagogen, in Europa das Pädagogische zu finden. In: Büchter, Karin/Dehnbostel, Peter/Hanf, Georg (Hrsg.): Der Deutsche Qualifikationsrahmen (DQR). Ein Konzept zur Erhöhung von Durchlässigkeit und Chancengleichheit im Bildungssystem? Bielefeld, S. 135–159 (Auszug). Zur Biographie neuerdings: Bohlinger/Scheiermann/Schmidt 2022.

Kommentar: Münks Beitrag, die gegenstandsbezogene Heterogenität der Berufs- und Wirtschaftspädagogik sowie die wissenschaftstheoretischen Leerstellen der Disziplin mit europäischer Berufsbildungspolitik zu konfrontieren, lässt ein ambitioniertes und historisch kenntnisreiches Vorhaben erkennen. Unter Rückgriff auf und Bekenntnis zur Bildungstheorie als eines unverzichtbaren Horizonts berufspädagogischer Argumentation, gerät Münks Studie zu einer besonderen, und zwar in doppelter Hinsicht: Erstens hinsichtlich ihrer wissenschaftstheoretischen und disziplinhistorischen Exkurse, angelegt als Selbstvergewisserung; zweitens aufgrund des Anspruchs, die deutsche (Berufs-)Bildungstheorie und deren historisch-systematischen Argumente für einen proeuropäischen Vocational-Education-and-Training-Diskurs (VET) fruchtbar zu machen. Obschon der Hinweis auf die Theorielosigkeit der Disziplin so alt ist wie die Kritik an der Hinwendung der Erziehungswissenschaft zur Sozialwissenschaft, so wichtig ist das Beharren auf theoretische Rahmung. Eine Disziplin ohne Theorie hat keine Zukunft – daran erinnert zu haben zeichnet Münks Beitrag aus.

Kapitel 4: Unterrichtsmethodischer und didaktischer Diskurs

Wissing – Blankertz – Rauner – Lipsmeier

Der 1951 von **Wissing** (Text 14) verfasste Beitrag Fächerung des Unterrichts der gewerblichen Berufsschule thematisiert zum einen das curriculare sowie didaktische Problem der Lernorte Schule und Betrieb, zum anderen, in lehrplantheoretischer Absicht, ein unterrichtstheoretisches Zwei-Stufen-Modell.[55] *Inhalt:* Die Frage der Fächerung des schulischen Unterrichts steht im Zentrum. Das von Wissing in einen *„Unterbau"* und *„Oberbau"* unterteilt Modell differenziert die Ausbildung nach Stoffgruppen, u. a. für eine *„ganze Berufsgruppe"*. Wissing diskutiert ferner sowohl die didaktische Problematik des inhaltlichen *„Gleichlaufs"* von schulischem Unterricht und betrieblicher Ausbildung als auch die unterrichtsmethodische Herausforderung im Umgang mit beruflicher Heterogenität. Eine disparate Klassenstruktur und die Unterrichtsorganisation der gewerblichen Berufsschule im Umgang mit *„Einberufsklassen"*, *„Berufsgruppenklassen"* und *„gemischtberufliche Klassen"* sind hiermit angesprochen.

Wissing erklärt das Unterrichtsfach *„Werkkunde"* zum Integrationsfach des gewerblich-technischen Berufsschulunterrichts. Das Fach integriert demnach im *„Unterbau"* die Fächer *„Fachzeichnen"*, *„Fachkunde"* und *„Fachrechnen"*.[56] Werkkunde wird folglich sowohl als inhaltliches als auch methodisches Leitfach betrachtet. Die von Wissing aufgestellten *„Bildungspläne für die Werkkunde"* werden zum einen curricular differen-

---

55 *Quelle*: Wissing, Jürgen A. (1954): Zur Didaktik des werkkundlichen Berufsschulunterrichts. 2. Aufl. Weinheim/Berlin, S. 67–92 (Auszug).

56 Zum (fach-)didaktischen Hintergrund: Schütte 2006, S. 18 ff.

ziert nach Unter- und Oberbau, sie tragen somit in unterrichtsmethodischer Absicht lernpsychologischen Erkenntnissen Rechnung, zum anderen zielen die Pläne idealtypisch auf eine grundlagenspezifische Aufgabenstellung zur Vorbereitung Jugendlicher auf einen einschlägigen gewerblich-technischen Erwerbsberuf. Acht Prinzipien führt Wissing bei der Konstruktion seiner *„Rahmenlehrpläne für den werkkundlichen Unterricht"* an.

Wirkungsgeschichte: Wissings Arbeiten treten nicht nur aus dem Schatten der preußischen Lehrplantheorie heraus, sie prägen bis in die 1970er Jahre hinein die Berufsschultheorie (-Pädagogik) und die Unterrichtsmethodik der gewerblich-technischen Berufsschule (Pätzold 1992, 229 ff. und S. 273 ff.; Pukas 1988, S. 429 ff.). Die Rezeption der Arbeiten Wissings fand Eingang in die hessischen und nordrhein-westfälischen Lehrpläne (Schütte 2006, S. 138 ff.). Mit der realistischen Wende der Berufs- und Wirtschaftspädagogik und dem disziplinären Aufstieg der Fachdidaktik gerieten Wissings Beiträge zur frühen Berufsschulpädagogik zunehmend in Vergessenheit. Die Orientierung an einer ingenieurwissenschaftlichen Fachsystematik beendete die Ära der klassischen berufspädagogischen Unterrichtsmethodik. Fach- und Technikdidaktik treten das Erbe der Frankfurter Methodik an (Schütte 2019a, 2020a; Pahl/Schütte 2000).

Kommentar: Wissings Beitrag verbindet Berufsschulpädagogik mit Lehrplantheorie und leistet damit einen genuinen Beitrag zur berufspädagogischen und berufsmethodischen Grundlagenforschung. Die Verbindung von Schulorganisation, Lehrplanentwicklung und Fachmethodik ist mit Blick auf die heterogene Zusammensetzung der Schüler:innenschaft und der wechselnden Nachfrage nach Ausbildungsberufen sowie der Beschulung so genannter Ungelernter berufsschultheoretisch grundlegend und hinsichtlich einer *„Fächerung"* von Unterricht curricular bemerkenswert innovativ. Die Genese gewerblich-technischer Unterrichtsmethodik führt unmittelbar zur Frankfurter Methodik und deren Autoren (Schütte 2003a).

Wissings Beitrag ist zum einen geprägt von der idealistischen Berufsbildungstheorie, grundiert vom Bildungsauftrag der neuen Berufsschule, zum anderen vom Primat des Fertigens, dem der *„werkkundliche Unterricht"* stofflich pragmatisch folgt. Der prägende Einfluss der Fachschuldidaktik mit dem Primat der Systematik im Zentrum lässt sich ebenso wenig übersehen wie die unterstellte berufserzieherische Funktion der Werkstatt als Ort der Auseinandersetzung mit technisch-naturwissenschaftlichem Wissen und dem Erwerb praktischer Berufserfahrung (Schütte 2006, S. 118 f.). Wissings Plädoyer für ein *„bewußtes Nachher"* als Credo und methodische Antwort auf das Lernortdilemma und dessen Frage nach dem inhaltlichen *„Gleichlauf"* charakterisiert die enge unterrichtsmethodische Verbundenheit mit der Fachschuldidaktik.[57] Ein berufspädagogischer Pragmatismus im Umgang mit den bildungstheoretischen

---

57 Zum Umgang mit dem Gleichlauf-Curriculum und der didaktischen Bedeutung des ‚autonomen Curriculums': Lipsmeier (Text 17) im vorliegenden Band.

Möglichkeiten der Berufsschule innerhalb des dualen Systems der Berufsausbildung wird damit gepflegt. Mit der Berufsschule als institutioneller Annex der Betriebslehre wollte Wissing sich nicht abfinden (→Lipsmeier, Text 17).

Aufgrund seiner lehrplantheoretischen und unterrichtsmethodischen Arbeiten kann Wissing zu den ‚alten' Klassikern der Zunft gerechnet werden. Die theoretischen sowie jugendpolitischen Ansprüche resp. Zuschreibungen an die Institution Berufsschule, vorgetragen von Kerschensteiner, Spranger, Fischer und Siemsen, stellt Wissing vom Kopf auf ‚didaktische' Füße. Fragen beruflicher Mobilität und sozialer Ungleichheit sind hingegen kein Thema und entsprechen dem zeitgenössischen Diskurs. Unterrichtsmethodische und berufsfachliche Aspekte stehen im Mittelpunkt – Statusdistribution und sozialer Aufstieg bleiben mithin ausgeblendet.

Blankertz Aufsatz Verbindung von Abitur und Berufsausbildung (Text 15) zielt auf eine Neuordnung der Oberstufe, mithin auf eine sich curricular differenzierende Sekundarstufe II, die die Vorbereitung auf akademische Berufe mit einer beruflichen Erstausbildung zusammenzubringen sucht.[58] *Inhalt:* Unter Hinweis auf diverse Gutachten des Deutschen Bildungsrates (1973) sowie die Krise des gymnasialen Lehrplans wirbt Blankertz für eine *„Curriculumrevision"* von zwei bis dahin unverbundene Bildungssäulen. Das Reformvorhaben – 1972 in Nordrhein-Westfalen als *„Kollegstufe"* eingeführt – basiert auf der bildungspolitischen Idee, Gymnasium und berufsbildende Schule (Teilzeit-Berufsschule, Berufsfachschule, Fachoberschule usf.) institutionell zusammenzuführen und curricular zu verzahnen. M. a. W.: Allgemein- und berufsbildende Bildungsangebote bzw. Bildungsgänge sollen in einer gemeinsamen Oberstufe unter einem institutionellen Dach angeboten werden. Blankertz stellt mit dem Beitrag ein reformpolitisches Projekt vor, das auf strukturelle Veränderungen zielt (→ Greinert, Text 11). Die Integration von Allgemein- und Berufsbildung reagiert, so Blankertz, auf den *„Legitimationsdruck"* beruflicher Bildung, auf Jugendarbeitslosigkeit, auf Lehrstellenmangel (→ Lisop, Text 8) sowie auf die Mobilitätsbarriere Numerus clausus. Die *„Kollegstufe NW"* versteht sich insofern als integratives Modell in einer reformierten, neuen bundesrepublikanischen Bildungslandschaft.

Wirkungsgeschichte: Blankertz ist in der Zunft einseitig rezipiert worden. Mit seinem Integrationsansatz ist Blankertz in doppelter Hinsicht Außenseiter geblieben. Der Kollegstufen-Versuch ist bundesweit zwar registriert worden, wirkungsmächtig war er nur in Nordrhein-Westfalen. Auswirkungen auf eine bundesweite Gymnasialreform blieben mithin aus. Auch die rechtliche Verfassung des dualen Systems blieb von dem Modellversuch unberührt. Gleichwohl beeinflusste das Reformprojekt indirekt und ideell vergleichbare Reformversuche in Berlin (West) sowie in der Deutschen Demokratischen Republik.[59] Blankertz Vermächtnis besteht u. a. darin, doppeltqualifizieren-

---

58 *Quelle:* Blankertz, Herwig (1977): Die Verbindung von Abitur und Berufsausbildung. In: ZfPäd., 23. Jg., Nr. 3, S. 329–343 (Auszug).

59 Zur Etablierung doppelqualifizierender Bildungsgänge in der DDR: Drechsel 1996.

de Bildungsgänge eingeführt und damit sowohl der beruflichen Mobilität als auch der Chancengleichheit ein bildungspolitisches Tor geöffnet zu haben. Vor allem der curricularen Integration von Fachsystematik und Handlungspragmatik eröffnet Blankertz mit der fachdidaktischen Curriculumforschung im Zentrum eine neue Perspektive (Schütte 2006, S. 72 ff.). Nachhaltig ist Blankertz Versuch insoweit, als er mit der curricularen Integration von Fach-/Berufs- und Allgemeinbildung dem fachdidaktischen Diskurs neue Impulse gegeben und der Arbeiterjugend neue Bildungswege aufzeigt hat.

Kommentar: Mit der Kritik des klassischen Gymnasialkanons und der Etablierung des Fächerprinzips legt Blankertz und sein Münsteraner Team ein weitreichendes Reformprojekt auf, das die gesamte Sekundarstufe II berührt. Die Begründung der Kollegstufe NW basiert einerseits auf einer kritischen Betrachtung von Technik und industrieller Warenproduktion, andererseits auf einer Vertiefung der demokratischen Gesellschaft (→ Lempert, Text 12). Blankertz Reformprogramm stützt sich auf eine Re-Interpretation des Neuhumanismus (Blankertz 1985). In reformpolitischer Absicht greift Blankertz im weitesten Sinne Gedanken von Spranger, Fischer, Siemsen und Litt auf.

Die opulente Kritik an dem Reformprojekt verweist einerseits auf ein bemerkenswertes politisches Widerstandspotential und eine bescheidene Lobby auf Seiten des Systems beruflicher Bildung, andererseits auf ein eklatantes Missverständnis hinsichtlich der Möglichkeit curricularer und didaktischer Innovation. Das Vorhaben zur Überwindung des Schismas von Fach- und Allgemeinbildung mit curricularen Mitteln wird entweder nicht anerkannt oder unterlaufen. Die von Blankertz prognostizierte Verwissenschaftlichung beruflicher Erstausbildung im Rahmen des dualen Systems, aber auch die Transformation des Gymnasiums *„ohne Niveauverlust"* ist noch immer aktuell. Angesichts der Konversion von Berufen und der Verwissenschaftlichung der Warenproduktion ist Blankertz Reformvorschlag im Lichte einer Harmonisierung der europäischen Bildungssysteme keineswegs zu den Akten zu legen (→ Münk, Text 13).

Der Beitrag Arbeitsprozesswissen und gestaltungsorientierte Facharbeiterausbildung von **Rauner** (Text 16) liefert eine Auseinandersetzung mit der klassischen betrieblichen Lehrlingsausbildung und dessen curriculare Ausrichtung auf die Erfordernisse vornehmlich industrieller Facharbeit.[60] *Inhalt:* Der Zusammenhang von beruflichem Wissen und Arbeitsprozesswissen prägt den wissenschaftstheoretischen Horizont des Betrags. Die Begründung des Arbeitsprozesswissens im Kontext von praktischem und theoretischem Wissen einerseits und dessen curriculare Umset-

---

60 *Quelle*: Rauner, Felix (2002): Die Bedeutung des Arbeitsprozesswissens für eine gestaltungsorientierte Berufsbildung. In: Fischer, Martin / Rauner, Felix (Hrsg.): Lernfeld Arbeitsprozess. Ein Studienbuch zur Kompetenzentwicklung von Fachkräften in gewerblich-technischen Aufgabenbereichen. Baden-Baden, S. 25–52 (Auszug). Zur Biographie *Rauners*: Pahl, Jörg-Peter (2012): Felix Rauner – ein Protagonist der deutschen Berufsbildungsforschung. In: ZBW 108. Jg., H. 1, S. 82–86.

zung, u. a. in einschlägige Berufsbilder andererseits, bestimmt die Originalität des Rauner'schen Ansatzes. Insofern stehen Fragen der Curriculumforschung und Berufsentwicklung im gewerblich-technischen Sektor im Mittelpunkt. Methodologische Aspekte der modernen Facharbeiterausbildung werden ebenso thematisiert wie konkrete Qualifikationsanforderungen und Ziele betrieblicher gleichwie schulischer Berufsbildung. Die Tätigkeit von Facharbeitern wird von Rauner konzeptionell rückgebunden an ein spezifisches, im Arbeitsprozess zu generierendes und zu erwerbendes Berufswissen.

Wirkungsgeschichte: Die Rezeption des Rauner'schen Arbeitsprozesswissensansatzes wird zur Zeit nur von einer überschaubaren berufspädagogischen und arbeitswissenschaftlichen Community vollzogen. Der berufspädagogische Mainstream hat sich mit dem Kern des Ansatzes nur bedingt auseinandergesetzt. Kritisiert wird vornehmlich die Beschränkung des Gegenstandsbereichs auf die industrielle Facharbeit und die Vernachlässigung schulischer Bildungsprozesse. Einfluss hat Rauners Paradigma fraglos auf das so genannte Lernfeldkonzept im Rahmen der dualen Erstausbildung in Form offener Curricula und einer Neuinterpretation von beruflichem Wissen und betrieblicher Facharbeit genommen (→ Lipsmeier, Text 17). Das *„Konzept des Arbeitsprozesswissens"* und dessen Anspruch, *„berufliche Arbeitsaufgaben"* zum Ausgangspunkt von Berufsbild und gewerblich-technischem Curriculum zu wählen, grundiert insofern die Entwicklung neuer, nichtakademischer Ausbildungsberufe. Namentlich in der Kraftfahrzeugtechnik hat der Ansatz internationale Aufmerksamkeit erlangt und einen Beitrag zur Standardisierung der Ausbildung in Europa geleistet.

Kommentar: Der Versuch Rauners, das *„Konzept des Arbeitsprozesswissens im Kontext einer gestaltungsorientierten Berufsbildung"* zu entwerfen, überzeugt nur hinsichtlich der Formulierung betrieblich-beruflicher Arbeitsaufgaben (Schütte 2018). Die argumentative Verbindung von berufsfachlicher Bildung und Arbeitsprozessorientierung gelingt u. a. deshalb nur bedingt, weil mit der Objektivierung von Facharbeit die Bildungsfrage systematisch in den Hintergrund tritt. Sowohl die horizontale und vertikale Arbeitsorganisation selbst, eingebettet in industrielle Beziehungen und funktionale, betriebliche Produktionskonzepte, als auch subjekttheoretische Annahmen werden keiner Analyse unterzogen. Die wissenschaftstheoretische Verankerung des Ansatzes im Feld der Arbeitswissenschaft blendet mithin zentrale Leitfragen der Berufspädagogik kategorisch aus.

Mit der Veröffentlichung Bildungsauftrag und autonomes Curriculum interveniert **Lipsmeier** (Text 17) in Auseinandersetzung mit drei berufspädagogischen Leitbegriffen, in einen zentralen Diskurs der Berufs- und Wirtschaftspädagogik.[61] *Inhalt:* Der Titel des Aufsatzes ist systematisch wie historisch Programm einer umfassenden

61 *Quelle:* Lipsmeier, Antonius (1991): Ganzheitlichkeit, Handlungsorientierung und Schlüsselqualifikation – über den berufspädagogischen Gehalt der neuen Zielgrößen für die berufliche Bildung im Kontext der neuen Technologien. In: Bonz, Bernhard/Lipsmeier, Antonius (Hrsg.): Computer und Berufsbildung.

Stellungnahme. Auf der Basis von aktuellen und bildungshistorischen Einlassungen zur Weiterentwicklung beruflicher Bildung diskutiert Lipsmeier die berufspädagogisch-methodische Relevanz der Begriffe *„Ganzheitlichkeit, Handlungsorientierung und Schlüsselqualifikation"*. Die neuen Zielkategorien werden erläutert und berufspädagogisch kontextualisiert. In den Blick genommen werden zeitgenössische Aussagen unterschiedlicher Provenienz, die die Kontroverse resp. disparate Lesart der umstrittenen Begriffe in der berufspädagogischen Arena widerspiegeln. Dazu werden historische Dokumente in hermeneutischer Absicht herangezogen, um das Alte im Neuen zu identifizieren bzw. zu interpretieren. Die Rezeption und Würdigung einschlägiger Argumente aus berufs- und betriebspädagogischer, industriesoziologischer, psychologischer, ordnungspolitischer Perspektive münden in der Forderung nach einer *„curricularen Revision"* (→ Blankertz, Text 15), um die Fachlichkeit der beruflichen Bildung zu wahren und dieser den Vorrang vor *„ausbildungs- und unterrichtsmethodischen"* Experimenten einzuräumen.

Wirkungsgeschichte: Lipsmeiers Kritik an der *„Methodeneuphorie"* im Feld der Berufs- und Wirtschaftspädagogik am Ende der 1980er Jahre wendet sich gegen die Ausblendung der Inhaltsfrage im didaktisch-methodischen Diskurs. Ebenso wird das Vertrauen darauf, dass die technologischen Herausforderungen an die berufliche Erstausbildung mit methodischen Arrangements zu lösen seien, kritisiert. Mit dem Hinweis, zunächst eine Curriculumdiskussion durchzuführen resp. eine Revision beruflicher Curricula vorzunehmen, wird zum einen die Fachlichkeit des Lehr- und Lernprozesses in den Vordergrund gestellt, zum anderen an die zieltheoretische Tradition von Berufserziehung und Berufsbildung angeknüpft. Dem Primat von Ziel und Inhalt wird hiermit didaktisch Rechnung getragen. Lipsmeiers Beitrag eröffnete der Disziplin einen neuen Diskurshorizont, der historische mit systematischen Argumenten verbindet. Mit der Forderung nach einem *„Autonomen-Curriculum"* liefert er dem späteren Lernfeldkonzept mit dem Begriff der Handlungsorientierung im Zentrum, die Stichworte. Der betrieblichen Ausbildung und der Berufsschule werden somit hinsichtlich curricularer Verbindung von Theorie und Praxis alle didaktischen Freiheiten einräumte.[62]

Kommentar: Der Lipsmeier'sche Beitrag zur historischen Didaktik und Unterrichtsmethodik führt den Nachweis, dass nicht alles was (unterrichts-)methodisch als neu apostrophiert wird, wirklich neu bzw. berufspädagogisch innovativ ist. Die historische Genese unterstreicht die doppelte Dualität berufsfachlicher Bildung in den zentralen Institutionen der nichtakademischen Berufserziehung in Schule und Betrieb sowie deren curriculares Verständnis von Theorie und Praxis sowohl in der unterrichtlichen Praxis als auch innerhalb der berufspädagogischen Disziplin. Die Forderung eines

---

Beiträge zur Didaktik neuer Technologien in der gewerblich-technischen Berufsbildung. Stuttgart, S. 103–124 (Auszug).

62 Das „autonome Curriculum" folgt u. a. der „Idee einer ganzheitlichen Bildung" (ebd., S. 117).

autonomen Berufsschulcurriculums zielt explizit auf eine (berufs-)bildungspolitische Emanzipation der Institution Berufsschule resp. des Systems beruflicher Bildung, implizit auf eine Re-Formulierung der überkommenen Berufsschultheorie. Obschon die Grenze zwischen ideengeschichtlichen resp. berufsbildungstheoretischen Argumenten auf der einen Seite und realgeschichtlicher Erziehungspraxis – das Handwerk bleibt gänzlich unberücksichtigt – auf der anderen, theoretisch sowie diskursiv aufgehoben wird, dient ausschließlich das duale System mit seinen Kontinuitätslinien als argumentativer Referenzpunkt. M. a. W.: nur ein institutioneller Teil des Systems beruflicher Bildung wird der kritischen Reflexion ausgesetzt. Aus dem Blick gerät dabei, dass namentlich das technische Fachschulwesen der Unterrichtsmethodik sowie beruflichen Didaktik der Erstausbildung an beiden Lernorten wesentliche sowie nachhaltige Impulse lieferte.[63] Gleichwohl verbindet die Forderung nach einem autonomen Curriculum die Verteidigung des Bildungsauftrags der (Berufs-)Schule mit einer Weiterentwicklung berufsfachlicher Unterrichtskonzepte auf der Basis einer Integration von systematischem und kasuistischem Lernen.

---

63 Die Frankfurter Methodik, deren Erfinder allesamt Absolventen der Höheren Fachschule waren, ist dafür ein beredendes, realgeschichtliches Beispiel.

Kapitel 1
Konstitution des Objektbereichs

Persönlichkeit und Bildungsprozess

GEORG KERSCHENSTEINER

Persönlichkeitswert[1]

Wir haben „Bildung“ als einen unbedingt geltenden Wert bezeichnen müssen. Das Ergebnis des Verfahrens, das diesen Wert verwirklichen soll, sind individuell organisierte Träger der unbedingt geltenden Werte der Wahrheit, Schönheit usw. Wir nannten sie sittlich autonome Persönlichkeiten. Versteht man unter Autonomie Bejahung der Bewußtseinsgesetzlichkeiten oder, wie wir nun wohl auch sagen können, der Einheit stiftenden Vernunftordnung, so genügt auch schon der Ausdruck „autonome Persönlichkeit“. Dagegen ist sittliche Persönlichkeit ebenso wenig eine Tautologie wie sittlicher Charakter. Denn es gibt nicht nur außersittliche sondern auch unsittliche Persönlichkeiten, d. h. in sich geschlossene Sinngefüge, die, obwohl sie keine Verwirklichungen des unbedingt geltenden Bildungswertes sind, doch in ihrer Geschlossenheit eine eigenartig gestaltende Kraft auf die Umwelt, wie auf ihr eigenes Selbst ausüben. Alle Welt nennt sie deshalb (...) Persönlichkeiten. Denn die *eigenartige Geschlossenheit des seelischen Wesens* scheint das *erste* wesentliche Kennzeichen zu sein, das von einer Person verlangt werden muß, damit sie als Persönlichkeit bezeichnet werden kann. (...) Das ist dies zweite wesentliche Merkmal der Persönlichkeit, [die *gleichmäßige und selbständige Stellungnahme zur Umgebung*; F. S.]. Sie kennt nur wenige aber unablässig verfolgte Lebensziele. Eine solche gleichmäßige selbstständige Stellungnahme kann natürlich nur aus einem Wert heraus erfolgen. Dieser Wert kann kein *individuell* bedingt geltender sein, sondern muß ein allgemein bedingt oder ein unbedingt geltender sein. Denn sonst würde ihn ja die Umwelt überhaupt nicht würdigen können. Er muß also entweder Wahrheit, Schönheit, Sittlichkeit, Heiligkeit, Bildung sein oder Macht, Liebe, Besitz, Nutzen, Lebensgenuß usw. Weil er in der Persönlichkeit ausdrückt und vor allem bejaht wird, wird er die Ursache nicht bloß einer Umwelt-, sondern auch der

---

1 Kapitel- und Abschnittsüberschriften sind i. d. R. Kurzvarianten der Originalüberschriften.

Selbstgestaltung. Daß diese Bejahung nur aus dem Wesen der Individualität erfolgen kann, bedarf keines weiteren Beweises. (…) Die Frage ist nur, ob dieses Prinzip der Formung ein Ausfluß bedingt oder unbedingt geltender Wert ist. Persönlichkeit in diesem letzteren Sinne ist immer ein Gebilde der Selbstgesetzlichkeit der Vernunft, der Autonomie. Sie ist immer eine sittlich freie Persönlichkeit.

Damit aber glaube ich ein drittes allgemeines Merkmal der Persönlichkeit festlegen zu müssen, die *selbstgewollte Selbstgestaltung ihres individuellen Wesens*. Wenn die Persönlichkeit erklärt: ich will mich, so meint sie damit den in ihrer seelischen Zentralität, in ihrem geschlossenen Sinngefüge verankerten bedingt oder unbedingt geltenden Wert. Erfolgt diese Selbstgestaltung aus den Werten der Bewußtseinsgesetzlichkeiten heraus, also aus den Vernunftprinzipen, so dürfen wird im höchsten Sinne von einer selbstgewollten Selbstgestaltung sprechen. Erfolgt sie aber aus irgendwelchen bedingt, doch allgemein geltenden Werten, deren Souveränität aus individueller Veranlagung heraus bejaht wird, so ist sie freilich auch selbst gewollt, aber dieses Selbst ist nicht mehr identisch mit dem geistigen, sondern dem animalischen Selbst. (…)

Wo immer wir also von einer Persönlichkeit sprechen, muß das Wesen dieses Menschen die drei Seiten: einheitliche Geschlossenheit, gleichmäßige Stellungnahme zur Umwelt, selbstgewollte Selbstgestaltung aus einem unbedingt oder allgemein bedingt geltenden Werte heraus aufweisen. Sind die drei Merkmale Ergebnisse einer Erfülltheit von unbedingt geltenden Werten, so haben wir es mit einer autonomen oder sittlich freien Persönlichkeit zu tun, im andern Falle mit einer Persönlichkeit schlechthin. Daß die autonomen Persönlichkeiten als Güter bewertet werden, ist nach allen unsern Betrachtungen selbstverständlich. Aber wir werten sie nicht bloß um der einzelnen Werte willen, deren Träger sie sind, sondern vor allem auch um ihrer *eigenartigen Gesamtform* willen, um der sprechenden Einheitlichkeit der Gestalt des gesamten Sinngefüges willen. So fordert die Persönlichkeit nicht bloß unter Umständen zur sittlichen Wertung heraus, sondern immer und überall auch zur *ästhetischen* Wertung. Der ästhetische Wert haftet an jeglicher Persönlichkeitserscheinung; an ihrem einheitlich kraftvollen, zielstrebigen, in sich geschlossenen Sein. (…) Persönlichkeiten sind also eigen- und einzigartige Darstellungen oder Gestalten des Reiches der Werte unter der Herrschaft eines unbedingt oder allgemein bedingt geltenden Wertes. Je klarer, einheitlicher, übersichtlicher diese Gestaltung im Leben der Person zum Ausdruck kommt, desto *deutlicher* ist die Persönlichkeit. Je mannigfacher die Werte sind, die sich in Sein und Tun widerspiegeln, desto reicher ist die Persönlichkeit. (…)

In jeder wirklichen Persönlichkeit lebt das Bewußtsein von der geschlossenen Einheit des ganzen Seins und das Streben nach dieser inneren Geschlossenheit. Sie läßt sich nicht von der Außenwelt zersplittern. Sie verfällt nicht den tausendfältigen Anregungen durch unzählige neue Kulturgüter. Eben weil sie geschlossen ist, weist sie Anregungen und Forderungen zurück, die entweder ihre Kraft von den selbstgesetzten Zielen ablenken oder ihre Leistungsfähigkeit übersteigen. Man kann geradezu die Eigenschaft der Selbstbeschränkung als eine vierte Eigenschaft der Persönlichkeit, mindestens der sittlichen, ansehen. Sie kennt ihre Grenzen und beschränkt sie im Bewußtsein der Bedeutung der Selbstbeschränkung für die Formung des eigenen Wesens auf die Gebiete innerhalb dieser Grenzen. (...) Es ist nicht so, daß nicht auch derjenige eine echte Persönlichkeit sein könnte, der die Normen seiner Wertgemeinschaft völlig zu seinen eigenen Normen gemacht und sein Sinngefüge dem der Gemeinschaft so weit angepaßt hat, wie es seine Individualität erlaubte. (...)

Sittlicher Persönlichkeitswert als unbedingt geltender Bildungswert

Nun ist es nicht schwer zu sehen, daß die eigene sittliche Persönlichkeit für jeden ein höchstes Gut ist. Sie ist es nicht deshalb, weil sie „höchstes Glück der Erdenkinder" wäre, außer man versteht unter Glück seelisches Gleichgewicht, innere Übereinstimmung mit den Normen der Vernunft. Denn die sittliche Persönlichkeit wird von ihrer Umwelt oft genug belehrt, daß es sehr gefährlich ist, eine selbständige in sich geschlossene, eigenartige Gestalt zu besitzen. Was auch die Welt „Glück" nennen mag, das sogenannte höchste Glück der Persönlichkeit besteht in der Übereinstimmung mit sich selbst, d.h. in der Übereinstimmung mit den Gesetzlichkeiten des Bewußtseins und den aus ihnen entspringenden geltenden Werten. (...) Wenn nun für jeden einzelnen die sittliche Persönlichkeit ein höchstes Gut ist, dann muß die sittliche *Persönlichkeit als Idee* selbst ein unbedingt geltender Wert sein, der sich in unzähligen solchen Gütern eigen- und einzigartig verwirklichen kann. Und wenn die Idee der Bildung in der sittlich freien Persönlichkeit gipfelt, so ist die Idee der Bildung als unbedingt geltender Wert in nichts von der Idee der sittlichen Persönlichkeit verschieden. (...) Bildung aber als Verfahren hat keine andere Aufgabe, als in möglichst vielen Menschen als endlichen und darum immer unvollkommenen Gütern den Persönlichkeitswert zu verwirklichen, ihn in einzelnen konkreten autonomen Persönlichkeiten zu gestalten. Darum muß auch der Bildungswert als Idee identisch sein mit dem sittlichen Persönlichkeitswert als Idee.

Bildungswerte gemäß den Aspekten des Bildungsbegriffes

Nun haben wir gesehen, daß der Begriff der Bildung drei Aspekte hat, einen axiologischen, einen psychologischen und einen teleologischen. Wir haben aber auch zugleich erkannt, daß der wahre Sinn der Bildung nur im axiologischen Aspekt liegt, von dem der psychologische eine notwendige Folge und für den der teleologische eine notwendige Voraussetzung ist. Streng genommen gibt es also Bildungswerte nur im Hinblick auf den axiologischen Aspekt. Nur was die Wertgestalt fördert, hat Bildungswert, d.h. alle echten Bildungswerte sind *axiologische Bildungswerte*. (...)

Ein Bildungsverfahren also, das beispielsweise zum Bedürfnis nach Erleben des in rationaler Erkenntnis mündenden Wahrheitswertes führen will, wird kaum ein besseres Mittel haben als den axiologischen Bildungswert der aufsteigenden mathematischen Güter oder der exakten naturwissenschaftlichen Güter auszunützen. (...) Die Schulklasse kann die gewaltigsten Dramen von Sophokles, Shakespeare, Schiller lesen, ohne daß die Schüler die sittlichen oder gar die ästhetischen Werte ahnen, geschweige denn erleben, von denen sie voll sind. Unser Unterrichtsverfahren, das die Lektüre von Dichtungen in hundert Stücke zerschneidet und dann die Portionen auf ein Semester, auf ein Jahr, ja auf mehrere Jahre (Homer z.B.) verteilt, tut reichlich das Seine, diese Erlebnisse unmöglich zu machen, den axiologischen Bildungswert zu ersticken. (...) Daß unsere Schulen in erster Linie auf die psychologischen oder formalen und auf die beruflich nützlichen Bildungswerte eingestellt sind, das ist die bedenkliche Nachtseite unserer Bildungsanstalten. Würden sie unentwegt den axiologischen Bildungswert der Güter im Auge behalten, dann würden ihnen die psychologischen und teleologischen Werte von selbst in den Schoß fallen müssen.

Das hat nun aber die historische Entwicklung der Lehranstalten mit sich gebracht, daß in ihnen in erster Linie nur die dinglichen Güter und nicht auch die personalen, vor allem die kollektiv personalen eine Rolle spielen, und daß diese Güter vom Gesichtspunkte ausgewählt und methodisch ausgewertet werden: a) wie weit sie der formalen Bildung, b) wie weit sie dem Arbeitsberufe-, dem sozialen Berufe und dem wirtschaftlichen Leben der Gemeinschaft nützen.

Zu dieser Erscheinung hat natürlich auch der Umstand beigetragen, daß beispielsweise die höheren Lehranstalten nicht bloß „Menschen“, d.h. sittliche Persönlichkeiten, zu bilden haben, sondern auch geistige Arbeiter. Ein brauchbarer geistiger Arbeiter wird man aber nicht ohne strenge und anhaltende Schulung der Fähigkeiten des Geistes. Rückte somit schon aus diesem Grunde die *formale Bildung* in den Vordergrund, so wurde das Gewicht dieser Forderung noch verstärkt durch den Umstand, daß auch die axiologische Seite nach der Seite der Formalbildung einen Druck ausübt. Denn um den Wertgehalt der Güter zu erleben, muß man ihre Sprache verstehen. Nur durch Beherrschung ihrer eigenartigen Sprache kann man in den tiefsten Sinn dessen eindringen, was sie in dieser ihrer Sprache ausdrücken. (...) Nur darf man niemals übersehen, daß diese individuell axiologische Bedeutung der *formalen Bildungswerte* nur dann gegeben ist, wenn die durch die formale Bildung erzeugten Fertigkeiten, Geschicklichkeiten, Leistungsfähigkeiten in beseelte Gewohnheiten eingeschmolzen und so mit dem ganzen Sinngefüge aufs engste verbunden werden. Nur in dieser Verbindung können sie Schlüssel werden, welche die Tore in das Reich der Werte öffnen.

Zu den axiologischen und formalen Bildungswerten der Güter und Verfahren kommen endlich noch ihre teleologischen Bildungswerte oder ihre Nützlichkeitswerte für Arbeitsberuf und Gemeinschaftsberuf. Wie die Überspannung und Isolierung der formalen Bildungswerte zur Zerstörung der axiologischen führen kann, so erst recht die Überspannung der teleologischen Bildungswerte der Güter und Bildungsverfahren. Insbesondere ist der fürchterliche Enzyklopädismus der Lehrpläne nach der Wissensseite wie nach der Fertigkeitsseite hin das typische Ergebnis dieser Überspannung. Was kann der Mensch nicht alles „brauchen" an Kenntnissen und Fertigkeiten als Berufsarbeiter wie als Gemeinschaftsglied? Erfahren schon die Fertigkeiten und Geschicklichkeiten auf diese Weise neben der formalen Bewertung noch eine *materiale*, so trifft diese materiale Bewertung erst recht die Kenntnisse. Sobald ein Bildungswesen lediglich teleologisch eingestellt ist, ist kein Ende abzusehen, wo die Zahl der für den Bildungsprozeß auszuwählenden Güter aufhören soll. Denn *materialen* Bildungswert können alle Kenntnisse und Fähigkeiten haben, namentlich dann, wenn der zukünftige Arbeitsberuf noch nicht feststeht und die Anstalt beispielsweise auf alle geistigen Berufe vorbereiten soll. Darin ist auch unsere Forderung der Organisation aller Bildungsanstalten nach der beruflichen Seite, d. h. nach der Seite der möglichen oder wahrscheinlichen *inneren* Berufenheit oder Berufbarkeit einer der besten Schutzdämme gegen die Überschwemmung mit Bildungsgütern aus dem Gesichtspunkte des materialen Bildungswertes heraus. (...)

Immanente Bildungswerte

Von erheblich größerer Bedeutung als die eben besprochene Einteilung der Bildungswerte ist eine andere, die aus dem Gesichtspunkte des Zusammenhangs von Bildungswert und geistiger Struktur der Güter und Verfahren entspringt. Die Güterreihen eines Wissenschaftsgebietes z. B. tragen alle die geistige gleiche Struktur in immer komplizierteren Sinngefügen. Das selbständige Eindringen in solche Sinngefüge erweitert, erhöht, verstärkt selbstverständlich die Aktdispositionen, welche das Erlebnis immer komplizierterer Sinngefüge ermöglichen; (...) Dieses Eindringen in die Sinngefüge ist und bleibt eine Art Nachschaffens, nur mit dem Unterschied, daß die Bündigkeit des Gebildes bereits vorliegt und kein schöpferisch intuitiver Akt vorausgesetzt wird. (...) So mögen wir erkennen, daß jedes intensive irgendwie nachschaffende Eindringen in den Sinngehalt einer Wissenschaft *notwendig* bildende Wirkungen ausübt, die aus der Struktur des Gebildes selbst sich ergeben. Wir bezeichnen diese Bildungswerte der Kulturgüter als die ihnen immanenten Bildungswerte. Jedes Kulturgut besitzt solche *immanenten Bildungswerte,* und zwar nach der axiologischen Seite hin wie nach der formalen Seite. Da in die verschiedenen Aktdispositionen theoretischer, ästhetischer, religiöser, sittlich-sozialer Art das ganze Bewußtsein mit seinen Verstandes-, Gemüts- und Willensfunktionen mit hinein verflochten ist, so ist es selbstverständlich, daß beispielsweise den Wissenschaftsgütern neben den jeder Wissenschaft besonderen formalen immanenten Bildungswerten auch solche formale Bildungswerte zukommen, die allen gemeinschaftlich sind. (...)

Voraussetzungen der Wertbildung

Wir haben (...) nachzuweisen versucht, daß, wie die Kraftbildung eine unmittelbare und notwendige Forderung der Wertbildung ist, ebenso die Forderung der nach zwei Seiten gerichteten Berufsbildung die unerläßliche Voraussetzung für die Wertbildung und damit für die Bildung überhaupt wird. Denn die Entwicklung jedes geistigen Seins bedarf, wie wir sahen: a) der *Grundlage des leiblichen Seins,* das in seiner spontanen Betätigung zu den ersten Werterlebnissen führend, aus diesen Erlebnissen heraus die ersten Zwecke setzt und sich späterhin irgendwie durch Arbeit in der Gemeinschaft selbst erhalten und gestalten muß; b) der *Gemeinschaft mit einem kollektiven geistigen Sein,* als dessen Mitglied allein es mit den Gütern, an denen geistige Werte erlebt werden können, in Berührung kommt. Daraus zogen wir den Schluß, daß das Bildungsverfahren notwendig vor allem auch eingestellt sein muß: a) auf eine der individuellen Leistungsfähigkeit angepaßte *arbeitsberufliche* Bildung; b) auf eine der Erhaltung und Weiterentwicklung des geistigen Seins der Wertgemeinschaft zugewandte *soziale* Bildung.

Es scheinen so gewissermaßen drei Bildungsziele nebeneinander zu stehen: das Ziel, das wir als *Allgemeinbildung* bezeichnet haben, nämlich das individuell erreichbare geistige Sein zusammen mit der individuell erreichbaren höchsten Leistungsfähigkeit im Dienste dieses Seins; zweitens, die Bildung, oder nun richtiger gesagt, die Ausbildung für einen bestimmten Arbeitskreis; drittens, die Ausbildung zum Sozialdienste in der Gemeinschaft, die, sofern diese Gemeinschaft die staatlich organisierte Volksgemeinschaft ist, zugleich auch die Forderung der staatsbürgerlichen Erziehung in sich schließt. Fassen wir die beiden letzten Ausbildungsziele als Zweckbildung zusammen, so steht somit der Allgemeinbildung die Zweckbildung gegenüber, oder (...) der *Bildungszweck* dem *Bildungsideal.*

Aber Bildungszweck und Bildungsideal stehen sich nicht in dem Sinne einander gegenüber, daß jedes gewissermaßen eine besondere Richtung des Bildungsverfahrens für sich in Anspruch nähme oder gar nehmen müßte. Der Bildungszweck liegt vielmehr in der Richtung zum Bildungsideal. Ja, bedenkt man, daß im Grunde jede Entwicklungsstufe des Menschen sowohl ihren Bildungszweck wie ihr Bildungsideal hat, weil jede solche Stufe ihre besondere geistige Struktur besitzt, so kann man auch sagen, Bildungszweck und Bildungsideal liegen auf allen Stufen weder neben-, noch nacheinander, sondern ineinander. (...)

Jede seelische Entwicklung beginnt gewissermaßen mit einer Orientierung des Subjektes im Reiche des objektiven Geistes, bis es jenen Kulturkreis und in ihm jenen Arbeitsbezirk gefunden hat, der seiner Individualität entspricht, oder von dem es glaubt, daß er ihr entsprechen könnte. (...)

Auch in den unzähligen Fällen, wo der Jugendliche schon frühzeitig in einen manuellen Arbeitsberuf eintritt, gilt unter gewissen Bedingungen der Satz: daß die Berufsbildung die Voraussetzung, der Ausgangspunkt und die Grundlage der Wertbildung ist. Die eine Bedingung ist, daß die unentwickelte Struktur der Jugendlichen noch ein inneres Berufenwerden zu dem Arbeitskreis möglich erscheinen läßt, die andere, daß der Beschaffenheit des Arbeitsgebietes gemäß überhaupt von der Möglichkeit einer inneren Berufung für dasselbe gesprochen werden kann. Wo das letztere nicht der Fall ist, ist freilich der Arbeitsberuf kein Ausgangspunkt und keine Grundlage der Wertbildung.

Sinn der arbeitsberuflichen Bildung

Wenn nun auch im gegebenen Falle die innere Berufenheit der Individualität unserem Blicke verschlossen bleibt, so bleibt gleichwohl dem Bildungsverfahren, wie wir gesehen haben, jedenfalls kein anderer Weg übrig, als zunächst die Triebe, Neigungen, Interessen, ja Strukturen aufzugreifen, die sich auf der jeweiligen Entwicklungsstufe zeigen. Unter ihnen sind irgendwann einmal auch jene vorläufig nicht identifizierbaren Spontaneitäten, Tendenzen, Akte enthalten, aus denen die größte arbeits- und gemeinschaftsberufliche Leistungsfähigkeit der ganzen Individualität sich entwickeln kann. Die Werte, welche durch die Befriedigung dieser spontanen Betätigungsrichtungen erlebt werden, mögen zunächst Werte des sinnlichen Seins sein; (...) Aber die Verwirklichung dieser Zwecke bedarf der Mittel, unter anderen auch der Kulturgüter. In dem Maße, wie die letzteren sich als Mittel tauglich erweisen, gewinnen sie Beachtung, Bedeutung, Sinn. (...) In diesem Sinne haben wir den Grundsatz aufgestellt: Der Weg zur Menschenbildung geht über die Berufsbildung, oder wie wir auch sagen können: *Der Weg zur Bildung geht über die Arbeit der der Einzelne jeweils innerlich berufen ist oder berufen gemacht werden kann.* In diesem Sinne besitzt auch jede Entwicklungsstufe derselben Individualität, das Kindesalter, Knabenalter, Jünglingsalter, Mannesalter seine eigene geistige Struktur und innere Berufenheit. (...)

Aber alle diese Berufenheiten liegen in einer Entwicklungslinie, an deren Ende die letzte Wertgestalt steht, welche die Vollendung des in der Individualität Möglichen bedeutet und die wir „Bildung“ schlechtweg genannt haben. (...)

Soziologischer Aspekt der Bildung und die soziale innere Berufenheit

Wir haben nun aber auch erkannt, daß die Forderung der Wertbildung unweigerlich zur Forderung der sozialen Bildung führt, ja daß die Durchführung der sozialen Bildung die Voraussetzung einer allgemeinen Durchführung der Wertbildung ist. Dieser sozialen Bildung sind zwei Ziele gesteckt: a) die Mitwirkung an der Erhaltung des leiblichen Seins der Gemeinschaft, deren Glied der Einzelne ist; b) die Mitwirkung an der Gestaltung des kollektiven geistigen Seins, von dessen Pflege ja die Entwicklung des individuellen geistigen Seins abhängig ist.

Das erste Ziel fordert: „Stelle Deinen Arbeitsberuf nicht bloß in den Dienst der Erhaltung Deines individuellen physischen Seins, sondern zugleich auch in den Dienst der gemeinschaftlichen Wohlfahrt." Das zweite Ziel fordert: „Wirke mittelbar oder unmittelbar, durch Dein bloßes Sein oder durch Dein absichtliches Tun, an der steigenden Versittlichung der Gemeinschaft, an der Vollendung des kollektiven geistigen Seins." Bezeichnen wir die arbeitsberufliche Bildung als die *besondere* teleologische Bildung, mit Rücksicht darauf, daß jeder Arbeitsberuf eine besondere individuelle Veranlagung nötig hat, so können wir diese soziale Bildung als die *allgemeine* teleologische Bildung bezeichnen, unter Berücksichtigung des Umstandes, daß sie die Entwicklung geistiger Einstellungen beabsichtigt, die von allen Gliedern der Gemeinschaft in gleicher Weise gefordert werden müssen. Es ist selbstverständlich, daß für diese allgemeine teleologische Bildung auch eine allgemeine innere Berufenheit und Berufbarkeit vorhanden sein muß. Die Verhältnisse liegen hier allerdings nicht so einfach wie in der inneren Berufenheit für einen Arbeitsberuf. Es hängt nämlich die Möglichkeit einer solchen allgemeinen inneren Berufenheit davon ab, ob die Gemeinschaft durch allgemein oder gar unbedingt geltende Werte verbunden ist, die auch jedes ihrer Glieder erleben kann. Solche Werte sind Lebens- und Eigentumssicherheit, Gleichheit vor dem Gesetze, körperliche Freiheit, aber auch Gerechtigkeit, Gewissensfreiheit, Freiheit des sittlichen Handelns. Ich kann mir nicht denken, daß es Menschen gibt, für welche diese Werte keine Geltung haben. Selbst derjenige, der solche Werte andern gegenüber verletzt, macht zum mindesten den Anspruch auf ihre Geltung für *seine* Person. (...)

Versittlichung des individuellen Arbeitsberufes

Will nun aber das Bildungsverfahren mit Erfolg die soziale innere Berufenheit entwickeln, so kann sie das nicht, ohne zugleich die arbeitsberuflichen Einstellungen und Tendenzen aufzugreifen. Denn aller sozialer Beruf ist Betätigung, Arbeit im Dienste des Ganzen, der Gemeinschaft. Aber durchhaltender Betätigungswille, Wille zur Arbeit hat seine zunächst stärksten Motive in solchen wertbehafteten Vorstellungen, die egozentrische Neigungen befriedigen, also in Vorstellungen, die den mannigfaltigen Selbsterhaltungs-, Besitz- und Geltungsbedürfnissen entgegenkommen. Schon das Geltungsbedürfnis, das sich ebenso wie die beiden anderen Tendenzen bereits in der frühesten Kindheit zeigt, setzt eine Gemeinschaft voraus, die unserem Tun, wenn auch in der schlichtesten Form, irgendwelche Anerkennung zuteil werden läßt. Aber gerade diese starken egozentrischen Triebe, Neigungen, Interessen, wie individuell verschieden sie auch gerichtet sein mögen, bringen die Glieder einer Gemeinschaft in die mannigfaltigsten gegenseitigen Berührungen und Beziehungen, die nun auf Grund der individuell verschiedenen, aber gleichfalls schon mit der Geburt gegebenen Sympathie- und Zuneigungstendenzen eine zweite Motivreihe für die Arbeitseinstellung dem Bewußtsein einverleiben können, die Motivreihe des heterozentrischen Verhaltens, der sozialen und altruistischen geistigen Akte. Es ist von der allergrößten Bedeutung für den Erfolg des Bildungsverfahrens, daß die rein sachlich gerichteten geistigen Akte irgendeines Arbeitsberufes, also die technischen, theoretischen, künstlerischen, die sich so leicht in den Dienst eines rein egozentrischen Verhaltens stellen, so frühzeitig wie möglich Gelegenheit erhalten, sich mit sozialen Akten zu verschmelzen. (...) Diese Verschmelzung geht in den meisten Berufen umso leichter vor sich, als ja die soziale Einstellung keine rein heterozentrische ist, sondern immer auch einen egozentrischen Einschlag hat. Denn die soziale Einstellung des Individuums ist die Einstellung zu Gunsten einer Gemeinschaft, deren Glied das Individuum selbst ist. (...)

Der Arbeits- und Lebensberuf wird schließlich der einzige Zweck der Bildung trotz aller Bildungsideale und trotz aller Glorifizierung der Schulen für sogenannte „Allgemeinbildung". (...) Der Weg zu den Arbeitsberufen wird ja nur in den seltensten Fällen ausschließlich aus sachlichen oder heterozentrischen Motiven bestimmt; in der Regel, namentlich wenn die Berufswahl schon getroffen werden muß, ehe die Entwicklungsrichtung der geistigen Struktur genauer erkannt werden kann, spielen egozentrische Motive mit herein. (...) Erst wenn unsere Bildungsanstalten in gleichem Maße die soziale Berufenheit ihrer Zöglinge praktisch aufgreifen, erst wenn sie es sich zum Grundsatze machen, die Kultur des Einzelnen, wo es immer möglich ist, in den freiwilligen Dienst einer Sozietät zu stellen, deren Sozius der einzelne ist, erst dann wird die Brücke zur Versittlichung des Arbeitsberufes geschlagen. (...)

Sozialer Beruf und Sinn des Lebens

Die innere Berufbarkeit zum sozialen Dienste mit dem zweifachen Ziel der Erhaltung des arbeitsteiligen Gemeinschaftskörpers und der Vervollkommnung seines geistigen Seins, sowie die Einstellung des Bildungsverfahrens, diese Berufbarkeit in eine Berufenheit des Individuums zu wandeln, ist nun nicht bloß die Voraussetzung für die Möglichkeit immer neuer Formen des objektiven Geistes, die als sittliche Persönlichkeiten unter dem Begriff Bildung erscheinen, sondern sie gibt dem Begriff Bildung überhaupt und damit auch dem Leben eines jeden, der nach Vollendung seiner Bildung strebt, erst seinen tiefsten Sinn. Alle Formen des objektiven Geistes sind der Vergänglichkeit unterworfen und keine mehr als die individuelle Persönlichkeit. (...)

Es bleibt aber nicht nur die Sehnsucht nach eigener Vollendung, sondern vielleicht noch viel häufiger der nie schweigende Sollensruf der geistigen Werte überhaupt, mit der Frage: Was hast Du zur *dauernden* Verwirklichung dieser Forderungen beigetragen? Wäre die Gemeinschaft nicht, in der schon das bloße Streben im Dienste dieses Sollensrufes weiterwirkt, welchen Sinn könnte dieses unvollendbare, individuelle, geistige Sein haben, das ohne die Gemeinschaft völlig aus der objektiven Welt verschwindet? Aber gerade weil es in der Gemeinschaft weiter wirkt an der immer erneuten Verwirklichung der im individuellen Leben erlebten geistigen Werte, weil es mit dem Bewußtsein scheiden kann, das seiner Individualität Mögliche in Treue gewollt zu haben, gewinnt dieses Leben nun einen vollen Sinn, oder kann es doch einen solchen gewinnen, gleichviel in welchem Arbeitsberufe es der arbeitsteiligen Gemeinschaft eingereiht ist. Denn aller wahre Sinn des Lebens ist seine Bezogenheit auf unbedingt geltende Werte.

Nur dürfen wir uns nicht der Ideologie hingeben, daß dieser Sinn des Lebens schon allein mit dem Glauben an zeitlose Werte gegeben wäre. Er muß auch mit der nie versiegenden Hoffnung auf ihre Verwirklichung in der Menschheit und mit der diese Werte umschließenden Liebe verbunden sein. (…) Freilich kann das Leben keinen Sinn gewinnen in einer Gemeinschaft, die keine Gerechtigkeit kennt. Denn es fehlt mit ihr die Sittlichkeit. Aber Gerechtigkeit ist so sehr die Lebensluft jeder Gemeinschaft, daß sie überhaupt nicht dauernd existieren kann, ohne in ihre Struktur ein, wenn auch noch unvollkommenes Streben nach ihr aufgenommen zu haben. (…) [Gerechtigkeit] ist der Gegensatz zur Willkür und erträgt darum keinen Despotismus in der Gemeinschaft, weder den eines Einzelnen, noch den einer Klasse. Aber Gerechtigkeit kann nur in einer Gemeinschaft verwirklicht werden, die ein gleiches geltendes Recht für alle setzt und die Möglichkeit hat, dieses Recht auch zu erzwingen.

Grundlegende Bildung – Berufsbildung – Allgemeinbildung

EDUARD SPRANGER

Bildung und Erkenntnis[1]

Es gilt bei uns in Deutschland als ein feststehendes Evangelium, daß alle Erziehung mit der Allgemeinbildung anfangen müsse. So merkwürdig dieser Satz für den historisch unbefangenen Hörer klingt, so groß ist die reale Kraft, die er in der Gestaltung unsres Bildungswesens geübt hat. Denn auf ihn ist es zurückzuführen, daß unser Fachschulwesen nicht die freie Entfaltung gefunden hat, die ihm gemäß seiner Bedeutung für die Gegenwart zukäme. Es lohnt sich also zu prüfen, ob man mit dem Wort Allgemeinbildung immer einen festen Begriff verbunden hat und worin er besteht.

Man kann zunächst den Namen Bildung einengen auf das, was einer in der Form des Wissens und der rein intellektuellen Fähigkeiten besitzt. Dieser intellektualistische Bildungsbegriff gestattet zwei Ausprägungen: entweder ist wirklich an die Gesamtheit der Wissens*stoffe* gedacht; dann wäre der allgemein Gebildete derjenige, dessen Kopf eine Enzyklopädie im kleinen umfaßt, der von allem etwas und zwar das Wichtigste weiß. Es ist das Ideal des 17. Jahrhunderts, wie es Comenius erstrebt, Leibniz verwirklicht hat. Oder man versteht unter Allgemeinbildung die formale Übung aller Erkenntnis*funktionen* – von den Sinnen aufwärts bis zum verwickelten Schlußverfahren –, durch deren Zusammenwirken das wissenschaftliche Weltbild unserer Zeit erwächst. Dann bezöge sich die Allseitigkeit nur auf die dem Menschen innewohnenden intellektuellen *Kräfte*. Das Neue für einen so Ausgebildeten könnte nur noch von der Seite des Stoffes herkommen; die Auffassungsformen jedoch lägen in ihm bereit. In dieser Gestalt verliert die Allgemeinbildung zwar ihre Uferlosigkeit. Aber sie würde dafür in einer öden Geistesgymnastik bestehen, für die der Erkenntnisstoff zum bloßen Mittel

1 Die Kapitelüberschrift wie alle folgenden wurden vom Herausgeber eingefügt.

herabsinkt. Und für die praktische Durchführung dieses Gedankens erhebt sich die Schwierigkeit, daß man keine Erkenntnisfunktion wahrhaft üben kann, ohne auf den konkreten Fall der Anwendung Bezug zu nehmen. Eine rein formale Bildung des Intellekts ist also unmöglich, gewisse Grundlinien des Erkenntnisinhalts müssen immer mitgegeben sein. Dadurch aber werden die Umrisse der nötigen und ausreichenden Allgemeinbildung sofort wieder unbestimmt.

Wollte man sich mit diesen intellektualistischen Formen der Bildung begnügen, so wäre dies nicht anders, als ob man ein gezeichnetes Bildnis des Menschen als Ersatz für ein körperliches Standbild gelten lassen wollte. Kein Erzieher der Gegenwart würde seine Aufgabe für erfüllt halten, wenn er nur auf den Vorstellungskreis oder die intellektuellen Auffassungsformen seines Zöglings eingewirkt hätte. Auch die vielen, die in langen intellektualistischen Erziehungsepochen versucht haben, sich darauf zu beschränken, haben doch – an ihrer Spitze Herbart – sich bemüht, an die Erkenntnisseite mittelbar alles anzuheften, was die grundlegenden Lebensbeziehungen des Menschen zu seiner Umgebung ausmacht. Von „Allgemeinbildung" im vollen Sinne aber kann erst die Rede sein, wo man den werdenden Geist in seiner Totalität auffaßt und in der Bildungsarbeit über seine bloß erkennenden Funktionen hinausgeht. In diesem Zusammenhang freilich wird niemand an die Allseitigkeit des Lebens*inhaltes* denken können. Vielmehr kommen hier wirklich nur die elementaren Kräfte und Leistungen in Betracht, aus denen sich dann nicht mehr bloß das Abbild der Wirklichkeit, sondern das ganze geistig-gesellschaftliche Leben selbst aufbaut. (…)

Allgemeinbildung – Ziel des Bildungsweges

Unsere neueste Pädagogik hat bewußt an diese Grundsätze der klassischen deutschen Erziehungstheorie wieder angeknüpft. Und in der Tat: es muß eine unverlierbare Aufgabe bleiben, alle jene elementaren Akte des Auffassens, des Arbeitens und des Formens, des Liebens, des Gehorchens und der religiösen Andacht aufzusuchen, aus deren einfachen Motiven die Symphonie des geistigen Lebens zusammengewoben ist. Nur muß man sich die Frage vorlegen, ob diese Ganzheit des Erlebens und Gestaltens, die sich an der nächstliegenden Gegenstandswelt erprobt, wirklich als Allgemeinbildung bezeichnet werden darf. Hält man den Namen fest, so gibt es jedenfalls noch eine andere Allgemeinbildung, die statt am Anfang vielmehr am Ende des ganzen Bildungsweges liegt und die sich, soweit ein Menschengeist dafür überhaupt Raum hat, des unübersehbaren Lebensstoffes bemächtigt, über die enge Stätte des nächsten Wirkens und Erlebens hinauswächst und den Menschen auch mit feineren Welten in Berührung setzt.

Formen der Allgemeinbildung

Jene erste Form der „Allgemeinbildung“ (…) hat ihren natürlichen Mittelpunkt in der heimatlichen Welt, vom Dorf beginnend bis zu der Gemeinsamkeit des geistigen Volksbesitzes in Wissen und Technik, Sitte und Staat, Kunst und Religiosität. Und weil jeder an ihr teilhaben muß, werden wir sie als grundlegende Bildung bezeichnen dürfen. Sie war in der Regel gemeint, wenn man behauptete, daß alle Erziehung mit der Allgemeinbildung anfangen müsse. Aber auch die zweite Form der Allgemeinbildung bedarf eines Zentrums. Sie bedarf seiner umso mehr, als sie an sich grundsätzlich unausschöpfbar ist. Man muß ihr von irgendeiner Seite nahekommen; man muß schon irgendwo feststehen, um diesen andrängenden Fluten gegenüber nicht den Halt zu verlieren. Wo man aber diesen Mittelpunkt zu suchen habe, darüber hat lange Unklarheit geherrscht. Ein großer Teil der Unwirksamkeit unsrer Bildungsbestrebungen von der Universität bis zu den Arbeiterkursen erklärt sich aus diesem Schwanken. Die Antwort aber, die hier allein gegeben werden kann, lautet: *Der Weg zu der höheren Allgemeinbildung führt über den Beruf und nur über den Beruf.*

Die grundlegende Bildung ist zunächst Sache der Volksschule. Ausgehend von der Heimat und der Kinderwelt, die (…) die „Individuallage“ des Zöglings auf dieser Stufe bestimmen, führt sie in deutsche Sprache, deutsche Geschichte, deutsches Können, kurz in deutsche Kultur ein, nicht nur durch Belebung der Vorstellungswelt, sondern auch durch schaffende Arbeit, ästhetische Anregung und durch ein Schulleben (…). An diesem Grundcharakter würde es nichts ändern, wenn eine Fremdsprache allgemein verbindlich eingeführt würde; denn auch sie nähme ihr Recht nur aus einer Beziehung her, die für die deutsche Kultur der Gegenwart entscheidend wäre. Abgesehen von den unvermeidlichen Schwankungen der Zeitrichtung ist das Bildungsideal der Volksschule in den Umrissen schon klar herausgearbeitet. Sie behält aber einen Mangel, der groß genug ist, ihre ganze Arbeit in Frage zu stellen: sie bricht zu früh ab; sie entläßt den Menschen in einem Alter, in dem die entscheidenden Seiten seines Inneren sich erst formen. Wenn man jemanden vor Abschluß der Pubertät aus der Schule nimmt, so ist das nichts anderes, als ob man den fünften Akt eines Dramas bei der Aufführung fortlassen wollte: niemand kann dann wissen, wie die Sache ausläuft, und alle Spannung war umsonst. (…)

Insofern ist die höhere Schule günstiger gestellt. Auch sie gibt nur eine grundlegende Bildung. Wie viel Unsegen hier der Glaube gestiftet hat, daß diese durchaus eine nach allen Seiten abgerundete *Allgemeinbildung* sein müsse, läßt sich in wenigen Worten nicht sagen. Sie ist dadurch um ihre besten Kräfte gebracht worden. Die 12jährige Dauer des ganzen Schulweges gestattet eine strenger wissenschaftliche Grundlage. Aber *Grundlage* bleibt sie, und auch für sie bildet der gemeinsame geistige Volksbesitz den einheitlichen Kern. Wenn sie daneben alte Sprachen treibt, so ist es deshalb, weil unsere Volkskultur, historisch betrachtet keineswegs als ursprünglich gelten darf; wenn sie lebende fremde Sprachen aufnimmt, so geschieht es um der Stellung Deutschlands im Weltzusammenhange willen. Das Bildungsideal aber bleibt deutsch, und es bleibt grundlegend, weil es nur bis an den Punkt heranführt, *wo mit der selbständigen Berufswahl die persönliche Bildungsbahn erst beginnt.* Im Hinblick hierauf macht die höhere Schule eine eigentümliche Erfahrung: nur bei denjenigen Köpfen, die ausgesprochen wissenschaftlich veranlagt sind, gelingt es ihr noch nach der Pubertät, sie in der Welt des Allgemeinen und verhältnismäßig Lebensfernen festzuhalten, wie es aus dem Wesen einer so ausgedehnten Grundlegung folgt. Diese Naturen werden durch die Pubertät geradezu in einen halb theoretischen, halb ästhetischen Universalismus hinausgezogen, der sie befriedigt, bis auch sie ein Festes brauchen. Die andern aber verlangen als Gegengewicht gegen die Gefühlsschwankungen der Pubertät und zur Stütze ihres werdenden Selbstgefühls geradezu die Bindung an einen scharf umrissenen Aufgabenkreis, der zu ihren wirklichen Lebensinteressen in unmittelbarer Beziehung steht. (...)

Von diesen Tatsachen aus erscheint eine mittlere Schulstufe zwischen der kurzen Grundlegung der Volksschule und der gewagt langen des höheren Schulkursus in der Gestalt, wie sie Realschule (und Mittelschule) darstellen, nicht notwendig und nicht zweckmäßig. Sie nützen zwar das bildungsfähige Alter noch um ein Jahr länger aus und erfreuen sich so eines Vorzuges, den die Volksschule durchgängig haben sollte. (...)

Es fragt sich nun freilich, was man unter einer *Berufsschule* versteht. Und hier liegen die wichtigsten Probleme. Verständigen wir uns zunächst über die Gründe, die die Berufsschule in der allgemeinen Achtung so herabgesetzt haben. Sie stammen aus der Zeit des deutschen Idealismus, als das deutsche Schulwesen seine im Großen bis heute maßgebende Gliederung erhielt. Damals, vor mehr als 100 Jahren, als der Absolutismus von dem neu erwachenden Nationalbewußtsein überwunden wurde, galt es vor allem, den „Bürger" aus dem Beengenden seiner unmittelbaren wirtschaftlichen und politischen Verhältnisse zu lösen, sein Bewußtsein von den Standesschranken frei zu machen und ihn über den bloßen Nützlichkeitsgeist zu erheben. Selbst der Flug ins Weltbürgertum erschien zu diesem Zwecke erlaubt; denn unter Nation verstand man im 18. Jahrhundert noch das bloße Objekt des Staates, und unter „Nationalbildung" ausdrücklich eine rein praktische Erziehung im Dienste der ständischen Arbeitsteilung. Die Berufsschulen, die man kannte – Militärschulen, Kunstschulen (= technische Schulen) usw. – bemächtigten sich ihrer Zöglinge in einem ganz frühen Alter und begnügten sich damit, sie direkt für eine bestimmte, enge Funktion abzurichten. Kein Wunder, daß ein solcher Geist der Nützlichkeit den Schiller und Humboldt, Süvern und Schleiermacher als etwas durchaus Verwerfliches, ja geradezu als das Gegenteil der Bildung erschien (...) vor diesen Gefahren behüten wollten. Deshalb fiel die Frage der Berufsbildung aus ihren Interessen so gut wie ganz heraus.

Besonders deutlich kam diese Auffassung für die Stufe der Universität zur Geltung: die Führenden der Nation dürfen keine engen Köpfe sein; sie dürfen nicht bloß auf eine bestimmte Leistung abgerichtet werden, sondern müssen ihre besondere Aufgabe aus dem Ganzen der Wissenschaft heraus beurteilen. Nach dieser idealistischen Ansicht also sollte man gleichsam erst von der Philosophie zum Beruf kommen, und die

Universität wurde eine allgemeinwissenschaftliche Anstalt, in der das Berufsprinzip im günstigsten Falle neben dem rein wissenschaftlichen Anerkennung fand. So viel Gutes in diesem Gedanken liegt, jedenfalls ist er die Ursache, daß im 19. Jahrhundert die Fachhochschulen fast alle *außerhalb* der Universität entstanden, was von vielen noch heute als ein Verlust empfunden wird. In dem Emporblühen der Technischen Hochschulen, der Handelshochschulen, der Landwirtschaftlichen und Tierärztlichen Hochschulen, Forst- und Bergakademien liegt ein sichtbarer Sieg des Fachschulgedankens. (...)

Aber wie dem auch sei: schon die Universität in ihrer bisherigen Gestalt lehrt, daß das Berufsstudium sehr wohl mit allgemeiner und idealer Bildung verbunden werden kann, die sich dann wie ein Kranz um den Mittelpunkt der eignen Lebensnotwendigkeit herumlagert. Diese gesunde Verbindung von individueller Bestimmung und universaler Ausweitung haben doch die Größten der Epoche vor 100 Jahren aus ihrer eigenen Bildungsarbeit heraus schon stark empfunden. *Pestalozzi* hat nie ein unbestimmtes Menschentum für das letzte Ziel erklärt, sondern jeden nur in den vollen Besitz seiner selbst bringen wollen, damit er in *seinem* Kreise wirke. Und Goethes Wilhelm Meister geht denselben, kampfreichen Weg von einer unbestimmten Universalität zur zielbewußten Individualität. (...)

Berufsbildung ganzheitlich denken

Es ist die Aufgabe unsrer Zeit, das Wort „Berufsbildung" wieder in seinem ganzen Gehalt zu verstehen. Nach der älteren Ansicht könnte es fast scheinen, als ob Beruf und Bildung sich gegenseitig ausschlössen wie Enge und Weite. Faßten wir die Berufsschulen so auf, daß sie nur ein ganz bestimmtes und begrenztes Können vermitteln – dann freilich wäre es recht, diese nun einmal unvermeidliche Dressur so weit wie möglich hinauszuschieben und auf das Mindestmaß zu begrenzen. Aber „Bildung" trägt immer ein Allgemeines in sich selbst. Wer für seinen Beruf „gebildet" wird, der wird zugleich zur Freiheit gegenüber allen Einzelleistungen in ihm erzogen, der lernt ihn in einem größeren Kulturzusammenhang auffassen und geistig über ihm stehen, statt von ihm verschlungen zu werden. Deshalb kann und darf auch die Gliederung der Berufsschulen nicht zu weit gehen, sondern sie muß – gleich der Technischen Hochschule – verwandte Berufe zu größeren Berufskreisen zusammenfassen, in denen dann ein ganzes Gebiet der wirtschaftlichen Arbeit zum Ausdruck kommt.

Unsere Handelsschulen, technischen Bildungsanstalten, Bauschulen, Kunstgewerbeschulen und die Gesamtheit der Fachfortbildungsschulen sind Beispiele für das bereits Erreichte. Manches Gebiet aber, wie das Bankwesen oder das mittlere Beamtenfach, fällt ganz aus, weil man die „allgemeinbildenden" mittleren und höheren Schulen als genügende Vorbereitung ansieht und die eigentlichen Fachkenntnisse der praktischen Erfahrung überläßt. (...) Ganz gewiß aber sind die oben genannten Berufsschulen heute noch nicht das, was sie nach ihrer Bedeutung für das Ganze unsrer Kultur und nach dem inneren Wesen eines echten Bildungsganges sein sollten. Denn geleitet von dem Glaubenssatz, daß die „allgemeine Bildung“ schon vorher abgetan sei, beschränken sie sich vielfach auf das engste Berufskönnen und überlassen im Übrigen den Menschen dem Zufall einer zweifelhaften Selbstbildung. Auch hierin zeigt sich das Ungesunde der herrschenden unorganischen Trennung von Berufsbildung und Allgemeinbildung. (...)

Die Berufsschulen stehen daher an einem wichtigen Wendepunkte. Ihre Aufgabe kann dahin bestimmt werden, *daß sie sich künftig nicht bloß an äußeren Zielen, sondern nach dem inneren Wesen des Bildungsvorganges selbst organisieren müssen.*

Bisher genügen sie der einen Hauptforderung, daß der werdende Mensch nach den Jahren der Reife einen bestimmten Mittelpunkt für seine Arbeit finde, von dem aus er sein Wissen und Können wachsen sieht, der ihm eine Stellung in der Welt und mit dem eignen Nutzen zugleich einen gesellschaftlichen Wert in Aussicht stellt.[2] In der neueren Pädagogik wird vielfach die Voraussetzung gemacht, daß der Beruf auf Grund von Neigung gewählt werde. Leider darf diese stark von innen heraus wirkende Bildungskraft nicht immer angenommen werden. Die gegenwärtig lebhaft im Gange befindlichen Bestrebungen, wenigstens Begabung und Beruf in Einklang zu bringen, werden umso günstiger wirken, wenn sie sich nicht nur mechanischer Methoden zur Prüfung der Berufseignung bedienen, sondern auch die ethische Seite, das Selber-Wählen, das Selber-Wollen und das persönliche Verantwortungsgefühl zu entwickeln suchen. (...) Vor der Pubertät sollte unter keinen Umständen nach künftigen Berufen geschieden werden; das würde die grundlegende Bildung einseitig machen, abgesehen von der Unmöglichkeit, in dieser Zeit schon entschiedene Lebensinteressen festzustellen. Wohl aber sollte in der Volksschule Gelegenheit gegeben sein, alle Begabungsrichtungen in elementarer Form zu erproben: nicht nur die theoretischen, sondern auch die manuellen, technisch-konstruktiven, rednerischen und ästhetischen. (...)

Für die Zeit nach der Pubertät aber würde ich nicht nur Kerschensteiners Axiom zugrunde legen, sondern es auch dahin erweitern, daß nun jede dieser Schulen entsprechend ihrem eigentümlichen Mittelpunkt einen bestimmten Bildungstypus zu entwickeln hat, der dem organischen *Gange* der inneren Bildung, nicht nur der gegebenen individuellen Seelenstruktur des Zöglings, kongruent ist. Jede Individualität bedarf ferner zu ihrer *Bildung* der „Gegengewichte“. Endlich treten zu der Veranlagung (dem inneren Beruf) die objektiven Forderungen der gesellschaftlichen Berufsleistung (des soziologischen Berufes) hinzu. Nehmen wir alles zusammen: die Art, wie sich Berufsbildung und Allgemeinbildung durchschlingen, gegenseitig tragen und beleben, vor allem, wie die allgemeinen Interessen aus der Eigenart des Berufskreises herauswachsen, das muß jede Schulgattung mit eigner Schöpferkraft entdecken und in Form eines spezifischen Bildungsplanes herausstellen.

---

2 Siehe dazu den Beitrag von *Kerschensteiner* (Text 1) im vorliegenden Band.

Jede würde das Reich der allgemeinen Bildung auf ihre besondere Art erobern. Die alte Konzentrationsidee empfängt durch die Gruppierung aller Bildungsstoffe um die Berufsbildung einen neuen Sinn.[3] Natürlich kann dann auch der rein wissenschaftlich-systematische Zusammenhang der Gegenstände nicht allein entscheidend sein. Vielmehr würde es darauf ankommen, wie sie mit einer besonderen Seite oder Richtung des Lebens in organische Beziehung gesetzt werden können. (...)

Moralerziehung als Bildungsauftrag

Wenn man bisher neben die Berufskunde die Bürgerkunde als allgemeinbildendes Fach gestellt hat, so scheint mir noch ein weiteres wünschenswert, nämlich jenes Gebiet, das heute nicht unglücklich als *Lebenskunde* bezeichnet wird. Bisweilen freilich wird die Lebenskunde einseitig moralisch verstanden. Man darf aber nicht vergessen, daß jede lebendige Moral nur in Beziehung zu ganz bestimmten Kulturverhältnissen entwickelt werden kann, und daß es in einem höheren Sinne durchaus berechtigt ist, von einer besonderen kaufmännischen Moral und von einer Moral der technischen Arbeit zu reden. Der sittliche Gehalt der Arbeit hat ebenso viele Ausprägungen, als es Formen und Bedingungen der Arbeitsweise gibt.

Für die Oberstufe der allgemeinen höheren Schulen schwebt mir ein viersemestriger Lehrgang in „Vaterlandskunde" vor, der auf Grund elementarer geschichtlicher und geographischer Voraussetzungen, jedoch in besonderen Stunden, in die wirtschaftlichen, sozialen, rechtlichen und politischen Verhältnisse der Gegenwart unsres Landes einführt. In den Fachschulen werden diese Gesichtspunkte so ineinandergewoben werden müssen, daß sie je einer Stufe der Berufsausbildung parallel gehen.

Auf Einzelheiten zu kommen, ist hier nicht der Ort. Das allgemeine Ziel ist *Erweiterung des Gesichtskreises* von einem bestimmten Standpunkte aus. Der Mensch, der aus einer solchen Anstalt hervorgeht, soll in seinem Verhältnis zum Leben offen, vielseitig und doch seiner eignen Aufgabe bewußt sein. Er soll, mit einem Worte, *nicht* bloßer Fachmann, sondern ein wirklich gebildeter Mensch sein. Dazu bedarf es freilich noch einer großen Erweiterung des Lehrplanes und der Lebensordnung an den deutschen Fachschulen; aber diese Veränderung ist durch die neuen Kulturverhältnisse und die Verschiebung der sozialen Ansichten unbedingt gefordert. Und in dem Ganzen liegt nicht etwa die Absage an die alte Humanitätsidee, sondern nur ihre Erfüllung mit einem zeitgemäßen Inhalt. Sie soll gleichsam einen festeren Mittelpunkt erhalten; das Moment der Individualität soll stärker hervortreten, damit wir nicht in der Universalität einer ungreifbaren und unerreichbaren Allgemeinbildung zerfließen. Aus dem Kern der Berufsbildung wächst der Mantel der Allgemeinbildung hervor, auf der

---

3 Siehe dazu den Beitrag von *Wissing* (Text 14) im vorliegenden Band.

wissenschaftlichen Stufe, aber auch auf allen anderen. Es gibt nur *einen* entschiedenen Gegensatz zum gebildeten Menschen: das ist nicht etwa der unliterarische (denn Bildung ist nicht ausschließlich literarische Bildung), sondern der bloße Spezialist, der mit uneröffneten Augen an seiner Scholle haftet und sich ewig im Kreise seiner engen Routine dreht. Dies zu verhüten, ist die Aufgabe der Berufsschulen im Zusammenhang des neuen Bildungswesens, das nicht mehr allein nach der sogenannten höheren Schule und der Universität orientiert ist. (…)

Der hier entwickelte Gedanke, daß sich an die grundlegende Bildung der Volksschule nach dem inneren Gesetz des Bildungsfortschrittes zunächst die Berufsbildung anschließt und daß erst aus dieser die eigentliche Allgemeinbildung erwächst, sofern der Mensch sie überhaupt erreichen kann, ist am frühesten bei der Pflichtfortbildungsschule zum Durchbruch gekommen. Seitdem Pache und Kerschensteiner gewagt haben, diese aus ganz neuen Kulturverhältnissen geborene Anstalt auch auf ein neues Prinzip zu stellen und sie beruflich aufzubauen, ist die Bahn frei geworden für die allgemeine Entwicklung des Fachschulwesens, die ein wichtiges Stück in dem modernen Plane des Aufstieges der Tüchtigen und der zweckmäßigen Gliederung des deutschen Bildungswesens bedeutet. (…)

Man wird der Pflichtfortbildungsschule nur gerecht, wenn man ihre Aufgabe aus den besonderen Verhältnissen versteht, die die Großstadt und die industrielle Entwicklung geschaffen haben. Die Großstadt hat die alten Erziehungsmächte aufgelöst, die den einzelnen in kleineren Kreisen durch Sitte und öffentliches Urteil gebunden hielten. Der Jugendliche, der heute aus der Volksschule in das Leben entlassen wird, noch ehe sich sein innerer Mensch geformt und gefestigt hat, tritt in eine Welt hinaus, in der er inmitten der Masse ein fast unbekanntes Dasein führt. Und die maschinelle Produktionsform hat mit dem Handwerk zugleich die segensvollen Erziehungseinrichtungen verdrängt, die in den alten Formen der Zunft oder der Innung für den Lehrling getroffen waren. Der Lehrherr der Gegenwart, abgesehen von gewissen Zweigen des Handwerks, in denen sich die alte Überlieferung im Stillen erhalten hat, besitzt in der überwiegenden Zahl der Fälle kein pädagogisches Wissen, ja nicht einmal ein pädagogisches Gewissen. Die moderne Fabrik hat gar keinen erziehlichen Geist in sich aufgenommen, und die Gewerkschaft hat bisher so stark im wirtschaftlichen und politischen Kampf drin gestanden, daß sie keine Zeit gehabt hat, sich auch als Erziehungseinrichtung auszubauen (…). Die Folge für diese ist, daß sie mit ihren sechs Wochenstunden nicht nur Ersatz für die aufhörende Volksschulerziehung und den fehlenden öffentlichen Erziehungsgeist bieten soll, sondern zugleich bestimmt ist, die Meisterlehre zu ergänzen und all den verschiedenen Berufskreisen einen Bildungsgang zu geben, der eigentlich aus dem Schoße der Berufsorganisation selbst hervorgehen müßte. In der Tat eine Aufgabe von fast unerreichbarer Größe!

Dies alles ist nur möglich, wenn man die Verhältnisse ganz in ihrer eigenartigen Neuheit versteht und alles Fremde fern läßt, das aus der Tradition der Volksschule nur mechanisch herübergenommen ist. In die Volksschule gehört seit uralten Zeiten der Religionsunterricht. Aus der Fortbildungsschule hat man ihn ferngehalten in der richtigen Erwägung, daß nach der Einsegnung keinem mehr ein religiöser Einfluß von Staatswegen aufgenötigt werden darf. Dem Jugendlichen steht die Kirche offen; sie mag überdies Jugendpflegeeinrichtungen schaffen in dem ganzen Umfang und mit all der Kraft, die ihr zu Gebote steht. Sollte aber die Fortbildungsschule von ihren sechs Stunden auch nur eine für den verbindlichen konfessionellen Religionsunterricht abgeben, so würde ihr ganzer, mühsam geschaffener Aufbau zerstört werden. Die Berufsschule braucht nicht irreligiös zu sein, wenn sie bekennt, daß sie die Pflege des religiösen Lebens anderen und geeigneteren Gemeinschaften überläßt. (...)

Politische Erziehung – Ethos der Arbeit

[Die] politische Erziehung [gehört] in die Pflichtberufsschule, aber in ganz bestimmtem Sinne. Keine staatliche Schule sollte irgendwie zum Instrument für parteipolitische Zwecke benutzt werden; also auch die Berufsschule nicht. Das schließt aber nicht aus, daß sie mehr als andre Schulgattungen die Aufgabe politischer Erziehung zu leisten hat; denn sie greift stärker und unmittelbarer als die anderen in die praktischen Realitäten der Gegenwart ein. (...)

Aber vielleicht scheint nur uns Deutschen dies alles so schwer, weil uns die rechte Grundeinstellung zum Staatsleben überhaupt schwer fällt. Das Selbstverständliche in jedem Gemeinwesen, das nicht hoffnungslos erkrankt ist, muß für alle Zeiten die Einstellung auf das *Ganze* sein. Denn wenn überhaupt ein Staat sein soll, so kann er nur, um mit Hegel zu reden, durch den „substantiellen Willen" lebendig bleiben, der in jedem Staatsgliede und jeder eingeordneten Körperschaft das kraftvolle Bestehen von Volk und Staat bejaht. So sollte also auch die Berufsschule jeden ihrer Schüler dahin führen, das Staatliche in sich selbst zu entdecken. (...) Ich halte es nicht für unmöglich, die Notwendigkeit und subjektive Teilberechtigung der Parteistandpunkte schon in der Pflichtberufsschule zu erörtern. Unvermeidlich wird dabei die besondere Perspektive zur Sprache kommen, von der aus gerade diese oder jene Berufsgruppe den gegebenen Staat sehen muß. Es wird von Rechten und Ansprüchen die Rede sein, aber auch von Pflichten und Verflochtenheit. Bei der Rangbemessung zwischen beiden aber wird hoffentlich der alte deutsche Gedanke nicht vergessen werden, den Gneisenau im Sinne Kants so formulierte: „Begeistre Du das menschliche Geschlecht. Für seine Pflicht zuerst, dann für sein Recht".

Alle ausgesprochene Parteiagitation jedoch, sei es von rechts oder von links, hat in der Berufsschule wie in allen Staatsschulen zu unterbleiben, weil sonst mehr an der Auflösung als an der Festigung des Staates gearbeitet würde. Das Gemeinsame und aneinander Bindende also soll voranstehen. In seinem Rahmen erst entfaltet sich das Gegeneinanderwirken der Kräfte, das nicht ausgelöscht werden kann, ohne daß dem Staat selbst Leben und Fortentwicklung genommen würde. Wer eine Berufsgruppe zu einem wahren Ethos der Arbeit erziehen will, kann das politische Ethos, das mit diesem Beruf innerlich zusammenhängt, nicht bekämpfen. Er muß vielmehr bemüht sein, es zu veredeln und das für den Staat Positive aus ihm herauszuholen. Auch hier wiederholt sich also der Fortgang von der Berufsbildung zur Allgemeinbildung, nun aber in besonderer Anwendung auf die politische Erziehung. Die durch die Zugehörigkeit zu einem Beruf und einer Klasse gegebene Parteigesinnung muß geläutert und erweitert werden zu einer Staatsgesinnung. Wollte man die aus den realen Lebensverhältnissen geborene politische Gesinnung ausrotten, so würde man damit den wichtigsten und einzigen Hebel ausschalten, den man besitzt. Es kommt also darauf an, daß man ihn zu benutzen wisse, um jenes weitere Verstehen zu erzeugen, das den Staat trägt und bejaht. (…) Es gibt eine Stufe, auf der der gemeinsame Volksbesitz in elementarer und für alle gleicher Form dargeboten wird: die Stufe der grundlegenden Bildung. Im folgenden Entwicklungsabschnitt aber muß unterschieden werden, und jedes Bildungsgebiet empfängt dann seine besondere Ausgestaltung, hat seine eigne Entwicklungsrhythmik, mit der kein Lehrplan willkürlich schalten darf, wenn wir Bildung von innen wollen, nicht aufgepfropfte Kultur. Wahrhaft assimiliert aber wird nur, was man zu seinem Lebenskern und Lebenskreis in Beziehung setzen kann. Das andre prallt wirkungslos ab, und keine Lehrkunst kann erreichen, was gegen das Gesetz des geistigen Wachstums ist.

Wirtschaft und Schule

ALOYS FISCHER

Ökonomische Kategorien beherrschen heute alles und alle. Man muß es aus dieser uneingeschränkten Vorherrschaft des Ökonomismus in Denkhaltung und Lebenseinstellung der Gegenwart verstehen, wenn auch der Mensch und seine Bildung dem Geltungs- und Machtbereich der Wirtschaft unterworfen werden. Der Mensch verliert dabei seine Würde, wird Ware, mit diesem oder jenem, meist nicht hohen Preis, er gilt so viel wie er besitzt oder kostet, gilt – nur scheinbar paradox – umso mehr, je *mehr* er besitzt und je *weniger* er kostet; seine Erziehung und Bildung wird nicht mehr als Selbstwert schlechthin, als erhabene Aufgabe und Pflicht gesehen, sondern als Geschäft, das, nach dem Prinzip der Ökonomie, dem des kleinsten Kraftmaßes, so wenig wie möglich kosten und sich so hoch wie möglich rentieren soll. Besonders das Erziehungswesen, d. h. die organisierten Einrichtungen für Erziehung und Bildung des Nachwuchses, vorab die Schulen, werden in der öffentlichen Meinung immer nackter von ökonomischen Gesichtspunkten aus betrachtet, kritisiert, gewertet. (...)

So wäre der erste Gedankengang, zu dem das weitgespannte und vielgeschichtete Thema: „Wirtschaft und Schule" verpflichtet, die grundsätzliche Untersuchung, ob und in welchem Umfang Erziehung selbst und die ihr dienenden Schulen tatsächlich wirtschaftliche Unternehmungen sind und darum als solche betrieben werden dürfen oder sollen. (...) Einmal auf die Linie der Sparpolitik eingestellt, kann man leicht auf den Gedanken kommen, daß wir in Deutschland zu viele und zu hochwertige Schulen hätten, daß jede einzelne zu lange dauere, namentlich gemessen an ihrem Ertrag für das persönliche Vorwärtskommen im Wirtschaftsleben, daß alle Schulen, gemessen an ihrer Wirkung zu teuer seien. Man entwertet die Schule, findet mindestens, daß ihre Wirkungen für den Einzelnen und für das nationale Ganze vor allem von der Lehrerschaft übertrieben werden, hält ordentliche Schulhäuser, gute Lehrmittel, ausreichend vorgebildete und bezahlte Lehrer – wenigstens in unserer Zeit – für Luxus, den man beschneiden müsse und ohne tiefen Schaden auch beschneiden könne. (...) Wenn ich lediglich auf das auf dieser Tagung vertretene kaufmännische Bildungswesen mich beschränke, so könnte man boshaft fragen, ob wir nicht Gefahr laufen, zwar eine blühende Wirtschaftswissenschaft, ein großartiges Handelsschulwesen zu unterhalten, aber dafür in der Wirtschaft selbst bankrott zu werden. (...)

Einmal im Geleise solcher Betrachtungen festgefahren, geht die Beurteilung leicht dazu über, Leistung und Erfolg der Schulen generell anzuzweifeln oder als Verdienst der gescheiten Schüler hinzustellen, die auch ohne Lehrer, Buch, Übungssaal alles von sich aus wieder zu entdecken und zu lernen vermocht hätten, was eine von sich eingenommene Lehrerschaft sich einbilde, ihnen beigebracht zu haben. (...) Dankbarkeit gegen die Schule ist eine ungemein seltene Erscheinung; (...) Jedenfalls begegnet uns in der öffentlichen Erörterung immer wieder der Gedanke, daß der Lehrberuf nichts sei, womit man Staat machen könne; mit gutem Willen und Fleiß werde jeder das gleiche leisten können wie die vorgebildeten Professionisten, und wenn man ihn gewähren ließe, täte er es billiger.

So tritt die Wirtschaft heute also zunächst zur Schule in Beziehung als *ihre Kritikerin.* Da die Wirtschaft die gesamten Mittel aufbringen muß, die das Leben eines Volkes erfordert, richtiger gesagt, da alle Staatsbürger als wirtschaftende Menschen neben dem eigenen Unterhalt auch die öffentlichen Kassen bestreiten müssen, ist eine solche Einstellung an sich nicht unberechtigt. Wer zahlt, will bestimmen, wenigstens mitreden, ein umso gewichtigeres Wort, je mehr er zahlt. Es ist auch nicht an sich unberechtigt, wenn man die Mittel genau kalkuliert; Sparsamkeit ist nicht Geiz, und wenn auch die Haltung unbekümmerter Hochherzigkeit in materiellen Dingen großartiger ist als sorgsame Genauigkeit und Pfennigfuchserei, so kann auch in dieser Größe stecken, vor allem wird sie notwendige Tugend, wenn es geringe Mittel mit größter Fruchtbarkeit zu gebrauchen gilt. (...) Es ist richtig, daß die deutsche Wirtschaft heute mit schwerer Not ringt, auf der Messerschneide zwischen Wiedergesundung und endgültigem Zerfall balanciert, daß sie mit nicht unmittelbar rentierenden und darum – scheinbar – unnötigen Aufwendungen (Soziallasten, Bildungslasten, Verkehrslasten) beladen ist, ohne daß dieser Zustand der eigenen Unfähigkeit, dem eigenen Verschulden entstammt. Aber ist es in solcher Lage nicht auch richtig, zu prüfen, ob die Wendung zum Besseren nicht auch dadurch vorbereitet werden kann, daß der wirtschaftende Mensch noch besser geschult, der Bildungsapparat noch leistungsfähiger gemacht wird? (...) Man ist damit einverstanden, daß etwa für Auslese und Bildung großer Wirtschaftsführer außerordentliche Aufwendungen gemacht werden, und man kritisiert dann das bestehende Schulwesen abermals, wirft ihm vor, daß es die Aufgabe, Führer zu erkennen und zu bilden, nicht begreife und löse. (...) Ich verkenne nicht, daß die Schule, auch eine Lebensform ist, in der die menschliche Qualität und die Kraft, größere Verantwortung zu tragen, zu sich selbst kommen können, und daß die Bildung der Schule formale Voraussetzungen auch zu führendem Handeln mitgibt. Aber Altersstufe, Dauer, Inhalt der Schulzeit liegen in anderen Ebenen, als daß die Programme der Führererziehung die Idee der Schule bestimmen könnten. (...) In solcher Einstellung möchte ich im Gegensatz zu denen, denen heute schon für Schule und Volksbildung zuviel getan erscheint, der Meinung sein, daß unsere öffentliche Meinung die Tragweite der Schule noch nicht voll begriffen hat. Es kommt (...) nicht darauf an, die Gestehungskosten des Massenartikels „Schulbildung" zu senken, sondern umgekehrt die Anlage so zu steigern, daß sie mehr Qualitätsarbeit leisten kann. Nicht nur die Lehrer aller Schulgattungen, auch andere Menschen finden, daß Leistung und Effekt der Schularbeit vielfach imponderabel, jedenfalls nicht genügend bezahlt sei und daß, soweit Klagen über den Wirkungsgrad der Bildungsmaschinerie sich als berechtigt erweisen, dies dadurch verursacht ist, daß man noch lange nicht so viel Kapital in dem Geschäft Jugendbildung investiert hat und investieren will, als für einen rentierlich erfolgreichen Betrieb nach allgemeinen kaufmännischen Prinzipien nötig ist. Grob gesprochen, stehen sich hier in der stimmungsmäßigen Meinung zwei Auffassungen gegenüber: „Die Schule ist immer relativ belanglos, liefert schlechte Durchschnittsware und kann darum nicht billig genug sein", sagt die eine; „damit die Schule dem einzelnen Schüler wie dem nationalen Ganzen wirklich dienen kann, muß sie Qualitätsarbeit leisten und kann darum nur mit besten Maschinen, hochwertigen und gut bezahlten Kräften arbeiten", sagt die andere. Auf jeder Ebene des sozialen Aufbaues ist dieser Gegensatz vorhanden, wenn er auch überall etwas anders aussieht. (...) Manche finden, daß wir überhaupt zuviel Schulbildung hätten, wenigstens „für das Volk", daß der ganze öffentliche Bildungsaufwand die Menschen nur unzufrieden, wirtschaftlich und politisch überbeweglich, ja aufrührerisch gemacht habe, jedenfalls unbequemer für die, die sich als regierende und herrschende Klassen legitimiert glauben. Man ist noch geneigt, in Schulen eine gewisse Repräsentationspflicht eines Kulturvolkes anzuerkennen (...), aber der heutige Wettlauf der Gemeinden in der Erbauung immer neuer Schulpaläste, Errichtung von immer höheren Lehranstalten für die kleinsten Bezirke, immer neuer Hochschulen sei doch nichts als Großmannssucht, Bürgermeister- oder Bürgerschaftsehrgeiz, nicht sachlich gerechtfertigt durch ein entsprechendes Bedürfnis, nicht gelohnt durch eine entsprechende Lebenshaltung der so „übergebildeten" Massen. Auch vielbeachtete Stimmen der pädagogischen Theorie, die von Naturgrenzen der Bildungsarbeit sprechen, weisen darauf hin, daß die Zahl der Individuen, die es lohne, durch die ganze Bahn unseres Schulwesens bis zu den Hochschulen für Wissenschaft, Kunst, Technik, Handel, Handwerk, Leibesübungen, Musik zu führen, sehr dünn, überdies durch die soziale Auslese im Erbgang schon vorgesiebt sei. (...)

Und die Kinder sind so verschieden, daß auch die beste Einrichtung nicht in jedem Falle verfängt. Wer gezwungen war, ein Leben lang in allerlei Prüfungsgeschäften mitzutun und unbefangen geblieben ist, weiß, daß der Ausfall der Prüfung fast ebenso vom Prüfer wie vorn Prüfling abhängt und daß man manchmal vergißt, was eine bestimmte Etappe im Gesamtgang der Bildung billigerweise leisten kann. Wenn jemand durch einen Schulgang nicht richtig und genügend belehrt und gebildet worden ist, *kann* das daher rühren, daß der Lehrer versagt hat; aber auch daher, daß der andere sich nicht belehren ließ, nicht belehrt sein wollte oder nicht fähig war, sich belehren zu lassen. Alle Bildungsarbeit wird geleistet „unter gegebenen Verhältnissen" nach Maßgabe des Möglichen, nicht des im Ausnahmebestfall Erreichbaren; (...)

Ich möchte somit nicht bestreiten, daß die Wirtschaft berechtigt ist, als Kritikerin der Schule aufzutreten, daß sie auch die Erziehungseffekte kritisieren soll und nicht nur die Kosten, aber ich halte es angesichts laut betonter Einzelheiten unserer Tage für nötig, öffentlich auszusprechen, daß Kritik ohne Liebe und ohne Besinnung auf die Relativität auch des eigenen Maßstabes wenig fruchtet, das Gegenteil von dem ist, was sie scheint, nämlich von Gerechtigkeit und Sachlichkeit, und daß eine entsprechend umgekehrte Kritik der Schule, des pädagogischen Denkens am Wirtschaftsleben von diesem auch feinempfindlich und mit Recht immer zurückgewiesen wird.

Aber ich habe gar nicht die Absicht, diese Seite des mir gestellten Themas weiter zu verfolgen. Meine Betrachtungen sollen sich nicht auf Schule und Schulwesen (...) beziehen; (...) Zwischen Schule und Wirtschaftsleben bestehen noch ganz andere Wechselwirkungszusammenhänge. Die Schule erscheint dabei als ein Spezialfall der Erziehung, als ein großes Hilfsmittel derselben. Den allgemeinen Hintergrund unserer Frage bilden also die Beziehungen zwischen *Jugenderziehung* und Wirtschaftsleben.

Die ältere (...) Perspektive (...) läßt sich auf die Formel bringen: Die Schule ist ein Hilfsmittel mehr im wirtschaftlichen Existenz- und Konkurrenzkampf. (...) In der bürgerlichen Welt, aber vielfach auch in der in ihrem Schatten sich entfaltenden proletarischen Welt war der Ausrüstungswert, den Bildungsgänge und Schulen hatten oder versprachen, der vordringlichst betonte, vielfach der einzig gesehene. (...)

Der ursprünglich erkenntnistheoretisch gemeinte Satz, daß Wissen Macht sei, ist ins Sozialständische und Wirtschaftspolitische verkehrt worden und hat nach und nach dazu geführt, daß ein Wettlauf der Menschen nach Wissenserwerb und nach berechtigenden Schulen entstand. (...)

Ich diskutiere nicht, wieweit die Anschauung von dem Versorgungs- und Ausrüstungswert der Bildung von vornherein eine enge und einseitige Auffassung des Bildungsgedankens war, die Wirtschaft als Auftraggeberin an die Schule deren Aufgabe als Bildungs- und Erziehungsstätte entstellt hat. Ich stelle mich zunächst auf den gleichen Boden und gebe zu, daß das Wirtschaftslos eines Menschen nicht nur abhängt von seinen natürlichen Kräften, Begabungen, Defekten, seinem auch ohne Schule und Erziehung sich formenden Charakter, von glücklichen Zufällen der Chance und Konstellation oder vom „Pech“, das man haben kann, sondern auch von der Durchbildung seines Charakters, seines Wissens und Könnens, die wenigstens teilweise der Schule verdankt werden. Es ist richtig, das wirtschaftliche Vorwärtskommen des Einzelnen hängt auch von seiner Bildung, indirekt von seiner Schule ab, nicht nur von seiner Abstammung, Begabung, Kinderstube. Der einzelne Mensch, der reich geworden ist, hat seinen Wirtschaftserfolg in den seltensten Fällen als Glückspinsel geerntet; hinter seinem Erfolg steckt harte Bemühung, gründliche Schulung, Zähigkeit und Ausdauer des Willens. Und dehnt man Betrachtung auf Gemeinschaften und Völker aus: Die Chance einer Gesamtwirtschaft in der Weltkonkurrenz mit allen anderen hängt nicht nur von dem Reichtum an natürlichen Bodenschätzen, der Kopfzahl der Gemeinschaft, den Begabungen und günstigen oder ungünstigen Konjunkturen ab, sondern von der geschulten Fähigkeit der einzelnen Menschen, alle diese natürlichen Gaben und Zufälle benützen zu können, also von der Bildung und dem Bildungsstreben der Gemeinschaft, Klasse, Gruppe. Der Erfolg einer ganzen Volkswirtschaft in Austausch und Berührung, Konkurrenz und Kampf mit anderen Volkswirtschaften wird unter Umständen dadurch entschieden, daß sie weiterschauende Wirtschaftsführer, höher gebildete Angestellte und Arbeiter einzusetzen hat. Ich bestreite nicht, daß eine gute und tüchtige Bildung auch ökonomisch vorteilhaft ist; alles Gezeter gegen den Utilitarismus kann mich nicht irre machen an der Erkenntnis, daß tatsächlich Bildung und Erziehung dem Menschen auch nützen (...) soll. Ich werfe aber die Frage auf, ob wir gegenwärtig die Beziehungen zwischen Schule und Wirtschaftsleben noch ausschließlich oder vorzugsweise im Licht dieser Zusammenhänge sehen *können*? Sehen *dürfen*? Mir scheint, die von ihnen bedingten Einstellungen zu Schule und Bildung sind zertrümmert, unzeitgemäß geworden. (...) Keine Schule ist eine absolute Rückversicherung gegen das Schicksal der Brotlosigkeit. Wer die Studienschule besucht hat, weiß ebenso wenig, ob er nach dem Absolutorium auch nur studieren kann, wie der Berufsschüler, ob er bei seinem Schulaustritt in seinem gelernten Fach, in seiner Branche ein Unterkommen findet. (...)

Die bisher maßgebende Betrachtung der Beziehung zwischen Wirtschaft und Schule ist durch ihre Überspitzung in ihr Gegenteil umgeschlagen. Vielleicht sind wir in diese grausame Schule der Geschichte geschickt worden, um (...) zu lernen, daß die mechanische Verknüpfung von Bildung und Brot kurzsichtig ist. Vielleicht werden wir jetzt reif für die Einsicht, daß alle Menschen nach Möglichkeit gebildet und erzogen werden sollten, weil sie als Menschen dadurch gewinnen, auch wenn sie als ökonomische Subjekte auf der untersten Stufe der Arbeit, des Verdienstes und Besitzes bleiben. (...)

Die Rückläufigkeit der Bewegung ist heute bereits deutlich erkennbar: der Abbau in der Lohnpolitik hat einen Abbau der Bildungsanforderungen im Gefolge oder zur Voraussetzung, der Kampf gegen das schulische Berechtigungswesen ist auf der ganzen Linie entbrannt. (...) Die Wirtschaft als Konkurrentin der Schule wird von dieser und den in ihr arbeitenden Lehrkräften natürlich mit ebenso wenig freundlichen Augen betrachtet wie die Schule von der Wirtschaft.

Es scheint mir notwendig, daß beide Parteien sich mehr auf den tieferen Sinn von Erziehung und Bildung besinnen, als es im Kampf um eine neue Kompetenzverteilung üblich und möglich ist. Was ich den Schulen in dieser Beziehung zu sagen habe, habe ich mehrfach ausgesprochen. Die hier gebotene Gelegenheit mag rechtfertigen, daß ich versuche, den Wirtschaftskreisen ins Gewissen zu reden. Würde es dem Wirtschaftsleben wirklich zum Segen gereichen, wenn es allein, lediglich nach seinen, noch dazu immer wandelbaren Bedürfnissen und mit seinen Mitteln ausschließlich den ganzen Geist, die ganze Lebenshaltung der nachwachsenden Geschlechter zu formen sich unterfinge? Die wirtschaftlich gezielte Spezialschulung ist doch nicht möglich ohne Fundament einer gründlichen Allgemeinerziehung in der Jugend; die Bildung von Wirtschaftsprüfern ist ohne entsprechende Arbeitsarmee eine halbe Maßnahme. (...) In der nun einmal entwickelten und herrschenden Struktur unserer Wirtschaft sind alle ihr eingegliederten Individuen auf Gedeih und Verderb miteinander verbunden, die Besitzenden und die Besitzlosen, die Unternehmer, technischen Leiter, Vorarbeiter und ausführenden Arbeiter; es ist ihr gemeinsames Schicksal, miteinander zu steigen und zu sinken. Bei solcher Einstellung stimmt es bedenklich, wenn zwischen Schule und Wirtschaft die Stimmung der Rivalität, der Entfremdung, Zurückhaltung oder Überkritik mehr und mehr Platz greift, wenn die Wirtschaft Rede und Anlaß zu haben glaubt, die Schule, weil sie lebensfremd, unpraktisch und unwirtschaftlich sei, durch ihre Erziehungsinitiativen zu verdrängen und zu ersetzen, und wenn die Schule, weil die Wirtschaft banausisch, ungeistig und lediglich Brotsache sei, deren Wirklichkeit und Forderungen aus der Erziehungsorientierung der Jugend herausfallen läßt. Beide Einstellungen scheinen mir gleich falsch. Man kann nicht „im luftleeren Raum" und „abstrakte Menschen" erziehen; die Schule mußte jederzeit ihre Bildungsaufgabe lösen unter den Verhältnissen des jeweils realen gesamten Lebens und muß auch heute, da dieses Leben stärker als je durch die Wirtschaft bestimmt wird, so verfahren. (...)

In einer Zeit, in der man dazu neigt, nur noch den erfolgreichen Wirtschaftsmenschen zu schätzen, demgemäß die ganze Bildung auf die Eigenschaften abzustellen, die man als wirtschaftendes Subjekt braucht, sie unter Umständen zu staffeln nach der Funktion im Wirtschaftsleben, darf man eben dieses Wirtschaftsleben daran erinnern, daß es selbst nicht gekommen wäre, wenn jedes Zeitalter seine Bildung auf seine Wirtschaftsstufe beschränkt hätte, daß man bei Kindern und Jugendlichen nicht Vorsehung spielen kann, die unfehlbar weiß, wie weit sie es bringen können und dürfen, daß man Gelegenheit zur Förderung geben muß, um mit besseren Vorkenntnissen und gründlicherer Schulung seine Chancen zu suchen. Man darf auch aussprechen, daß jene Bildungswirkung, die nicht unmittelbar in der Wirtschaft fruchtet, deshalb nicht verlorener Luxus ist, sondern das Leben der Menschen in arbeitsfreier Zeit würdig ausfüllen und vertiefen hilft und daß schließlich die Kulturform des Menschen in wie außer Wirtschaft am Ende wertvoller ist als der Erfolg. (...)

So stehen also letzten Endes psychologische Gegensätze, ethische Überzeugungen, religiöse Glaubenssätze hinter den Gegensätzen, die als Individualismus und Kollektivismus im Wirtschaftskampf aufeinanderprallen. Der neue Kapitalismus, die Kapitaltrustbildung, die immer gewaltiger zusammenfassende Rationalisierung der Produktion in privaten Riesenunternehmungen behaupten, sie seien Dienst am Kunden, nur sie könnten den Konsumbedarf in der Masse, Billigkeit, standardisierten Qualität erzeugen, der allen eine relativ hohe Lebenshaltung ermögliche; um das zu können, brauche Kapitalismus die Freiheit des Unternehmens, den Schutz seines Besitzes; (...) Die Gegenspieler ihrerseits glauben entdeckt zu haben, daß es nicht nur auf den Wagemut, die uneingeschränkte Tatkraft des einzelnen ankommt, daß für den unleugbaren Erfolg seiner Unbedenklichkeit meist das Glück anderer, der Nebenmenschen, die Kosten trägt. (...)

Hier enthüllt sich der Problemkreis, der Wirtschaft und Schule in fruchtbarer Weise verbindet. Es ist kein Zweifel, daß nicht nur Not und Sorge der gegenwärtigen Wirtschaftslage alle Menschen – ungleich – berührt, sondern auch, daß die Zukunft einer als gerecht und befriedigend empfundenen Neuordnung der Wirtschaft als Aufgabe *allen* gestellt ist. Wenn man heute von vielen Seiten her ehrlich daran arbeitet, daß die Schule zur Versöhnung der Klassengegensätze, die als solche letzten Endes immer ökonomische Gegensätze sind, beitragen solle, so täuscht man sich freilich mit dieser Auslegung der Verbindung sowohl über die Macht der Schule als auch über den wesentlich konservativen Geist der Aufgabestellung selbst. Man glaubt, die Schule solle Fragen lösen, die wir Erwachsenen noch nicht gelöst haben, man hofft, daß durch gute, auch berufsethisch vertiefte Arbeitserziehung jeder Mensch zur Arbeitsfreude, zum Arbeitsglück, zur Zufriedenheit kommen werde und übersieht, daß die Menschen zutiefst nicht damit unzufrieden sind, daß sie arbeiten müssen und naturgemäß Verschiedenes arbeiten müssen, nicht jeder dasselbe tun kann, daß demgemäß ihre Lebensinhalte ungleich sind, sondern damit, daß der Ertrag ihrer Arbeit in einer unerträglich ungerechten Weise verteilt und daß ihre menschliche Würde nach dieser Verteilung des Arbeitsertrages differenziert wird. Die Quelle der Beunruhigung ist nicht die sachliche Verschiedenheit der Arbeit und die Ungleichheit auch des Wirtschaftsloses, sondern die *Art*, der *Umfang*, die *Auswirkung* dieser Ungleichheit, der Gegensatz zwischen Luxus auf der einen und halszuschnürender Not auf der anderen Seite (...). Jedenfalls auf dem Gebiet der Wirtschaft ist unserer Zeit diese Aufgabe gestellt, und sie ist allen Menschen als ihre Verantwortung auferlegt. Es ist eine psychologische Vorbedingung, daß an einer Aufgabe, deren Lösung schließlich allen Beteiligten akzeptabel erscheinen soll, auch alle nach Maßgabe ihrer Kraft, Fähigkeit und ihres guten Willens Recht und Möglichkeit der Mitarbeit haben müssen. (...)

An dieser gewaltigen Aufgabe unserer Zeit scheinen sich mir die heute nötigen und fruchtbaren Beziehungen auch zwischen *Schule* und *Wirtschaft* orientieren zu müssen. Gewiß ist die Schule nicht der Ort, an dem die Wirtschaftsfragen selbst gelöst werden; keine Schule, auch die Hochschule nicht, hat Aufgabe, Beruf und Fähigkeit, Wirtschaftsgeschichte zu machen. Ihre spezifische Leistung bleibt das Werk der Bildung, aber wie eben dieses Werk gestaltet werden müsse, um die Menschen zur Lösung der weltgeschichtlichen Aufgaben der Zeit williger und tauglicher zu machen, insbesondere zur Mitarbeit an der Gestaltung neuer Wirtschaftsordnungen und Wirtschaftsformen, das ist die Frage nach dem Beitrag der Schule zur wirtschaftlichen Konsolidierung und Gesundung. Spezialschulen für bestimmte Gebiete des Wirtschaftslebens und Gruppen wirtschaftender Menschen, wie sie gerade auf dieser Tagung vertreten sind, wird man in Gegenwart und Zukunft sicher nicht entbehren können, aber es wäre eine grundlegende Verkennung der Zeitaufgaben, wollte man glauben, daß durch sie allein und ausreichend der Schulbeitrag zu ihrer Lösung bestritten werde. Die erste Einsicht besteht vielmehr darin, daß in der Bildungsarbeit *aller* Schulen das Lebensgebiet Wirtschaft eine entsprechend stärkere Betonung erfahren muß (...). Die „ewige“

Idee der Schule formt sich immer neu in den wechselnden Situationen und Lagen der geschichtlichen Welt, und eine spezifische Note, durch welche sich die Schulwirklichkeit unserer Gegenwart von ihrer Vorgeschichte unterscheiden wird, darf auch aus den Wirtschaftsnotwendigkeiten entwickelt werden. *Das* ist die Beziehung zwischen Schule und Wirtschaft in unserer Zeit: die allgemeine Jugendbildung nach lehrmäßigem Inhalt und charakterformender Fruchtbarkeit auf die großen Aufgaben der Findung und Einbürgerung einer gerechten und sittlichen Arbeits- und Wirtschaftsordnung einzustellen und einer Einordnung auch des wirtschaftenden Menschen in den Zusammenhang höherer als lediglich materieller Werte der persönlichen Sicherheit, persönlichen und nationalen Wohlfahrt auch mit ihren Mitteln zu dienen. (…)

Ich glaube, daß der pädagogische Beruf unserer Zeit die Lösung der Aufgabe fordert, nicht nur in Spezialschulen und Spezialhochschulen die Bildungsbedürfnisse der Wirtschaft weiter zu erfüllen, sondern im Ganzen der Jugenderziehung und damit in allen Schulen die für die verständige Teilnahme jedes einzelnen am Wirtschaftsprozeß unentbehrlichen intellektuellen und charakterologischen Voraussetzungen zu schaffen.

Es ist natürlich im Rahmen einer grundsätzlichen Orientierung nicht möglich, die letzten theoretischen, stofflichen und methodischen Einzelheiten zu werten, die in dieser Hinsicht in Grund- und Volksschule, in den Typen der allgemeinen Studienschulen, in Berufs- und Hochschulen, in der freien Erwachsenenbildung möglich und fruchtbar sind; (…) Ich möchte nur keinen Zweifel darüber lassen, daß die Lösung der Aufgabe, Wirtschaft und Bildung in ein inneres Verhältnis zu setzen, im Mittelpunkt einer zeitnotwendigen Schulreform steht. Die Schule selbst, einerlei, ob eng gefaßt als Lehranstalt, weiter verstanden als Erziehungsstätte, noch weiter, wie neueste Stimmen fordern, als Lebensstätte der Jugend, als Haus der Jugend, als Gemeinschaft dieser Altersklasse, in der sich das Ganze ihrer Formung zusammenfaßt, wird niemals darauf verzichten können, den Menschen über den Facharbeiter, das Sein über das spezialistische Können, die Schulung der Kräfte über ihre letzten Endes nie eindeutig vorausbestimmbaren Anwendungen überzuordnen und so der Wirtschaft wesentlich *mittelbar* zu dienen. Die Wirtschaft darf nicht übersehen, daß sie den Menschen ihren Zwecken nicht aufopfern darf, daß sie selbst umso gesunder gedeiht, je reicher, tiefer und vollendeter die in ihr Tätigen als Menschen durchgeformt sind, und zwar alle wirtschaftenden Subjekte, nicht nur die an leitender Stelle Tätigen. Wenn in solcher Einstellung die Schulmänner und die Wirtschaftskreise sich immer wieder über alle Reibereien, Kritiken und Kompetenzkonflikte hinweg zusammentasten und zusammenfinden, so wird vielleicht eine Linie der Entwicklung erreicht, in der (…) die Berufs- und Wirtschaftserziehung humanisiert, die Menschenbildung realisiert wird in einem durchaus den Lebensaltern und den ihnen angemessenen Bildungsformen entsprechenden Stufengang der Schulerziehung im Geiste *eines* sozialen Humanismus.

Die große Aufgabe, welche der Didaktik gestellt ist, ist, die Bildungswerte des Systems der Wirtschafts- und Sozialwissenschaften für die Schule der Jugend zu erschließen und die Bildungskräfte des Wirtschaftslebens und seiner Organisation mit den Erziehungskräften der Schule zu verbinden. Die Wirtschafts- und Sozialwissenschaften sind ein umfassendes, vielgegliedertes System, das natürlich, wie alle Wissenschaftsgruppen, für den, der sich fachmäßig mit ihm beschäftigt, nicht unergiebig an Problemen, Übungsgelegenheiten und Aufgaben ist, die rein persönlichkeitsbildend wirken, alle geistigen Kräfte schulen und die Gesinnung klären. Sie haben sich (…) zu ansehnlicher Blüte entwickelt, ehe sie vor die Frage gestellt wurden, ob nicht in ihnen auch Bildungsmittel für die Jugend enthalten seien. Vor längerer Zeit ist diese Frage aber aufgeworfen, und heute ist sie brennend. Lehrpläne, die heute noch ganz von dem im Tagesinteresse zentralen Gebiet der Wirtschaft absehen zu können, sind ein Anachronismus geworden. Die Schulen müssen dazu mithelfen, den Menschen so zu bilden, daß er seine Aufgaben der Zeit entnehmen kann (…). Man kann bei jedem Kulturgut und bei jeder Wissenschaft neben dem Wert, den sie an sich selbst tragen, dem als Hilfsmittel und Beitrag zur Befriedigung eines reinen, zweckfreien Erkenntnisstrebens und als Weg zur Wahrheit, die Bildungswerte ausdrücklich sehen und die so aneignen, daß diese Bildungswerte erschlossen werden. (…) Der Ausrüstungswert zwingt uns, in allen Schulen ein wirtschafts- und sozialwissenschaftliches Element zu pflegen. (…) Es bleibt darum die Forderung bestehen, für spezifisch wirtschaftliche Begabungen und Interessen eigene Fachschulen zu unterhalten, Wirtschaftsspezialschulen, die eine Auslese der Jugend für das Wirtschaftsleben als ihr verantwortliches Tätigkeitsfeld so weit Vorschulen, wie es vor dem fachgemäßen Studium der Wirtschafts- und Sozialwissenschaften einerseits, vor der erprobenden Bewährung im wirtschaftlichen Handeln andererseits möglich ist. (…) Alle Bemühungen aber, dem wirtschaftlichen Element unserer Zeit schon in der Jugendbildung gerecht zu werden, begegnen sich in der Auswertung gerade der erzieherischen Werte, die dem Wirtschaftsleben und den Wirtschaftseinsichten ebenso wenig abgesprochen werden können, wie der Kunst, der Technik, der Religion.

Soziale Funktion der Berufsschule

ANNA SIEMSEN

Unter sozialistischen Lehrern ist es nicht notwendig, auseinanderzusetzen, daß das heute so beliebte Schlagwort von der Autonomie der Schule inhaltlos ist und sich nur erklären läßt aus einer gewollten oder ungewollten Blindheit gegenüber der Wirklichkeit. Es ist bei uns längst Allgemeingut geworden, daß die Schule von den wirtschaftlichen Verhältnissen, der gesellschaftlichen Schichtung und der politischen Machtverteilung bestimmt wird, daß *jede Schularbeit* also *gesellschaftlich-soziale* – und damit auch politische – *Arbeit* ist. Von diesen Tatsachen kann ich ausgehen, um nun hervorzuheben und abzugrenzen, welches die besondere soziale Funktion der Berufsschule gegenüber den anderen Schularten ist.

Die Lage der Berufsschule gewährt ihr von unserm Standpunkt gesehen *einen* sehr wesentlichen Vorteil. Ihre gesellschaftliche Bedingtheit tritt weit deutlicher (...) hervor als bei der Volksschule. Ein Volksschullehrer kann sich der Illusion hingeben, daß er imstande ist, seinen Kindern und seiner Arbeit ein Tabuheiligtum zu schaffen, das von den gesellschaftlichen Geschehnissen nicht berührt wird. Die Familie, die gesellschaftliche Gruppe, der das Kind angehört, ist durch den bürokratischen Charakter unseres Schulwesens an aktiver Einwirkung auf die Schule bis vor kurzem verhindert worden, und die Untertanenerziehung der deutschen Elternschaft wirkt heute noch so nach, daß nur unter besonderen Verhältnissen – in der Großstadt unter Einwirkung sozialistischer Organisationen oder sozialistischer Lehrkräfte, oder wenn religiöse Agitation die Volksseele zum Kochen bringt – sich diese traditionelle Passivität löst (...).

Dem Berufsschullehrer ist eine solche Illusion von jeher unmöglich gewesen. Die soziale Lage seiner Schüler macht sich nicht auf subtile Weise als Unterernährung oder Gesundheit, Gepflegtheit oder Verwahrlosung, gute Kinderstube oder das Gegenteil bemerkbar, sondern höchst direkt und brutal: Berufswahl und Berufswechsel, Arbeitslosigkeit oder Hochkonjunktur (...), glückliche oder unglückliche Tarifverhandlungen (Bezahlung oder Nichtbezahlung der Schulzeit), technische und organisatorische Umstellung: das alles macht sich unmittelbar fühlbar in wechselnder Schülerzahl, Umwandlungen in Schul- und Klassenaufbau, im Stundenplan und Lehrplan, im Schulbesuch, in tausend andern Dingen des täglichen Schullebens. Und hinzu kommt die direkte Einwirkung der beteiligten Gesellschaftsgruppen (...). Während sich die Arbeitnehmerseite (Gewerkschaften) meist einer löblichen Zurückhaltung befleißigen, ist die Unternehmerseite individuell und kollektiv umso aktiver und weiß ihre Wünsche, was Lehrplan und Stundenplan, Schulferien und Klassenaufbau angeht, meistens sehr wirkungsvoll zu vertreten.

Der Berufsschullehrer kann in dieser Hinsicht über seine soziale Gebundenheit und Bedingtheit sich keiner Illusion hingeben und ist auch nicht dazu erzogen worden. Wir haben sogar – sehr deutsch – eine eigene Theorie ausgebildet, um ihm seine Sonderlage gegenüber den andern Schularten recht nachdrücklich einzuprägen (...).

Dieser Grundsatz der allgemeinen Bildung hat also historisch durch Jahrhunderte seine sehr große revolutionäre Bedeutung gehabt, trotzdem er auf einer Fiktion beruhte. Denn diese Fiktion war gesellschaftlich notwendig. Heute, wo der Individualismus, dem er entwuchs, sich zersetzt, wo wir an Stelle der Idee des allgemeinen Menschtums die Idee des gesellschaftlichen Menschen sehen, zerbricht mit ihr auch die Idee der allgemeinen Bildung. An ihre Stelle tritt die der gesellschaftlichen Bildung. Und damit vergeht auch der Gegensatz zwischen allgemeiner und Berufsbildung und die Kluft, die hier künstlich aufgerissen ist. Wir sehen das Kind – wie jeden Menschen – nicht isoliert, sondern wir sehen es in einer bestimmten gesellschaftlichen Situation. Seine Bildung ist nichts anderes als seine bewußte Eingliederung in die von uns als dynamisch gefaßte Gesellschaft. Und da der „Beruf" oder das „Fach" nichts anderes ist als ein Akzidens der gesellschaftlichen Gesamtlage, so ist es natürlich ebenso sinnlos wie unmöglich, die Berufsausbildung aus der Gesamtbildung heraus zu nehmen und von ihr zu sondern.

Es läßt sich nun feststellen, daß die Lage des Kindes gesellschaftlich eine andere ist vor und nach dem Eintritt in den Beruf, daß sich seine sämtlichen gesellschaftlichen Beziehungen ändern durch diese Tatsache, und daß dementsprechend auch die Bildungsmaßnahmen andere werden. Aber es ist ebenso falsch, die vorberufliche Erziehung „allgemein" zu orientieren, ohne Rücksicht darauf, daß das Kind sich späterhin „beruflich" entscheiden und auf eine ganz bestimmte gesellschaftliche Leistung spezialisieren muß, wie es falsch ist, diese spezialisierte Leistung, den Beruf, zu isolieren und auf sie allein die Bildungsaufgaben zu beschränken, ohne Rücksicht auf die zahllosen und in einer sich wandelnden Gesellschaft immer wechselnden Beziehungen, die den Berufsmenschen mit der Gesamtheit des gesellschaftlichen Geschehens verbinden. Statt „allgemeiner" und „Berufsbildung" sprechen wir also schlechtweg von *gesellschaftlicher* Bildung und teilen diese in eine *vorberufliche* und eine *berufliche* ein.

Am nächsten kommt – nebenbei bemerkt – unserer Erkenntnis die Kerschensteinersche Auffassung von der staatsbürgerlichen Erziehung, welche bestimmt wird durch die Tatsache des Berufs. Nur hindert seine individualistische Einstellung und sein demokratischer Staatsformalismus Kerschensteiner, die Konsequenzen seiner Ausgangsstellung zu sehen. Dagegen stellt die Sprangersche Umbiegung dieser Theorie und die Einführung seiner Typenlehre einen glatten Rückfall in einen ganz asozialen Individualismus dar, der völlig unfruchtbar bleiben muß und sich praktisch direkt reaktionär auswirkt. Es ist aufs schwerste zu bedauern, daß gerade die Sprangersche Auffassung in Berufsschullehrerkreisen so viel Anklang gefunden hat.

Kehren wir nach unserer grundsätzlichen Klarstellung zur Berufsschule zurück. Da diese als spätester Zweig unseres Schulwesens und gleichzeitig als ausgesprochene Not- und Ergänzungseinrichtung entstand, die nur dort eingeflickt wurde, wo Volksschulausbildung und praktische Berufslehre nicht zusammenpassen und funktionieren wollten, so entging sie der Gefahr, in die Theorie der allgemeinen Bildung einbegriffen zu werden. Aber sie verfiel damit gleichzeitig einer Nichtbeachtung oder Minderachtung (...).

So hat sich bei uns ein in sich ganz widerspruchsvolles System entwickelt, das im höchsten Maße klassenscheidend und reaktionär wirkt. Auf die vorberufliche Bildung der Volksschule folgt eine vorläufige Sichtung der zu Handarbeit und Kopfarbeit Bestimmten (...). Die letzteren werden weiter in der höheren Schule einer Schulung unterworfen, die bereits spezialisiert und zum Teil (im Gymnasium) ausschließlich auf die historischen Disziplinen der Wissenschaft spezialisiert ist, aber diese propädeutische Berufsschulung geht unter dem irreführenden Titel „allgemeine Bildung". Das ist ihr nicht einmal durchaus schlecht bekommen. Denn um dieser Universalität willen hat man den ursprünglich und ihrem praktischen Zweck nach auch heute noch „gelehrten" Schulen eine gewisse Elastizität gegeben (...).

Die Berufsschule aber wurde dadurch verkrüppelt, daß man den Beruf viel zu eng, nur im technisch spezialisierten Sinne faßte, ihm jeden „allgemein bildenden" Charakter absprach und dadurch jede berufliche Bildung gegen die andere isolierte. Die Berufsbildung stellt sich infolgedessen als ein Chaos (...) dar von Sackgassen ohne Verbindung miteinander so daß der einmal in einem Beruf Festgerannte ihm niemals mehr entrinnen kann, es sei denn, daß er ganz vom Ausgang wieder beginnt. (...)

Es ist Kerschensteiners großes und dauerndes Verdienst, daß er als erster entdeckt hat, wie fruchtbar der Gedanke einer Bildung sei, die von der spezifisch gesellschaftlichen Lage des Schülers ausgeht, und daß er versuchte, diesen Gedanken auch auf die Volksschule anzuwenden. Sein bürgerlicher Individualismus hat ihn gehindert, die praktischen Konsequenzen aus seiner teilweisen Erkenntnis richtig zu ziehen.

Fragen wir nun, welche besondere Funktion sich für die Berufsschule ergibt aus der spezifischen Lage ihrer Schüler, so ist zu antworten, daß diese Lage bestimmt wird durch zwei Faktoren: die Alterslage der Pubertätszeit und die gesellschaftliche Lage des neu ins Erwerbsleben Eingetretenen. Der Berufsschüler hat also in dieser Zeit eine doppelte Anpassung vorzunehmen. Er hat sich zurechtzufinden mit sich selbst, einem Ich, das sich völlig umgestaltet in diesen Jahren, und mit dem Betriebe, in den er aufgenommen ist, und der Anforderung, die dieser an ihn stellt.

Es ist nicht möglich, an dieser Stelle einzugehen auf die Einzelheiten dieser beiden Anpassungsprozesse. Sie sind häufig genug dargelegt. Nur die besondere Schwierigkeit möchte ich hervorheben, die daraus entsteht, daß die Erwerbsarbeit mit ihren Ansprüchen an unbedingte Unterordnung, Angleichung und Disziplinierung bei uns in dem Augenblick einsetzt, wo der Jugendliche normalerweise bei beginnender Pubertät am stärksten asozial orientiert, auf sich selber zentriert und geneigt ist, jeden Anspruch der Gesellschaft als feindlich zu empfinden. Wir beginnen mit einer sehr gewaltsamen Schulung zum kapitalistischen Wirtschaftsmenschen bei Menschen, die sich im Entwicklungsstadium des Indianers und Bandenführers befinden. Die Folge ist natürlich entweder Vergewaltigung und Verkümmerung oder Verbitterung, die durch das ganze Leben nachwirkt. (…).

Uns ist indessen die Tatsache, dieser doppelten Anpassungsnotwendigkeit gegeben und die weitere, daß bei diesem Prozeß die Hilfe der Schule nach beiden Seiten unentbehrlich ist. Aus dem einfachen Grunde, weil die beiden gesellschaftlichen Gruppen, in denen das Leben der Jugendlichen traditionell verläuft, nicht zureichen. Ich meine *Familie* und *Betrieb*. Die Familie ist heute bereits für das Kind nicht mehr der ausschließliche Ort der Entwicklung. Sie hat weitgehend ihre Funktionen an andere Gesellschaftsgruppen, Schule, Gemeinde, Organisationen abgeben müssen. Ihre Unzulänglichkeit wird aber in diesem Zeitpunkt noch augenscheinlicher. Es sind vor allem drei Tatsachen, die *ihre Wirkung beschränken*: die mangelnde wirtschaftliche Grundlage, die falsche Tradition und, durch die beiden ersten Umstände bedingt, die mangelnde persönliche Einsicht und Schulung der Eltern. Was der junge Mensch an Lebensbedürfnissen hat, kann normalerweise in der Familie nicht erfüllt werden, weil der Raum und die finanziellen Mittel fehlen. (…)

Der Betrieb aber, der mit dem Eintritt in den Beruf der eigentliche Ort der gesellschaftlichen Erziehung wird, versagt nicht weniger, und zwar ist auch hier ein dreifacher Mangel festzustellen. Mangelhaft ist die Aufnahmefähigkeit. *Berufswünsche,* ja nicht selten, besonders bei Mädchen, sogar einfachere Arbeitswünsche können nicht befriedigt werden, weil der Aufnahmeprozeß sich nicht nach dem Bildungs- und Erwerbsbedürfnis der Jugend, sondern nach dem Marktangebot an offenen Stellen richtet (das mit den wirklichen Bedürfnissen der Wirtschaft nicht identisch ist). So erfolgt oft schon im Anfang eine falsche, für das ganze Leben verhängnisvolle Einordnung. Mangelhaft ist weiter die *Anpassungsmethode,* da der Betrieb, als Profitproduktionsstätte, den Jugendlichen nur betrachtet unter dem Gesichtspunkt, wie er für den Betrieb am besten profitabel gemacht werden könne. Seine Ausbildungsbedürfnisse stehen demgegenüber (notwendig) an zweiter Stelle, denn die Ausbildung ist nur Mittel zum Zweck der Profiterzeugung. Und so sind die Arbeitsmethoden des Betriebes nur sozusagen im Nebeneffekt bildende Methoden. (…)

Und ebenso unvermeidlich ist es, daß der *Anpassungswille* von Betriebsleitern, Lehrherrn, Werkmeistern usw. darauf gerichtet sein muß, einen guten Betriebsuntertanen, ein für den Betrieb tadellos funktionierendes Stück Betriebsmaschinerie heranzubilden, daß dieses Ziel aber mit den persönlichen Interessen des Jugendlichen ebenso wie mit den gesellschaftlichen Interessen der Gesamtheit durchaus nicht notwendig zusammenfällt, ja sehr häufig im Widerstreit stehen muß.

Ein Betrieb hat beispielsweise nur ein Interesse an einer kleinen Zahl hochqualifizierter, aber auch äußerst spezialisierter Facharbeiter und einer großen Zahl nur ganz oberflächlich Angelernter (siehe Ford). Das steht in offenem Widerspruch mit dem Interesse nicht nur der Angelernten, sondern auch der Überspezialisierten, die unter Umständen dadurch ausschließlich an diesen einen Betrieb und seine Methoden gefesselt sind. Und es steht ebenso im Widerspruch zum Gesamtinteresse, da ungelernte und überspezialisierte Arbeiter im Falle einer Betriebskrise oder einer technischen Revolution den Arbeitsmarkt belasten. Die Gesellschaft hat ein Interesse an vielseitig ausgebildeten, wendigen und leicht umschulbaren Menschen, die an den verschiedensten Stellen erfolgreich eingesetzt werden können. (...)

So klafft eine ungeheure Lücke zwischen dem *Erziehungsbedürfnis* einerseits, der *Erziehungsfähigkeit der Familie* und der *Erziehungsbereitschaft des Betriebes* andererseits. Hier muß also eine, öffentliche gesellschaftliche Institution eingeschaltet werden, weil das Interesse der Gesellschaft an der Erziehung ihres Nachwuchses es erfordert. Und klar umschrieben ist auch die Aufgabe der Schule: *Sie hat die persönliche Erziehung der Familie, die wirtschaftlich-soziale Erziehung des Betriebes zu ergänzen in Hinblick auf das Gesamtinteresse an einem sozial und wirtschaftlich leistungsfähigen Nachwuchs.*

Damit ist gleichzeitig aber auch schon ein Problem aufgeworfen, das bürgerliche und sozialistische Berufsschulpädagogik trennen muß. Die Frage nämlich, ob die Gesellschaft, für die wir unsere Schüler zu erziehen haben, die gegenwärtig kapitalistische oder eine werdende sozialistische sei. Natürlich steht dies Problem nicht so, daß beides sich wie Schwarz und Weiß voneinander abhebt. Auch der bürgerliche Pädagoge, wenn er nicht hoffnungslos oberflächlich ist, erkennt an, daß Wirtschaft und Gesellschaft sich wandeln, daß es also unmöglich ist, den Berufsschüler nur für das heutige Bedürfnis zu drillen. Aber er sieht die Grundlagen der Wirtschaft: Privatbesitz an Produktionsmitteln, Profit- und Konkurrenzwirtschaft, freien Markt, der nur durch Unternehmermonopole begrenzt wird usw., als dauernd an. Der Sozialist hinwieder weiß, daß der Schüler in der heutigen Wirtschaft arbeiten und leben muß. Er sieht aber *auch* die Ansätze zu sozialistischer Umgestaltung im Bestehenden und muß es für eine Hauptaufgabe halten, an diese anzuknüpfen, er wird jedoch dabei nicht vergessen, daß das Ziel all dieser Einzelarbeit die völlige Umwälzung der Wirtschaft ist, und daß diesem Ziele auch die Schule zu bilden hat. (...)

Auch unter den gegenwärtigen Verhältnissen aber und unter dem Gesichtspunkte des gegenwärtig Möglichen ist unser Standpunkt vom bürgerlichen grundsätzlich unterschieden. *Dieser* geht von der Wirtschaft aus, wir vom Schüler und seinen Bedürfnissen, nicht als einzelnem, sondern als künftigem Träger der Wirtschaft und ihrer Entwicklung. Das muß bestimmend sein, zunächst für unsern *Unterricht.*

Wir brauchen Menschen, die *bewußt* arbeiten und gegebenenfalls imstande sind, *verantwortlich* zu arbeiten und die Einzelheiten ihrer Spezialarbeit in ihren Bedingungen zu verstehen und ihren Zusammenhang mit dem gesamten Gewerbe ebenso einzusehen, wie den Zusammenhang des Gewerbes mit der gesamten Wirtschaft. Die heutige Wirtschaft braucht solche Menschen nur sehr ausnahmsweise in Führerstellung, keineswegs unter ihren Arbeitern und der Masse der Angestellten. So müssen wir eine ganz andere Stoffauswahl fordern als die Wirtschaft. Wenn wir auch nicht daran denken können, alle unsere Schüler zum vollen Verständnis zu bringen, so können wir doch ihnen allen die Grundlage geben, nämlich einer wissenschaftlichen Einsicht in die technischen Vorgänge ihres Berufes und deren Entwicklung und in die wirtschaftlichen und gesellschaftlichen Zusammenhänge, in denen sie ihn ausüben. Das bedeutet einerseits eine große Stofferweiterung, sodann aber eine Umgruppierung des Stoffes und der Lehrpläne und endlich eine wesentliche Änderung der *Methode*.

Vom bürgerlichen Standpunkt aus reicht für den Schüler hier eine Übermittlung der fertigen Resultate. Die kann erfolgen auch auf dem Wege von Arbeitsgemeinschaften und Unterrichtsgesprächen (…). Sobald nicht eine kritisch-analysierende, sondern rein bejahende Aufnahme des Ergebnisses erstrebt wird, bleibt das Resultat vom bürgerlichen Standpunkt aus einwandfrei. Für uns ist Unterrichtsgespräch und Arbeitsgemeinschaft im Gegenteil ein Weg zur Kritik des Bestehenden, zur Analyse seiner gesellschaftlichen Bedingungen und zur aktiven Einstellung gegenüber der Entwicklung. So ist diese Umgestaltung der Methode eines unserer entscheidenden Mittel.

Endlich aber bedarf der Unterricht, damit wir in unserm Sinne arbeiten können, einer Umorganisierung der Schulen. Diese leiden heute unter einem dreifachen Übel: 1. dem allzu schematischen Aufbau nach Gewerbesparten, 2. der Trennung nach Lehrlingen und Ungelernten, 3. dem mangelhaften Aufbau und der fehlenden Fortführung der Ausbildung bis zur Hochschule. Alle drei Aufgaben sind schwierig. Am wenigsten innere Schwierigkeit stellt die dritte. Hier ist es nur das ausgesprochene Klasseninteresse des Bürgertums, das einen Fortschritt hindert. (…) Hier handelt es sich also nur darum, unsere durchdachten Forderungen vor der Öffentlichkeit zu vertreten. Schwieriger liegen die beiden anderen Fragen. (…)

Es ist fraglos, daß wir einer sehr weitgehenden Spezialisierung und Gliederung unserer Berufsschulen bedürfen. Aber heute erfolgt sie ausschließlich im Interesse des Gewerbes und unter dem Gesichtspunkt, daß der Schüler möglichst rasch für die Spezialbedürfnisse des Betriebes gedrillt wird. Das kann zu einer völligen Isolierung führen und zu einem Berufseigenbrötlertum (…). Es ist für uns lebenswichtig, hier einen Ausweg zu finden. (…) Der Autoschlosser ist ganz allgemein Techniker, der ein besonderes Gebiet spezialisiert, demnach die allgemeine Grundlage und die Aufgaben der Technik im Ganzen sehen muß, um nach Nachbargebieten übergreifen zu können. Der Koch ist Lebensmittelchemiker und muß die Zusammenhänge der Lebensmittelproduktion ebenso wie die Gesetze des chemischen Aufbaus organischer Substanzen und Organismen, vor allem des menschlichen Körpers begreifen.

So gibt es auf jedem Spezialgebiete zahlreiche und notwendige Verbindungen zu den Nachbargewerben und zur gesamten Wirtschaft und Gesellschaft. Wie hier Spezialisierung und allgemeine Orientierung aufeinander zu folgen haben, das müssen Beratung und Experiment ergeben. (…)

Endlich ist von ungemeiner Bedeutung die Beziehung zwischen Lehrlingen und Ungelernten, wie wir heute sagen, zwischen Gelernten, Angelernten und Ungelernten, wie es den Verhältnissen entspricht. Die radikale Trennung zwischen Lehrlingsschulen und Arbeitsschulen, wie wir sie heute nicht selten finden, war als Notbehelf unvermeidlich, da die jugendlichen Arbeiter den Lehrlingen gegenüber durchaus zurückgesetzt und vernachlässigt wurden. Ein Ideal ist sie nicht. Die für das Unternehmertum sehr erwünschte Scheidung zwischen einer Arbeiteraristokratie und einer unteren proletarischen Schicht, beide mit getrenntem Lebensniveau, Aussichten, Gewohnheiten und Ideologien, ein Unterschied, der sich schon heute nicht unbedenklich auswirkt, wird durch diese Ordnung unterstützt. Wir haben alles Interesse daran, hier durch Gliederung und Organisation Brücken zu schlagen, was in manchen Fällen schon durchaus als möglich erscheint. (...)

Diese horizontale und vertikale Neugliederung der Schule greift schon über den eigentlichen Schulbetrieb hinaus, denn sie bedeutet, richtig angefaßt, die Aufhebung der Isoliertheit unserer Berufsschulen und ihre Gleichordnung – nicht Verschmelzung – mit den sogenannten höheren Schulen. Man kann nämlich deren Vorrechtstellung heute schon nur noch damit begründen, daß die Berufsschulen zu sehr spezialisiert seien und eine zu enge Basis bildeten für die Weiterbildung. Verbreiten wir diese Basis, so wird damit der letzte Vorwand genommen, die Berufsschule von allen Berechtigungen auszuschließen.

Ein Schritt vorwärts in der Richtung, die wir wollen, *kann* der Erlaß über die preußische Gewerbelehrerausbildung werden, wenn es uns nämlich gelingt, die isolierte heutige Berechtigung für die Gewerbelehrerakademien zu einer allgemeinen Hochschulberechtigung zu erweitern und die Gewerbelehrerbildung vor seminaristischer Verkümmerung zu bewahren. (...)

Alle diese Möglichkeiten haben aber zur Voraussetzung ihrer Verwirklichung eine Änderung der sozialen Lage des Schülers (...). Und in dem Kampf um diese hat die Berufsschule eine wichtige Funktion. Keine ausschließliche. Weitgehend muß ihr hier die Gesetzgebung und öffentliche Verwaltung vorarbeiten durch Erweiterung des Jugendschutzes, Regelung der Berufsausbildung und direkte soziale Maßnahmen, wie Bereitstellung von Erziehungsbeihilfen, Unterstützung der kommunalen und provinzialen Jugendwohlfahrtspflege und ähnliches.

In diesen zu fordernden kombinierten Aktionen gebührt aber der Berufsschule ein entscheidender Anteil. Sie kann nicht einmal ihre unterrichtlichen, geschweige denn ihre Erziehungs- und Bildungsaufgaben erfüllen, wenn sie nicht ihren Aufgabenkreis über den Unterricht hinaus erweitert.

Dabei denke ich weniger an eine Verschulung der sozialen Jugendarbeit, wovor uns das Geschick bewahren möge, als an eine Entschulung der Schule, welche ihre Autonomie aufzugeben hat, um ein Zentrum des sozialen Lebens der Jugend zu werden. Ich meine das zunächst ganz wortwörtlich und im lokalen Sinne. Unserer Jugend fehlt nichts so sehr, wie in ihrem außerberuflichen Leben der Raum: Schlafraum, Studienraum, Raum für Geselligkeit, Sport und Freude, und fast alle proletarischen Jugendorganisationen leiden unter derselben Not. Hier sollte die Schule helfen, und sie könnte es, wenn die Bedeutung dieser Dinge wirklich ins Bewußtsein der Öffentlichkeit gedrungen wäre. Wir brauchen Jugendheime, in denen vorübergehend oder dauernd obdachlos gewordene Jugend leben kann, wir brauchen Jugendherbergen und Ferienheime, wir brauchen aber auch Klubräume zum geselligen Beisammensein oder zu individueller Benutzung für die Jugendlichen. All das läßt sich in vielen Fällen im direkten Anschluß an die Schule, in anderen unter ihrer Mitarbeit ausbauen. Jedenfalls hat jede Berufsschule, welche nur während des pflichtmäßigen Unterrichts Raum für ihre Schüler hat, ihre soziale Funktion hoffnungslos verfehlt, und die aufopferndste Einzelarbeit des Lehrers kann diesen Fehler nicht ausgleichen. (…)

Noch schwieriger liegt es mit der beruflichen Hilfe über den Rahmen des Unterrichtes hinaus, weil hier die Struktur der gegenwärtigen Wirtschaft jedem Einfluß der Schule widerstrebt. Schon bei der Berufsberatung sollte die Schule mitwirken können. Sie kann es nicht, weil sie den Schüler erst nach erfolgter – und oft nach erfolgter falscher – Berufswahl kennenlernt. Die Zusammenarbeit mit Volksschule und Berufsberatungsamt hat organisatorisch ihre großen Schwierigkeiten, die dadurch wachsen, daß die Berufsberatungsämter jetzt endgültig der Arbeitsvermittlung angegliedert sind und nun viel mehr unter wirtschaftlichen als unter pädagogischen und menschenökonomischen Gesichtspunkten stehen.

Ebenso schwierig gestaltet sich aus demselben Grunde die Frage der praktischen Ergänzung der Lehre. Sie wird dauernd erfolgreich gelöst überall dort, wo Berufsräume und Werkstätten ohne allzu große Kosten sich bereitstellen lassen (…).

Unsere Berufsschule ist eine öffentliche Einrichtung in einer bürgerlichen Demokratie und in einer Gesellschaft, die dem Sozialismus zustrebt. Damit ist ihre Doppelstellung und ihr Doppelgewicht gekennzeichnet. Als öffentliche Einrichtung steht sie mitten im politischen Machtkampf. Solange dieser noch unentschieden zwischen Kompromiß, Niederlage und Teilerfolg schwenkt, kann die Schule ihren Charakter als Instrument der herrschenden Klasse nicht ganz ändern, und wir können deswegen nicht erwarten, unsere Forderungen für sie erfüllt zu sehen. Die Ideologie der bürgerlichen Demokratie in unserer Hand gibt uns aber die Mittel, ideologisch den Gegner zu schlagen und Teilforderungen durchzusehen, sowie vor allem offen reaktionäre Angriffe, die den Charakter der Schule verschlechtern wollen, abzuschlagen. Die Schule kann als öffentliche Einrichtung eines bürgerlichen Staates auch nicht die direkte gewerkschaftliche und politische Erziehung schaffen oder im ungünstigsten und heute noch normalen Falle dieser Arbeit entgegenwirken.

Gleichzeitig ist aber die Schule ein Teil der Gesellschaft, in welcher die gesellschaftliche Bewegung flutet und ebbt, und zwar, das ist das Günstige unserer Situation, im Wesentlichen mit den proletarischen Schichten durch ihre Schülerschaft verbunden. Aber auch in der Lehrerschaft kommt der Prozeß der Proletarisierung und das damit verbundene Klassenbewußtsein zum Ausdruck.

Wir alle hier Versammelten sind das Zeugnis. Und wir sind daher als Exponenten eines wachsenden gesellschaftlichen Prozesses von entscheidender Bedeutung für die weitere Entwicklung der Schule. Darin liegt auch die große Verantwortung für uns. Wir können ihr nur gerecht werden, indem wir die innigste Verbindung der Schule herzustellen suchen mit den außerschulischen Exponenten der gleichen Bewegung. Das sind einerseits die Gewerkschaften als Vertreter der organisierten Werktätigen, also der Gemeinschaft, in die hinein wir unsere Schüler bilden wollen, und andererseits die proletarischen Jugendorganisationen als Vertreter dieser Schülerschaft selbst, soweit sie schon zum Klassenbewußtsein gereift ist. Die ersteren müssen unsere Mitarbeiter sein im politischen und wirtschaftlichen Kampfe um breitere Grundlagen für unsere Arbeit, die anderen unterstützen uns direkt in der Arbeit an der Jugend, dort ergänzend, wo *der Schule ihre Grenzen gezogen sind* in geselliger, politischer, gewerkschaftlicher Selbsterziehung.

Finden wir hier unsere Mitarbeiter, so finden wir auf der anderen Seite die Hauptgegner dort, wo der Versuch gemacht wird, die Schulen ihren Aufgaben als öffentlicher Einrichtungen zu entfremden. Das ist einerseits das Unternehmertum, das die Schulen entweder direkt zu privaten Unternehmensschulen machen will (Werkschulen, Innungsschulen usw.) oder sie indirekt unter seinen Einfluß bringen auf dem Wege von Ausschüssen, Kuratorien und anderen Instanzen. (...)

Wir sind damit an den Punkt gelangt, wo wir rückschauend die Schwierigkeiten unserer Arbeit übersehen können. Sie sind gewaltige, gegeben durch die Struktur unserer Wirtschaft, durch die politische Lage, welche ein Vordringen auf gesetzgeberische Wege und durch die Verwaltung erschwert, durch die schwere finanzielle Krise, der alle notwendigen sozialen Aufwendungen zum Opfer fallen, und endlich durch die starke Aktion unserer Gegner, welcher gleiche Geschlossenheit und Zielsicherheit auf unserer Seite noch nicht entspricht.

Was sind demgegenüber unsere Hoffnungen? Zunächst ist es die innere Wahrheit und Folgerichtigkeit unserer Forderungen, welche wir ableiten nicht aus subjektiven Wünschen, sondern aus der Analyse der gesellschaftlichen Tatsachen. Schließlich aber siegt stets der Geist, vorausgesetzt, daß sich Träger seiner Befehle finden. Und diese Träger sind da. Wie sehen sie in der organisierten Arbeiterschaft, wir sehen sie in der Jugend des Proletariats, für die wir arbeiten. Nicht nur die Gewerkschaftsjugend und die Sozialistische Arbeiter-Jugend, mit besonderer Hoffnung sehen wir auf die Jugend, welche uns von den Roten Falken und den weltlichen Schulen gesandt wird, Pioniere für unsere Aufgaben. Wir fühlen uns aber vor allem selbst als solche Träger der Zukunft und fühlen die Verantwortung, welche uns erwächst aus der Tatsache unserer gesellschaftlichen Erkenntnis und unserer Stellung an entscheidender Stelle des Bildungskampfes. (...)

Kapitel 2
Erweiterung des berufspädagogischen Objektbereichs

Berufswechsel und Berufsverbundenheit
Ein empirischer Blick

HEINRICH ABEL

Arbeits- und berufspolitische Probleme sind bisher kaum vom Berufstätigen aus gesehen worden, obgleich es sich um Fragen der Auswahl und Ausbildung des Nachwuchses oder um Fragen des Einsatzes von Arbeitskräften in der Wirtschaft oder um ihre Fluktuation handelte. Vorwiegend werden sie betrachtet unter dem Aspekt des Arbeitsmarktes, d. h. im Blick auf die Bedürfnisse der Branchen und Betriebe, oft nur unter politischen Zwecksetzungen, in deren Dienst „sozialpolitische" Erwägungen weitgehend stehen, kaum jedoch unter individuell-humanitären Zielsetzungen. (...) Erst in der letzten Generation wurde der „Mensch im Betrieb" entdeckt als ein Wesen sui generis. Nun wurde nach Wegen gesucht, dem Arbeiter als Menschen und nicht nur als Roboter gerecht zu werden. Die Betriebssituation, die nur unter ökonomischem und technischem Aspekt Interesse gefunden hatte, begann z. B. Mayo zu erforschen mit dem Blick auf den arbeitenden Menschen selbst und auf sein Verhältnis zur betrieblichen Umwelt. Aus der „Psycho-Technik" entwickelte sich die Betriebspsychologie und die Betriebssoziologie als Grundlage einer – weitgehend nur als Forderung, noch nicht als Gegebenheit nachzuweisenden – Betriebspädagogik.

Wenn auch der Betrieb als Erziehungsfaktor schon einer pädagogischen Analyse unterworfen worden ist, wenn auch in zunehmendem Maße sozialwissenschaftliche Untersuchungen in Betrieben durchgeführt werden, so fehlt doch noch weithin die Anerkennung des Gedankens einer „Pädagogisierung der Arbeitswelt" selbst in dem Bereich, der hierfür sich am ehesten anbietet, in der Zuführung und Heranbildung des Nachwuchses. (...) Unsere Feststellungen sind unter der Perspektive des Berufstätigen getroffen. Das mag für einen Wirtschaftspolitiker oder Techniker als „einseitig" erscheinen. Die aus unseren Umfragen gewonnenen und im Vergleich mit anderen Erhebungen erhärteten oder auch eingeschränkten Erkenntnisse sind unter diesem korrespondierenden Aspekt zu werten.

Über Umfang und Häufigkeit des Berufswechsels stellten wir fest:

a) Der Berufswechsel im gewerblichen Sektor der Wirtschaft, d. h. in der immer mehr industriell bestimmten Produktion, ist prozentual höher als im Gesamtraum der Berufe: 56 % gegenüber 40 %.

b) Bei den männlichen Arbeitnehmern im gewerblichen Sektor der Wirtschaft übte 1953 jeder zweite keinen Dauerlebensberuf mehr aus, sondern hatte seine berufliche Tätigkeit ein oder mehrere Male gewechselt.

c) Die Tendenz zum Wechseln des Berufes hat zugenommen und ist am stärksten bei den jüngeren Jahrgängen.

Bei der Diskussion in der Fachpresse hat man besonders aus Kreisen des Handwerks gelten gemacht, daß man sich nicht an den Erscheinungen dieser „Notjahre orientieren" dürfe. Dieser Einwand ist kein stichhaltiges Argument. Bei früheren Untersuchungen in den dreißiger Jahren und um 1950/51 wurde ein durchschnittlicher Wechsel von 30 %, Ende 1953 in einer repräsentativen Erhebung ein Wechsel von über 50 % nachgewiesen. Der Berufswechsel hat also parallel zur wirtschaftlichen Regeneration zugenommen. Wäre er von „Notjahren" abhängig, dann hätte er nach 1950 abnehmen müssen. Das erste Nachkriegsjahrfünft war eine ausgesprochene „Notzeit" für das Gebiet der Bundesrepublik, nicht jedoch das folgende Jahrfünft mit seiner enormen wirtschaftlichen Entwicklung. Der steigende Berufswechsel ist eine nicht mit Notjahren ursächlich verknüpfte Erscheinung, sondern er resultiert im wesentlichen aus anderen Gegebenheiten. Er ist *ein* Ausdruck der mit der Industrialisierung in allen Ländern sehr stark angewachsenen Mobilität der Arbeitskräfte. Der Berufswechsel in Deutschland ist jedoch besonders dadurch ausgeprägt, daß die traditionelle, auch für die Industrie weitgehend bestimmend gebliebene Form handwerklicher Nachwuchsausbildung in Gegensatz zu den Anforderungen einer arbeitsteiligen Produktion geraten ist.

Berufswahl, Berufsausbildung und Weiterbildung

Die Aussagen zur Berufswahl bestätigen, daß die mit der Proklamierung des Rechts auf freie Berufswahl gegebenen Probleme mehr ungelöst als gelöst sind. Rund die Hälfte der befragte Berufswechsler will die Wahl des Erstberufes, wobei es sich fast ausschließlich um einen Lehrberuf handelte, selbst getroffen haben. Der Einfluß anderer Personen auf die Berufsentscheidung wird nur in geringem Maße zugestanden. Auffällig gering ist die Anerkennung einer Hilfe durch die öffentliche Berufsberatung (unter 20 %). Sehr betont wird demgegenüber der Zwang der äußeren Umstände, der nach Altersklassen unterschiedlich in 30 bis 50 % der Fälle die Realisierung des Berufswunsches verhinderte. Mit diesen Feststellungen decken sich z. B. Ergebnisse der Meinungsbefragung durch die Studiengemeinschaft für Berufsbildung in Baden-Württemberg. Auch dort wurde ermittelt, daß etwa die Hälfte der Lehrlinge sich den

Beruf selbst ausgesucht haben will, daß aber die Lehrstellen in über 70 % der Fälle von den Eltern gefunden werden.

Die beim Eintritt in die Lehre gehegten Berufserwartungen wurden bei zwei von drei gefragten erfüllt. Mancher zunächst widerwillig in eine nicht erstrebte Lehre eingetretene Jugendliche hat sich also doch noch zurechtgefunden. Durch den Vergleich mit anderen Erhebungen konnten wir zahlenmäßig belegen, daß nicht erfüllte Berufswünsche die Tendenz zum späteren Berufswechsel verstärken. Wenn bei jugendlichen Berufswechslern jeder zweite davon sprach, daß er ursprünglich einen anderen als den erlernten Beruf ergreifen wollte, dann wurde das bei jugendlichen Nichtwechslern nur von jedem vierten hervorgehoben. 80 % der Befragten waren im ganzen gesehen mit ihrer Ausbildung im Erstberuf zufrieden, die zu 75 % in handwerklichen Betrieben absolviert wurde. Die Beschwerden richten sich gegen eine nicht ausreichende fachliche Förderung und gegen eine nicht einwandfreie Behandlung. Bei den Jüngeren zielen sie mehr in Richtung eines mangelhaften menschlichen Kontaktes zu den Ausbildern, bei den Älteren überwiegen Beschwerden über zu lange Arbeitszeit, über Ausnutzung durch Heranziehen zu berufsfremden Arbeiten und über nicht gegebenen Urlaub. Sehr zurückgegangen ist der Prozentsatz derjenigen, die keine Lehrabschlußprüfung gemacht haben: von 19 % bei den über 35 Jahre alten, auf 3 % bei den unter 25jährigen.

Drei von vier Befragten besuchten die Berufsschule gern. Die fachlichen Disziplinen weckten besonders das Interesse, weniger der allgemeinbildende Unterricht. In gleicher Richtung bewegen sich die Aussagen über die Weiterbildung nach der Lehrzeit, die nur von jedem dritten betrieben wurde. Bemerkenswert ist, daß im allgemeinen und beruflichen Interessenprofil zwischen Berufswechslern und Nichtwechslern sich keine signifikanten Unterschiede ergeben haben. Jeder Versuch, den Berufswechslern *generell* eine berufliche und oft auch eine ethische Labilität zuzuschreiben, muß schon an dieser Feststellung scheitern.

Ablauf und Ergebnisse des Berufswechsels

Wenn wir uns an den Rang der Berufsarten nach der geltenden Berufsordnung halten, dann wurde rund die Hälfte der Berufswechsler in ihrer Berufsqualität zurückgestuft, d. h., an die Stelle qualifizierter Tätigkeit als Facharbeiter oder Handwerker trat eine angelernte oder Hilfsarbeit. Ihren Verdienst dagegen konnten rund zwei Drittel der Befragten durch den Wechsel verbessern. Hierbei waren besonders die jüngeren Jahrgänge im Vorteil, während bei den älteren am häufigsten (13 bis 20 %) Verdiensteinbußen beim Wechsel in Kauf genommen werden mußten.

Etwa einem Drittel (...) bereitete die Umstellung auf den neuen Beruf teils erhebliche Schwierigkeiten. Die anderen vollzogen den Wechsel, wenn von Anfangserschwernissen abgesehen wird, mehr oder weniger reibungslos. Hierbei stehen im wesentlichen die äußeren Bedingungen der Umstellung, weniger die seelischen Rückwirkungen auf den Berufsträger im Vordergrund. Überraschend gering sind auch hier wieder die Angaben über die Hilfe des Arbeitsamtes beim Berufswechsel. Fast 80 % wollen den jeweiligen neuen Beruf selbst oder mit Hilfe von Bekannten gefunden haben.

Hauptgründe für den Wechsel des Berufes

In dieser unserer zentralen Frage haben wir nach einer Gruppierung gesucht unter dem Gesichtspunkt, ob der Beruf freiwillig aufgegeben oder ob der Wechsel durch die äußeren Umstände erzwungen wurde [Abb. 1]. Hier sollen die Schwierigkeiten, die bei dieser Klassifizierung auftraten, und die unserer Einteilung zugrunde liegenden Überlegungen nicht wiederholt, sondern nur das Ergebnis wiedergegeben werden.

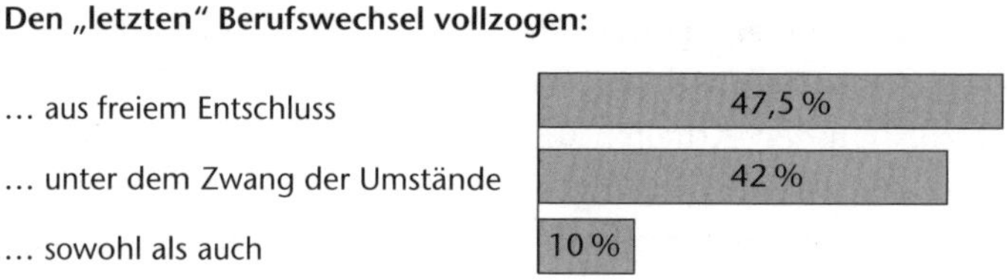

Abb. 1 Anlass des Berufswechsels

Im Gegensatz zur vorherrschenden Auffassung und auch zum Ergebnis der UNESCO-Umfrage stellen wir fest, daß mehr Gründe für ein freiwilliges Aufgeben des Berufes insgesamt genannt wurden (74 % bezogen auf den ersten, 69 % bezogen auf den letzten Wechsel) als für einen Wechsel unter dem Zwang der äußeren Umstände (54 % bzw. 43 %) – da Mehrfachangaben zu den einzelnen Positionen vorliegen, ist die Summe größer als Hundert.

In einem Drittel aller Fälle wurde der Wechsel des Berufes durch Arbeitsmangel im erlernten bzw. ausgeübten Beruf hervorgerufen, während bei den freiwilligen Wechslern das Streben nach besserem Verdienst, nach größerer Sicherheit vor Arbeitslosigkeit und nach einer mehr zusagenden Tätigkeit am häufigsten genannt wurde. Diese generelle Obersicht bedarf aber noch einer Interpretation unter doppeltem Gesichtspunkt. Die Analyse der Gründe bei mehrfachen Berufswechseln eines Arbeitnehmers zeigt, daß die Chancen zu einem freiwilligen Aufgeben bei häufigerer Wiederkehr des Wechsels immer geringer und die Wirksamkeit der äußeren Umstände immer stärker wird. Die gleiche Entwicklung in der Relation von Freiheit und Zwang ist festzustellen, wenn man die Hauptgründe mit dem jeweiligen Lebensalter der Wechsler vergleicht. Hier bildet sich deutlich um das 35. Lebensjahr herum eine Schere: bis zu diesem Alter überwiegt die Freiwilligkeit im Berufswechsel, bei den Älteren jedoch der Zwang.

Aus der Fülle und Vielgestaltigkeit der individuellen Berufsschicksale heben sich diese allgemeinen Entwicklungstendenzen ab. Das Bild kann im einzelnen modifiziert werden durch bestimmte typische Besonderheiten verschiedener Berufsgruppen und auch durch die jeweilige Zeitsituation. Anormale Zeiten wie etwa, das Jahrfünft der großen Wirtschaftskrise von 1929 bis 1934 oder das Kriegs- bzw. Nachkriegsjahrfünft geben dem Phänomen der beruflichen Mobilität eine bestimmte Schattierung. (...)

Vom Berufsbewußtsein der Berufswechsler

Die Urteile der Berufswechsler über den zuerst ausgeübten – zu 77 % handwerklichen Beruf und über die Beschäftigung, in der sie zur Zeit der Befragung standen, fallen eindeutig zugunsten der letzten Tätigkeit aus. Als negativ wird beim Erstberuf die Verdienstchance und eine mangelnde Sicherheit gegenüber der Arbeitslosigkeit besonders von den freiwilligen Wechslern hervorgehoben. Etwa die Hälfte hat sich endgültig vom ersten Lehrberuf abgekehrt, ein Drittel möchte zurückkehren, der Rest nur unter bestimmten, meist unerfüllbaren Bedingungen: „Wenn man selbständig werden könnte!"

Die überwiegende Mehrheit ist mit dem Letztberuf durchaus zufrieden. Wenig oder gar nicht zufrieden sind 8 % der freiwilligen und 15 % der erzwungenen Wechsler. Betont wird in den Aussagen manche positive Seite des Letztberufes, während die Kritik relativ gering ist. Schwerpunkte zeichnen sich ab bei den Jüngeren in dem Streben nach besseren Verdienst- und Aufstiegschancen, bei den Älteren mit dem Wunsch nach größerer Sicherheit statt besserem Verdienst.

Die Aussagen über die Betriebsart haben ein überwiegendes Votum für den Großbetrieb ergeben. Nur jeder fünfte plädierte für einen Kleinbetrieb, ein weiteres Fünftel konnte sich nicht klar entscheiden und tendierte zum Mittelbetrieb. Bei den Begründungen rangierte nicht, wie zunächst erwartet werden könnte, der Verdienst an erster Stelle, sondern die größere Sicherheit, die in Verbindung mit zusätzlichen sozialen Leistungen besonders von den Älteren am häufigsten genannt wird. Mit dem Charakter der Arbeit, d. h. doch vorwiegend einer Teil- und Serienarbeit, setzen sich besonders die jüngeren Arbeiter und die erzwungenen Wechsler auseinander. Die positiven Aussagen überwiegen die negativen um das Vierfache. Die Arbeit am Fließband dagegen lehnen drei von vier Befragten, z. T. in leidenschaftlichster Form ab. Nur jeder fünfte bei den Jüngsten und jeder sechste bei den über 35jährigen ist zur Arbeit am Fließband bereit. Überraschend ist, daß von den noch nicht 35 Jahre alten nur jeder dritte, von den Älteren nur jeder zweite ein Fließband im Betrieb bisher überhaupt gesehen hat. (...)

Bei den Antworten auf die letzte, zur Kontrolle gestellten Frage (Was ist das Wichtigste: Geldverdienen – Sicherheit – Arbeitsfreude?) dominiert mit rund 40 % das Streben nach sozialer Sicherheit vor dem Verdienstmotiv mit rund 30 %. Auch hier zeigt es sich, daß bei den Jüngeren das Verdienststreben stärker betont wird als bei den Älteren, denen es mehr auf das „sichere" als auf das „hohe" Verdienen ankommt. Nur jeder fünfte würde seinen Erstberuf heute wiederwählen, wenn er noch einmal jung wäre und nach Auswertung der gesammelten Lebenserfahrungen die Berufswahl vornehmen könnte.

Jeder sechste war unentschieden, alle anderen lehnten die Wiederwahl des Erstberufes ab. Vereinzelt wurde der Wert einer Lehrzeit überhaupt in Zweifel gezogen und für sofortigen Eintritt in eine Fabrik nach Absolvierung der Schule plädiert.

Die Berufstradition ist in den Familien sehr im Schwinden begriffen. Von den Befragten hatte jeder sechste noch denselben Beruf wie der Vater ergriffen, aber bei ihren Söhnen hat nur jeder hundertste den väterlichen Beruf erlernt oder hegt den Wunsch, ihn einmal zu ergreifen. In der sozialwissenschaftlichen Literatur ist vielfach noch das generelle Urteil zu finden, daß die Arbeit für den Industriearbeiter „einzig der Weg zum Lohn" geworden sei. Solche Urteile werden von unserem Aussagematerial nicht gestützt. Die auch bei den Wechslern mit vorrangigem Verdienststreben oder mit dem „Sicherheitskomplex" immer wiederkehrenden Aussagen, daß man Freude, „Spaß" an der Arbeit habe bzw. haben müsse, belegen eindeutig, daß hier ein positiv-aktiver Bezug zur industriellen Tätigkeit besteht bzw. angestrebt wird. (...)

Perspektiven und Konsequenzen – Technischer Fortschritt und Berufswechsel

Jean Fourastié hat den Versuch unternommen, eine Theorie von der Wirtschaftsentwicklung als Grundlage für das Abschätzen des weiteren Voranschreitens in Wirtschaft und Gesellschaft aufzubauen. Nach seiner Auffassung ist nicht das Kapital, wie bisher vorwiegend angenommen wird, der die Wirtschaft der vergangenen 150 Jahre bewegende Faktor gewesen, sondern der technische Fortschritt und die durch ihn bewirkte geschichtlich beispiellose Hebung der Produktivität. (...)

Auch für das heraufziehende „tertiäre Zeitalter" wird der Beruf, so behauptet Fourastié, ein entscheidender Faktor der Lebensweise sein. Seine Prognose stützt sich auf eine (...) Diagnose der modernen arbeitsteiligen Wirtschaft. Die Verschiebung der Arbeitskräfte, d.h. der Berufswechsel, sind nach seiner Auffassung eine direkte Folge der durch den technischen Fortschritt bewirkten beispiellosen Steigerung der Arbeitsproduktivität und der damit wiederum gegebenen Möglichkeit eines erhöhten Konsums. Da zunächst aus dem primären Sektor (Landwirtschaft) Arbeitskräfte in steigendem Maße in den sekundären Sektor (Industrie) abgezogen wurden, gewinnt die bisher als eine „Naturkatastrophe" betrachtete Landflucht unter diesem Aspekt eine andere Bedeutung. Nicht die angebliche Anziehungskraft der Großstädte, sondern der auf dem Lande sinkende Lebensstandard war das bewegende Moment für das Abwandern, für die „Landverdrängung". Die nach Abschluß der industriellen „Startphase" im sekundären Sektor eintretende Sättigung des Arbeitskräftebedarfes ermöglicht dann die Abgabe von Arbeitskräften an den sich schnell ausweitenden tertiären Sektor (Dienstleistungen).

Ein Berufswechsel wird immer dann erforderlich, wenn der bisherige Berufsraum nicht mehr einträglich genug ist für einen auskömmlichen Lebensunterhalt. „Dann und erst dann wechselt der Mensch seinen Beruf!“ Das durch unsere Untersuchung nachgewiesene Streben der Berufswechsler nach besserem Verdienst und sozialer Sicherheit ist nur ein anderer Ausdruck für das von Fourastié herausgestellte Gesetz (...). Immer dann, wenn die Anpassung der Struktur der wachsenden Produktion an die Struktur des wachsenden Verbrauchs nicht schnell genug vor sich geht, treten Krisen mit ihren schmerzlichen Rückwirkungen für die Arbeitskräfte auf. (...)

Das vorherrschende Denken ist bei uns aber noch sehr bestimmt von der handwerklichen Gestalt der gewerblichen Arbeitnehmerberufe, von den „klassischen“ Grundberufen des Schmiedes und Schlossers, des Tischlers und Maurers, des Schneiders und Schuhmachers, des Bäckers und Metzgers, um nur einige wenige aus dem Bereich des gewerblichen Schaffens zu nennen. Sie alle sind typisch für eine Arbeitswelt, die nicht mehr bestimmend ist. Die zur Automatisierung voranschreitende industrielle Arbeitswelt zersetzt die alten „Vollberufe“ und schafft neue Berufsformen.[1] (...)

Ähnlich wie zur Zeit eines starken industriellen Aufschwungs in der zweiten Hälfte der dreißiger Jahre ertönte im vergangenen Jahrfünft der Ruf nach fehlenden Facharbeitern in der westdeutschen Industrie. Das ist um so erstaunlicher, als kein anderes hochindustrielles Land einen so großen Prozentsatz seiner Schulabgänger einer handwerklichen oder industriellen Berufsausbildung zuführt wie wir. Der Facharbeitermangel kann daher, verglichen mit anderen Ländern bedeutend höherer Arbeitsproduktivität (USA, Schweden) und geringerer Ausbildungsquote unter dem Nachwuchs kaum seine Ursache darin haben, daß zu wenige Schulabgänger einen gewerblichen Beruf erlernen, dieser Mangel an Facharbeitern in manchen Zweigen der Industrie kann vielmehr nur darin begründet sein, daß der Nachwuchs kurzsichtig gelenkt und nicht mehr zeitgerecht, d. h. den modernen Anforderungen entsprechend, ausgebildet wird. Diese Deutung wird durch unsere Untersuchung bestätigt. Bei der Bundesbahnerhebung stellte es sich heraus, daß zwei Drittel der erfaßten Personen nach dem Übertritt in den Eisenbahndienst ihre erworbenen speziellen beruflichen Kenntnisse und Fertigkeiten nicht mehr anwenden konnten. Von den 97 % vorwiegend handwerklich ausgebildeten Befragten in der Hauptuntersuchung waren nur noch 15 % im Letztberuf als „Gelernte“, d. h. als umgeschulte Kräfte, rund die Hälfte dagegen als angelernte Arbeiter und der Rest als „Ungelernte“ beschäftigt. (...)

Die Dialektik zwischen den Gruppen der Fach-, Spezial- und Hilfsarbeiter sieht so aus, daß der prozentuale Anteil der Fach- und Hilfsarbeiter an der Gesamtzahl der gewerblich tätigen Arbeiter zurückgeht und die äußerst vielgestaltige Schicht der „Angelernten“ stark anwächst. Dabei ist festzustellen, daß das Berufsbild des industriellen Facharbeiters anders ist, als das des Handwerkers mit gleicher Berufsbezeichnung aus

1 Siehe dazu die folgenden Beiträge von *Baethge* (Text 6) und *Schütte* (Text 9) im vorliegenden Band.

der unterschiedlichen Art der Produktion heraus. Der industrielle Facharbeiter wird mehr und mehr zu einem überwachenden und lenkenden Arbeitertyp, der von „immer weniger immer mehr“ wissen muß. (…)

Für die wachsende Schicht der Angelernten, besonders der kurzfristig Anzulernenden, kennt die deutsche Berufsordnung bisher keine zufriedenstellende Form einer technischen Grundausbildung, um den Arbeiter umstellungsfähig zu erziehen. Spranger hat vor Jahren von der Notwendigkeit einer Ausbildung gesprochen, die unter dem Gesichtspunkt eines „Maximums an Umstellungsfähigkeit“ zu stehen habe. Von der Ausbildung her gesehen, liegt in diesem Mangel, wie unsere Umfrage erwiesen hat, ein wichtiger Ursachenkreis für den später erschwerten Berufswechsel.

Berufswahl und Berufswechsel

Unsere Umfrage hat erwiesen, daß die Orientierung auf einen Dauerlebensberuf bei der Berufswahl nicht mehr allein bestimmend sein kann. Die industrielle Produktion zwingt immer größere Schichten zu wechselnden Berufstätigkeiten, d. h. zu einer wiederholten Wahl. (…)

Das Einmünden des Nachwuchses in das Arbeitsleben ist ein vielschichtiges, hier nicht in seiner Komplexität zu behandelndes Problem. Getrennt nach den Altersgruppen haben 32 bis 45 % unserer Befragten ausgesagt, daß nicht ihr freier Wille, sondern die äußeren Umstände den Eintritt in den Erstberuf bestimmt haben. Damit wird eine mehrfach in der Literatur behandelte Feststellung bestätigt, daß das Grundrecht der freien Berufswahl für viele Jugendliche nur auf dem Papier steht. (…)

Wenn in neueren Untersuchungen festgestellt wird, daß die Jugendlichen sich verhältnismäßig früh ernsthaft mit ihrem Beruf zu beschäftigen beginnen, dabei eine bemerkenswerte Initiative und erstaunliche Umsicht entwickeln, dann widerspricht das nur scheinbar dem ersten Ergebnis. Sicher ist es möglich die Volksschüler durch Berufsaufklärung bis zu einem gewissen Grade von der baren Ahnungslosigkeit und Torheit in der Berufswahl zu befreien. Hier aber muß die ketzerische Frage gestellt werden, ob denn die heutigen Berufsbilder der Berufsberatung mit der Wirklichkeit noch übereinstimmen, ob nicht gerade die Vorstellungen der Eltern über die Berufswahl ihrer Kinder, deren Einfluß als sehr bestimmend aufgewiesen worden ist, den Charakter der Realitätsferne tragen. (…) Der Glaube vieler Pädagogen und Berufsberater, daß der Schulabgänger nach einem Klarwerden über seine Eignung und Neigung sich einen Lebensberuf suchen könne, erweist sich in immer mehr Fällen als realitätsferner Wunsch.

Sehr lebendig und stark ist in der Jugend das Streben nach einer guten und qualifizierten Berufsausbildung. Die pädagogische Bedeutung dieser Bereitschaft kann nicht hoch genug bewertet werden. Sie auferlegt den verantwortlichen Stellen jedoch eine große Verpflichtung.

(…) Glaubt man es weiterhin verantworten zu können, durch eine qualifizierte, aber nicht mehr zeitgerechte Ausbildung bei Jugendlichen immer größerer Zahl Erwartungen zu wecken, die im späteren Arbeitsleben nicht realisiert werden können. Ist es nicht aufrichtiger, „das ins Auge zu fassen, was der Arbeiter in seinem Selbstverständnis wirklich ist", anstatt ihm ein „unglückliches Selbstbewußtsein" zu geben [Blättner]. „Sehr viel von dem, was wir über Berufstreue, Berufsehre zu sagen pflegen, ist Romantik gewesen" [dito].

Für die Berufswahl ergeben sich aus unserer Untersuchung die folgenden, als Thesen zur Diskussion gestellten Konsequenzen:

a) Bei der Berufswahl sind nicht nur Neigung und Eignung des Berufssuchenden in Einklang mit den vorhandenen Lehrstellen zu bringen, sondern die spätere Einsatzchance im angestrebten Beruf ist mitzuberücksichtigen, und zwar entscheidend, wofür stichhaltige Unterlagen von der Wissenschaft, der Verwaltung und den wirtschaftlichen Organisationen zu erstellen sind. (…)

b) Die Beratung bei der Wahl des Berufes bzw. des Arbeitsplatzes, die für viele nicht ein einmaliger, sondern ein sich wiederholender Vorgang ist, hat neben den berufstechnischen Anforderungen und wirtschaftlichen Perspektiven mehr als bisher die Motive zu ergründen und zu berücksichtigen, die den Menschen in seinem Verhältnis zu Arbeit und Beruf bestimmen. (…)

c) Der Erziehung allgemein und der Schule im besonderen wächst die Aufgabe einer Desillusionierung gegenüber der obwaltenden Berufsideologie, eines Abrückens von der Vermittlung „romantischer" Berufsschilderungen zu. (…)

Das Fazit

Die Untersuchung des Berufswechsels im Raum der gewerblichen Wirtschaft hat erwiesen, daß der Berufswechsel kein „Ferment der Dekomposition" der Arbeitswelt ist. Nicht aus Freude am Wechseln haben die „freiwilligen Wechsler" erlernte Berufe aufgegeben, die ihnen zumeist doch etwas bedeuten, an denen ein Stück ihres Lebens hing. Nüchterne Erwägungen, nicht ein Wechseln um des Wechsels willen, lagen ihren Entscheidungen zugrunde. Wenn sie im Vergleich mit den „erzwungenen Wechslern" noch das Gefühl der Entscheidungsfreiheit hegen, dann hat das nur eine relative Bedeutung im Blick auf die strukturellen Verlagerungen in unserer Arbeitswelt.

Die Auswertung unserer Ergebnisse hat uns an grundlegende Fragen unserer Berufsordnung sowie unseres Ausbildungs- und Erziehungssystems herangeführt. Diese Fragen können hier nur angedeutet, aber nicht gelöst werden. Eine solche Aufgabe erfordert weitere Untersuchungen auch in den anderen Bereichen der Arbeitswelt, um sichere Fundamente für ein zeitgemäßes berufspolitisches Planen und Handeln bauen zu können. So verfehlt es wäre, die angedeuteten Auffassungen und Praktiken aus anderen Ländern zu übernehmen, so wäre es aber auch gleich bedenklich, die dort aus der fortschreitenden Industrialisierung gewonnenen Einsichten einfach zu ignorieren. Der Berufswechsel in unserer gewerblichen Wirtschaft kann als *das* Charakteristikum der Mobilität der Arbeitskräfte gedeutet werden, da unser einst vorbildliches System der Nachwuchserziehung und Ausbildung mit der modernen industriellen Entwicklung nicht mehr in Einklang steht. Wenn der Berufswechsel als Strukturelement einer vom technischen Fortschritt bestimmten Wirtschaft erkannt und nicht als Zufallserscheinung verkannt wird, dann wird man ihm im positiven Sinne begegnen müssen. Das kann nach unserer Auffassung nur auf zwei Wegen geschehen: a) durch eine Umstellung im Denken, d. h. durch eine Anerkennung der Tatsache, daß in einer rationalisierten und zur Automatisierung schreitenden Wirtschaft der Dauer- oder Lebensberuf mehr und mehr abgelöst wird durch wechselnde temporäre Berufstätigkeiten; b) durch eine Überprüfung unserer Berufsordnung sowie eine Angleichung unserer Erziehung und Ausbildung an die neuen Gegebenheiten in der industriellen Gesellschaft. Zeitgerechte Leitbilder der Erziehung und differenzierte Ausbildungsmodelle werden an die Stelle einst ehrwürdiger Ideale und überlebter Formen treten müssen.[2]

Je mehr wir es lernen werden, die Differenziertheit unserer Arbeitswelt durch empirische Forschung aufzuhellen und die Entwicklungslinien zu erkennen, desto eher ist der Treibsand der Meinungen und Behauptungen einzudämmen, der die heutige berufspolitische und berufspädagogische Diskussion noch belastet, genauso wie die Diktatur verschleierter Interessen. Unsere Berufstätigen, vor allem die heranwachsenden Werktätigen, haben ein Anrecht darauf, diese Forderung der Wissenschaft zu stellen.

---

2 Siehe auch den Beitrag von *Litt* (Text 10) im vorliegenden Band.

Entwicklungstendenzen der Beruflichkeit
Eine soziologische Perspektive

MARTIN BAETHGE

Problemstellung

Die Frage nach den Entwicklungstendenzen der Beruflichkeit beantwortet sich aus der Perspektive industriesoziologischer Forschung höchst unterschiedlich – je nach dem, wie man die Kategorie des Berufs bzw. der Beruflichkeit definiert. Die Scheidelinie der seit über einem Jahrzehnt währenden Kontroverse in der Industriesoziologie verläuft zwischen denjenigen, die den Beruf eher als Qualifikationskategorie (...) definieren, das heißt als ein relativ komplexes und dauerhaftes Ensemble von aufeinander bezogenen Qualifikationen (theoretischer und praktischer Art), und denen, die Beruf eher als eine sozialstrukturelle Kategorie betrachten, die ihre Besonderheit in einem Zusammenhang von fachlichen Qualifikationen, Beschäftigtenstatus und sozialer Integration/Orientierung erhält, der durch das Bildungs- und Ausbildungssystem vermittelt und fundiert wird.

Die Unterscheidung ist auch bildungsstrukturell keine beliebig akademische. Sie markiert die Scheidelinie zwischen dem Modus handlungsentzogener Vermittlung von (...) Qualifikationen und Wissen und einen Modus der Sozialisation, bei dem die Aneignung von Wissen und Fertigkeiten in praktische Erfahrungszusammenhänge seiner Anwendung und seiner sozialen Verortung eingebunden ist, so dass der Lernende/Auszubildende nicht allein die Anschauung der Arbeitsprozesse hat, in denen das, was er lernt, angewandt wird, sondern sich ihm auch ein sozialer Raum seiner Berufstätigkeit erschließt. Hierin unterscheidet sich die Berufsausbildung in der deutschen Tradition von der schulischen Allgemeinen- und Berufsbildung, die eine solche komplexe Erfahrung künftiger beruflicher und sozialer Realität nicht vorsieht; hier bietet die duale Berufsbildung eine deutliche Alternative zur praxisentzogenen schulischen Vermittlung.

Folgt man der ersten Begriffstradition, so tendiert die Entwicklung der Arbeitsverhältnisse dahin, über die Erhöhung des durchschnittlichen Qualifikationsniveaus und der Tendenz zu höher qualifizierten Tätigkeiten die Berufskategorie zu stärken. Bezieht man sich auf die zweite – Beruf als sozialstrukturelle Kategorie –, sieht die Sache ziemlich anders aus. Dann verliert die Beruflichkeit sowohl als Kategorie sozialer Integration als auch als Ausbildungsprinzip an Bedeutung, und zwar trotz oder eventuell sogar wegen des Trends zur Höherqualifizierung und zu komplexeren Tätigkeitszuschnitten. (…)

Stärken und Schwächen des Modells beruflicher Gesellschaftsintegration

Ich neige zur zweiten Variante der Berufs- und Beruflichkeitsdefinition; (…) Erst aus dieser Perspektive werden Reichweite und Grundsätzlichkeit der gegenwärtigen berufsbildungs- und arbeitsmarktpolitischen Krisenphänomene in der Bundesrepublik verständlich. Drei Argumente mögen dies verdeutlichen:

Deutschland ist *erstens* (…) wie kaum eine andere Gesellschaft eine Berufsgesellschaft. Dies nicht nur im Sinne der traditionellen Schichtungstheorie, nach der Beruf die zentrale Kategorie für die gesellschaftliche Statusorganisation darstellt (…), sondern vor allem darin, dass Beruf und Beruflichkeit einen zentralen normativen und regulativen Stellenwert für die gesellschaftliche Integration durch Bildungs-, Sozial- und Arbeitsmarktpolitik sowie im Spiel der korporatistischen Interessenaushandlung (insbesondere der Tarifpolitik) hatten und immer noch haben.

Die neben der Statuszuweisung liegenden Ausdrucksformen der Berufszentriertheit gesellschaftlicher Integration sind schnell in Erinnerung gerufen:

- ein duales berufliches Bildungssystem, in dem bis heute 70 % eines Altersjahrgangs ihre Ausbildung erfahren und das auf die vor-, neben- und nachgelagerten Bildungsprozesse ausstrahlt;
- eine die Berufsinhaber privilegierende Sozial- und Arbeitsmarktpolitik, die eng mit den der Berufsförmigkeit von Erwerbsarbeit korrespondierenden Momenten von Vollerwerbstätigkeit und Normalarbeitsverhältnis verbunden sind;
- soziale und politische Integration durch starke Berufsverbände, Innungen, Kammern, (Facharbeiter-)Gewerkschaften.

Man kann dies eine berufsbezogene Gesellschaftsverfassung nennen, in der in einer industriegesellschaftlich modernisierten Form die ständischen Elemente der Berufskategorie fortwirken.

Zweitens kann man lange über die Gründe diskutieren, die dazu geführt haben, dass eine im Kern vorindustrielle Kategorie einen derart zentralen Stellenwert für das industriell-kapitalistische Gesellschaftsmodell in Deutschland gewinnen und über ein Jahrhundert behalten konnte. Sicher ist jedoch, dass dies viel zu tun hat mit dem spezifisch deutschen Weg der Industrialisierung (…). Schließlich hat die Beharrung der

Berufskategorie mit der ganzen frühen konservativen Sozialpolitik zu tun, welche in dem Bündnis zwischen Obrigkeitsstaat und Bürgertum begründet war.

Interessanter als die Frage nach dem Ursprung ist *drittens* die nach der langen Stabilität des Modells beruflicher Gesellschaftsintegration, die im 20. Jahrhundert sämtliche politischen und auch alle Produktionsregimes überdauerte. Warum adaptierte auch die Industrie insbesondere über die Etablierung von Facharbeiterberufen und Facharbeiterausbildung die Berufskategorie, die im 19. Jahrhundert eher gegen sie gerichtet war? Warum überdauerte sie bisher in der Arbeitsorganisation und Ausbildung alle Produktionsformen (handwerkliche, tayloristische, postfordistische), obwohl sie sich nicht unbedingt mit messbaren kapitalistischen Leistungs- und Rationalisierungskriterien deckt? (...)

Meine (...) Antwort fällt soziologisch aus und führt an die Bestandsbedingungen des Berufsprinzips im Deutschland des 20sten Jahrhunderts heran: Das Berufsprinzip konnte sich im institutionellen und politischen Gefüge der Bundesrepublik so hartnäckig halten – und zwar selbst zu Zeiten, in denen klar war, dass der Lebensberuf für immer mehr Menschen passé war –, weil es über lange Zeit eine positive Verschränkung der Interessenlagen der großen Akteursgruppen des industriellen Kapitalismus, der tonangebenden Gruppen der Arbeitnehmer und der Kapitaleigner, im Sinne einer Aufwärtsspirale oder eines Win-Win-Spiels sicherte. Diese Interessenverschränkung basierte auf dem spezifischen deutschen Entwicklungspfad und den Spezialisierungsmustern einer exportorientierten Qualitätsproduktion im Hochpreissegment des Weltmarktes (...). Unter diesem Vorzeichen

- konnten die Unternehmen die Strategie der Qualitätsproduktion so erfolgreich fahren, weil sie qualifizierte, zuverlässige, produktive, betriebstreue Arbeitskräfte und gut eingespielte Produktionsbelegschaften hatten (...);
- die Facharbeiter profitierten in dieser Situation von einem doppelt privilegierten betrieblichen Status, der sich zum einen in inhaltlich interessanteren Tätigkeiten und begrenzten Aufstiegsperspektiven und zum anderen in relativ hoher Arbeitsplatzsicherheit als Kern- oder Stammbelegschaften ausdrückte sowie mit hohen Löhnen und Lohnzuwächsen verbunden war (die freilich in der Prosperitätsphase auch für Ungelernte galten). Hinzu kam eine – zumindest für Handarbeiter – relativ hohe gesellschaftliche Wertschätzung;
- zudem repräsentierte das berufsbezogene Gesellschaftsmodell in der Prosperitätsphase der 1950er, 1960er und frühen 1970er Jahre ein ökonomisch und sozial erfolgreiches Konzept: hohe Wachstumsraten, hohe Einkommenszuwächse, die – gemessen an Ausbildungsabschlüssen – im Durchschnitt am besten ausgebildete Erwerbsbevölkerung der Welt.

Wer nun allerdings glaubt, dass dieses wundersame gesellschaftliche Integrationskonzept kostenlos zu haben war, irrt. Ökonomische Effizienz und stabile Integration hatten und haben ihren Preis sowohl im sozialen als auch im ökonomischen Bereich.

Integrationsprozesse sind in der Regel ein Spiel von Inklusion und Exklusion, von Privilegierung und Deprivilegierung, von Stabilisierung und Destabilisierung. Ich will dies an vier aktuellen Phänomenen demonstrieren:

- Beruflichkeit führt (...) zur stärkeren Exklusion von Frauen aus der Erwerbstätigkeit (...). Sofern industrielle Facharbeit als Inbegriff von Beruflichkeit im 20. Jahrhundert gelten kann, konstituiert sie eine männliche Arbeitskultur. (...) Ein deutliches Indiz für diesen Sachverhalt liefern die aufwendigen Versuche, Mädchen in gewerblich-technische Berufe zu bringen, die alle nicht an fachlicher Inkompetenz der Mädchen, sondern an dem sozialen und kommunikativen Umfeld der Industriebetriebe gescheitert sind.
- Betriebliche und bildungs- und arbeitsmarktpolitische Deprivilegierung der Ungelernten, die in vielen Industrien immerhin die Mehrheit der Produktionsbelegschaft stellen.
- Da berufliche Arbeit vor allen Dingen Vollerwerbstätigkeit ist, führt sie zur Benachteiligung aller Formen von nicht-beruflichen Teilzeittätigkeiten und neuen Beschäftigungsformen in der Arbeitsmarktpolitik und der sozialen Sicherung.
- Der ökonomische Preis ist eine geringe Mobilität der Arbeitskräfte (nur begrenzte berufliche Aufwärts- und kaum regionale Mobilität) und eine begrenzte Innovationskraft im Sinne der Schaffung neuer Berufskombinationen, etwa der Verbindung von technischen und kaufmännischen oder anderen Service-Qualifikationen.

Zusammengefasst: Die sozio-ökonomischen und politischen Bedingungen für die Stabilität der berufsbezogenen Gesellschaftsverfassung sind die des industriellen Wachstumsmodells vor allem im Nachkriegsdeutschland, und sie erklären zugleich, warum Veränderungen an dieser Verfassung selbst dann schwer durchzusetzen sind, wenn die industriegesellschaftlichen Bedingungen nicht mehr gegeben und auch die sozialen und ökonomischen Kosten des Modells unübersehbar geworden sind.

Aber wichtiger ist: Die Bestandsvoraussetzungen für die berufliche Organisation von Erwerbsarbeit und Ökonomie sowie von Beruflichkeit als Bezugspunkt für Bildungs-, Arbeitsmarkt- und Sozialpolitik erodieren auf breiter Ebene seit geraumer Zeit. Bereits in den 1970er Jahren war die Vorstellung von der Kontinuität eines Lebensberufs für große Teile von Arbeitern und Angestellten brüchig geworden, da der ökonomische Strukturwandel immer mehr Berufswechsel provozierte. Wie der Begriff „Berufswechsel" aber andeutet, war damit noch keineswegs Beruflichkeit als ökonomisches und soziales Organisationsprinzip ad acta gelegt.[1] (...)

---

1 Siehe auch die Beiträge von *Abel* (Text 5) und *Litt* (Text 10) im vorliegenden Band.

Strukturwandel und Reorganisation der Arbeitsprozesse

Hier setzt der neue Typus von Strukturwandel, der sich durch Stichworte wie hohe Volatilität der Märkte, beschleunigte Innovationsdynamik, neue Technologien und Kommunikationsmedien, Dienstleistungsökonomie sowie Globalisierung der Wertschöpfungskette charakterisieren lässt, neue Maßstäbe und stellt insbesondere die berufsbezogene Arbeitsorganisation in den Betrieben in Frage, da diese zu schwerfällig ist und den externen Anforderungen nicht mehr genügt.

Unter dem Druck der Märkte und der Strukturwandels-Dynamik gestalten die Unternehmen sowohl ihre Betriebs- als auch ihre Arbeitsorganisation nach Gesichtspunkten konsequenter Prozessorientierung um, die ihnen eine schnelle Reaktion auf sich verändernde Marktanforderungen sowie mehr Flexibilität bzw. eine höhere Nutzungseffizienz ihres gesamten Ressourcen-Einsatzes gestattet; Beruflichkeit spielt hierbei höchstens eine nachgeordnete Rolle, auch wenn sie damit nicht zwangsläufig aufgehoben wird (vgl. Übersicht 1).

Übersicht 1 Wandel der Betriebs- und Arbeitsorganisation (von fordistischer zu postfordistisch/prozessorientierter Organisation)

Regulationsform / Dimension	fordistisch-tayloristisch	post-fordistisch/-tayloristisch
Markt	– Massenkonsum (standardisierte Massenprodukte) – relativ stabile Produktmärkte – langsames Innovationstempo	– Diversifizierte und stärker individualisierte (Qualitäts-) Produkte/Dienstleistungen – relativ bewegliche (volatile) Produkt- und Dienstleitungsmärkte – Hohe und beschleunigte Innovationsdynamik
Unternehmens-/ Betriebsorganisation	– Einzelnes (Groß)Unternehmen mit stabilem, vertikal hochintegriertem Leistungsprofil – Zentralisierte Entscheidungs- und Steuerungsstruktur – Funktionsdifferenzierung strikt departmentalisiert (Fachabteilungsprinzip)	– Konzentration auf Kernkompetenzen – in verteilten Produktionsverbünden bzw. Netzwerken – Dezentralisierte Verantwortlichkeiten (im Rahmen zentralisierter Zielvorgaben) – Multi-funktionale Unternehmenseinheiten mit Eigenverantwortlichkeit
Arbeitsorganisation Kooperation	– Hochgradige, starre Arbeitsteilung – Funktions-/berufsbezogene Aufgabendifferenzierung – Vertikal, nach formalisierten Kompetenzen (Prinzip Dienstweg)	– flexibel spezialisierte Funktionsintegration – Kunden- resp. Prozessorientierte Aufgabendifferenzierung – Querfunktionale Kooperation (ggf. über Ebenen hinweg)

Strukturwandel und Reorganisation der Arbeitsprozesse in den Unternehmen verändern die Beschäftigungs- und Arbeitsmarkt-konstellationen. Es kommt immer mehr zu [a] neuen, nicht mehr beruflich gefassten Tätigkeiten (etwa im Software- und Beratungsbereich), [b] neuen instabilen Beschäftigungsverhältnissen im Sinne von mehr Selbständigkeit und diskontinuierlichen Verpflichtungen, (Stichworte: Leiharbeit, Patchwork-Biographie), [c] mehr Teilzeit- und unterschiedlichen Formen temporärer Beschäftigung, die traditionellem Berufsverständnis fremd sind. Diese finden sich in besonderem Maße im Dienstleistungssektor, in dem eine radikale Polarisierung von qualifizierter und unqualifizierter Arbeit Platz greift, und verbinden.

Damit einher geht auch eine zunehmende Erosion der sozialen und ökonomischen Basis des Korporatismus in der Berufsbildungspolitik.

Angesichts des angedeuteten Strukturwandels weist die berufszentrierte Gesellschaftsverfassung heute vier zentrale Strukturschwächen auf, die ihre Zukunft in Frage stellt: [1] eine ökonomische Innovationsschwäche, [2] eine Mobilitätsschwäche im Bildungs- und Beschäftigungssystem bzw. auf dem Arbeitsmarkt, [3] eine Schwäche in der institutionellen Flexibilität (insbesondere auf dem Arbeitsmarkt) und [4] eine politische Lern- und Reformschwäche, die etwas mit der korporatistischen Verfassung zu tun hat.

Bezogen auf die arbeitssoziologische Kategorie des Berufs bildet den Kern der Veränderung der Wandel von einer fordistisch-tayloristischen zu einer postfordistischen/posttayloristischen Betriebs- und Arbeitsorganisation.

Entgrenzung der beruflichen Handlungskonstellationen und der Berufsprofile

Die zunehmende Flexibilisierung der Betriebs- und Arbeitsorganisation und die erhöhten Anforderungen, die sich daraus ergeben, dass Mitarbeiter in integrierten Prozessen (…) agieren müssen, haben nun eine doppelte Wirkung: sie entgrenzen die beruflichen Handlungskonstellationen inhaltlich und räumlich-zeitlich. Berufe verlieren damit nicht ihren fachlichen Kern, aber die fachliche Eindeutigkeit der Berufsprofile löst sich im Arbeitsprozess sukzessive auf und öffnet sich zu hybriden Qualifikationsbündeln, in denen zunehmend häufiger nicht nur unterschiedliche technische (z. B. mechanische und elektronische), sondern technische mit kaufmännischen und/oder erweiterten kommunikativen Qualifikationen verknüpft werden. Verstärkt wird diese Entgrenzung der Berufsprofile durch die hohe Innovationsdynamik, die einen beschleunigten Wissensverfall hervorruft.

Die *inhaltliche* Entgrenzung der Handlungssituation lässt sich etwa beim „Gruppenarbeiter" in der Motorenfertigung eines Automobilherstellers entdecken, zu dessen Kernaufgaben die vorbeugende Entdeckung und Beseitigung von Störquellen im Produktionsablauf sowie das Aufspüren und Lösen von Problemen gehört, die im Zusammenhang mit der Entwicklung und Einführung neuer Produktionsanlagen sowie durch konstruktive Veränderungen am Motor entstehen. (...) Bei der Problemlösung kann der Facharbeiter nun nicht mehr einfach auf sein berufliches Handlungsrepertoire zurückgreifen, sondern muss neben fachfremden bzw. -übergreifenden technischen Aspekten auch nicht-technische Gesichtspunkte, d. h. ökonomische und soziale Zusammenhänge und Sachverhalte einbeziehen.

Die größere Bedeutung fachübergreifender Kenntnisse rührt zum einen aus einem flexibleren Arbeitseinsatz, der ihn mit einer vergleichsweise großen Breite betrieblicher Produkte, Prozesse und stofflicher Verfahren konfrontiert und auf diese Weise schon die Verwertbarkeit spezialisierter Wissensbestände einschränkt. Zum anderen stellt ihn die Neuorientierung seines Arbeitshandelns in Richtung auf systemische Optimierungsprozesse immer vor die Frage, wieweit er sich noch ausschließlich auf seine berufsfachlich geprägten Wissensbestände und Handlungsroutinen stützen darf oder zwingend weiteres Wissen bzw. andere Sichtweisen heranziehen muss. (...) Inhaltliche Entgrenzung stellt damit neben fachübergreifenden, gleichwohl technischen Kenntnissen und Fertigkeiten vor allem Anforderungen an Wissensarten und Fähigkeiten, die man landläufig nicht unbedingt mit einer Facharbeiterausbildung verbindet: Soziale Sensibilität im Umgang mit Menschen, welche andere Denkgewohnheiten haben, Verständnis für betriebswirtschaftliche Zusammenhänge und Reflexivität, d. h. Fähigkeiten, die eigenen kognitiven Schemata und Verhaltensmuster in Frage zu stellen.

In *räumlicher* Hinsicht schlägt sich die Entgrenzung etwa beim Montagearbeiter im Maschinenbau in der Integration von Innen- und Außenmontagen und insgesamt hoher räumlicher Mobilität nieder: Beides heißt, dass sich die Tätigkeiten für Facharbeiter immer weniger in einem bestimmten, eng zugeschnittenen Raum innerhalb oder außerhalb des Unternehmens bewegen, sich die Anzahl sozialer Kontakte erhöht und die hohe Homogenität in ihrer traditionellen Struktur sich zunehmend auflöst. Innerhalb des Unternehmens muss sich beispielsweise der Monteur nun auch mit Angehörigen anderer Bereiche und Berufe d. h. mit Technikern, Ingenieuren und Kaufleuten auseinandersetzen, wenn ein neues Produkt auf den Weg gebracht wird. (...) Räumliche Entgrenzung stellt daher vor allem erhöhte Anforderungen an sozialkommunikative Fähigkeiten und Mobilitätsqualifikationen.

Die *zeitliche* Entgrenzung der Handlungssituation spiegelt sich am deutlichsten beim Inbetriebnehmer des Werkzeugmaschinenbaus wider. Die Verdichtung der Arbeitsabläufe wie auch die Geschwindigkeit, mit der neue Produkte entwickelt und produziert werden, führen zu zweierlei: Einerseits kann dieser Facharbeiter sich heute immer weniger auf konkrete Erfahrungen mit Produkten beziehen oder sich in aller Ruhe Erfahrungen aneignen. Dies bedeutet vor allem, dass er, wenn die Konstrukteure neue Aggregate in die Maschinen eingebaut haben, in kürzester Zeit in der Lage sein muss, sich mit den Konstruktionsunterlagen bzw. den „Waschzetteln" des Lieferanten vertraut zu machen. Zweitens kann er in Ermangelung von Zeitpuffern, die ihm früher gewisse Verschiebungen bei Fertigstellungsterminen erlaubten, kaum noch mit festen Terminen fürs Arbeitsende kalkulieren. Dies verlangt von ihm die Bereitschaft zu hoher zeitlicher Flexibilität mit periodisch anfallendem hohem Überstundenaufwand.

Die Konsequenzen dieser Entgrenzungen für das Qualifikationsprofil des neuen Facharbeitertypus sind beträchtlich: Seine Aufgaben kann er immer weniger aus dem Blickwinkel eines bestimmten Berufs und allein unter Rückgriff auf berufstypische Lösungsstrategien betreiben; theoretische Kompetenzen werden aufgrund des beschleunigten produkt- und produktionstechnischen Wandels (...) immer wichtiger. Im Rahmen intensivierter Kooperation, welche auf Un- und Angelernte, auf Facharbeiter anderer Berufe sowie auf Techniker, Ingenieure und Kaufleute ausgedehnt wird, muss er seine Handlungen abstimmen und begründen. Zugleich braucht er ein erweitertes Verständnis für die technischen, organisatorischen und ökonomischen Zusammenhänge, auf die sich sein Tun bezieht: Wissen über die Folgen nicht behobener Störungen und darüber, an welchen Stellen er Unterstützung anfordern, Material besorgen und Mängel reklamieren kann (...).

Dies bedeutet nicht nur, dass er sich sehr gut im Betrieb auskennen und ökonomische Daten verstehen und interpretieren können muss. Dieser Facharbeitertyp muss dementsprechend über erweiterte und heterogene Wissensqualifikationen verfügen: Methodenkompetenz, Fähigkeit zur Wissensaneignung in verschiedenen Gebieten, Analyse- und Interpretationsvermögen gehören ebenso dazu wie sozial-kommunikative Fähigkeiten. Deren Besonderheit liegt darin, dass sie nicht mehr einfach auf Bereitschaft zur Zusammenarbeit und Verständigung mit Kollegen, die aufgrund beruflich geprägter Sozialisation über ähnliche kognitive Schemata und Verhaltensmuster verfügen, hinauslaufen, sondern auf Überzeugungskraft und Argumentationsfähigkeit gegenüber Fachkräften anderer „Fakultäten".

Kontrastiert man dieses Qualifikationsprofil mit dem des Industriefacharbeiters handwerklicher Prägung, so bleibt von der Verbindung von Fachlichkeit und Erfahrungswissen nicht viel mehr übrig als ein zunehmend unscharf werdender fachlicher Kern, der gleichwohl Ausgangspunkt für Qualifikationsentwicklungsprozesse in durch Geschäftsprozesse definierten Einsatzfeldern sein kann. Hinzu treten nun Wissensqualifikationen und sozial-kommunikative Fähigkeiten, die in Verbindung mit den verbleibenden fachlichen Kernen ein anspruchsvolles Qualifikationsprofil abgeben. (...)

Die hier vorgetragene Interpretation des Beruflichkeitsproblems ist in der Industriesoziologie nicht unwidersprochen geblieben. (...) Diese [Gegen-]Positionen lassen sich in dem Argument zuspitzen, dass die in der prozessorientierten Umgestaltung der Betriebs- und Arbeitsorganisation, welche (...) die neue Richtung in der Gestaltung der Arbeitsprozesse darstellt, entstehende „erweiterte Zuständigkeit", die Ausdifferenzierung der geforderten Kompetenzen und „die vertiefte Kooperation" das Berufsprofil von Facharbeitern erweiterten und die Beruflichkeit eher stärkten als schwächten. Das Argument trifft einen wichtigen Punkt, nicht aber den Kern meiner Beweisführung. Es betrifft die enge arbeitsprozessliche Qualifikationsdimension, nicht aber die soziale Seite der Berufskategorie, also den Sachverhalt, dass sich mit dem Beruf eine soziale Orientierung, Statuszuweisung und gesellschaftliche Identität verbunden hat, die in einem spezifischen Modus der beruflichen Sozialisation wurzeln.[2] Nur wenn sich zeigen ließe, dass diese sozialen Funktionen der Berufe – und wir sprechen hier nicht von akademischen Berufen, sondern von solchen auf der mittleren Ebene von Facharbeitern und Fachangestellten – nach wie vor erfüllt werden und noch durch den gleichen Sozialisationsmodus zu vermitteln sind, entstünde ein stichhaltiges Gegenargument. Dies aber ist nicht der Fall. Die neuen Qualifikationen auf der mittleren Ebene (Facharbeiter) enthalten sehr viel mehr allgemeine theoretische Anteile, sind auf der einen Seite nicht mehr so berufsspezifisch, auf der anderen Seite fächern sie sich in einer Verbindung von Erstaus- und Weiterbildung zunehmend in Spezialqualifikationen aus. Beide Tendenzen verändern notwendigerweise den traditionellen beruflichen Sozialisationsmodus und die Eindeutigkeit der sozialen Erkennbarkeit und Zuordnung.

Zieht man (...) die gesellschaftliche Integrationsfunktion des Berufs heran, kommt zu den qualitativen noch ein quantitatives Argument hinzu. Der Anteil der Facharbeiter hat in den letzten Jahrzehnten an der Gesamtbeschäftigtenzahl dramatisch abgenommen, so dass der Facharbeiter auch nicht mehr als Prototyp für die duale Berufsausbildung und die Berufskategorie stehen kann.[3] (...)

Die industriesoziologische Analyse der Berufskategorie lässt sich dahingehend zuspitzen: die spezifische Verbindung von (Berufs-) Fachlichkeit, sozialer Integration im Betrieb und gesellschaftlichem Status, die das traditionelle deutsche Berufskonzept ausgezeichnet hat, löst sich immer mehr auf und unterminiert damit das Berufskonzept in seiner Gültigkeit. Die These bezieht sich wesentlich auf die soziale Seite des Berufs und lässt sich in der (vordergründig) paradoxen Formulierung zuspitzen: trotz in vielen Bereichen ansteigender Qualifikation erodieren jene Momente sozialer Orientierung, Sicherheit und Entwicklungsperspektive, welche die deutsche Tradition der Berufskategorie ausgemacht hat. Ob dieses vordringlich als Verlust (von sozialer Integrationskraft) oder auch als Gewinn (an individuellen Optionen) bewertet werden kann, ist eine andere Frage und wäre im Einzelnen zu prüfen. Meiner These widerspricht zunächst nicht, dass es nach wie vor Bereiche gibt, in denen Beruflichkeit einen hohen Stellenwert besitzt, etwa im traditionellen Handwerk oder in den noch stark handwerklich geprägten Industrien (z. B. Maschinenbau). Nur wenn sich zeigen ließe, dass diese Bereiche aufgrund ihrer quantitativen Bedeutung für Beschäftigung insgesamt strukturbestimmend sind, würde die Sache anders aussehen.

---

2 Siehe auch den Beitrag von *Lempert* (Text 12) im vorliegenden Band.
3 Siehe auch den Beitrag von *Schütte* (Text 9) im vorliegenden Band.

Konsequenzen für die Berufsbildung

Für die Berufsbildung deuten sich vornehmlich vier Konsequenzen der dargestellten Entwicklungen an:

1. Die Ausbildungsbetriebe in den größeren Industrie- und Dienstleistungsunternehmen entspezialisieren die Ausbildung über die bereits erfolgte Konzentration der Ausbildungsberufe noch hinaus, indem sie nur noch auf wenige Basisberufe hin ausbilden, auf die sie dann als erste Stufe der Weiterbildung Spezialqualifikationen aufbauen. Damit vollzieht sich auf dem Boden der dualen Ausbildung selbst eine Tendenz zur Auflösung des Berufskonzepts.
2. Die Aufweichung der sozialen Kategorie Beruf beeinträchtigt die Berufsbildung als pädagogischen Prozess erheblich, ohne sie aber unbedingt zu zerstören. Zunächst ist festzustellen, dass die soziale und arbeitsstrukturelle Orientierungsfunktion des Berufs abnimmt und damit soziale und berufliche Identifikationsprozesse erschwert werden. Wenn Jugendliche weder genau wissen, wie letztlich der Abschluss ihrer Ausbildung aussehen wird, noch, in welcher Tätigkeit sie damit arbeiten können, noch welche berufliche Kontinuität sich ihnen eröffnen wird, wird es schwierig, soziale Identität und berufliche Sinnperspektiven aufzubauen. Die arbeitsbezogene Ausbildung gewinnt – ähnlich schulischen Lernprozessen – ihren Sinn zunehmend mehr in sich selbst als aus beruflicher Zukunftsperspektivik (Qualifikations- statt Berufsorientierung).
3. Als pädagogisches Konzept behält die duale Ausbildung dennoch ihre Stärken in der Verbindung von Anschauung und Lernen, von Theorie und Praxis, rechtfertigt sich aber nicht mehr als komplexe Berufsbildung. Sie behält ihre Stärken vor allem für die Bereiche, in denen die Anschaulichkeit der praktischen Ausbildung Jugendlichen, die dem formalisierten schulischen Lernen keine große Begeisterung abgewinnen können, neue Motivation vermittelt.
4. Der Verlust an Beruflichkeit verringert die Attraktivität der dualen Ausbildung für alle formal besser qualifizierten Schulabsolventen, da ihnen damit auch berufliche Sicherheiten und Entfaltungschancen beschnitten werden. Eine Steigerung der Attraktivität der beruflichen Ausbildung hängt meines Erachtens davon ab, dass sie inhaltlich und methodisch so umstrukturiert wird, dass ihre Abschlüsse problemlos an Fachhochschul- und Hochschulstudiengänge anschlussfähig sind.[4] Das aber würde eine Stärkung der fachtheoretischen und allgemeinbildenden Anteile bedeuten, die in der Krise des Ausbildungsmarktes eher wieder zurückgedrängt worden sind und die zugleich die traditionelle Beruflichkeit unterminimieren.

---

4 Siehe auch die Beiträge von *Blankertz* (Text 14) und *Greinert* (Text 10) im vorliegenden Band.

Das Duale System
Ansätze zu einer Bilanz

KARLWILHELM STRATMANN

1. Das Duale System in der Spannung von Privatheit und Öffentlichkeit

Müßig, in dieser Runde zu betonen, daß es zwischen kaufmännischer und gewerblich-technischer Berufsbildung wichtige Unterschiede gab und gibt. In historischer Perspektive lassen sich (...) Gemeinsamkeiten ausmachen, als die Berufserziehung bis weit ins 19. Jahrhundert hinein korporativ geregelt war. (...) Sicherlich bildete diese korporative Welt ihren Mitgliedern gegenüber eine eigene Form von Öffentlichkeit aus (...), aber diese korporativ bestimmte Öffentlichkeit sieht sich schon bald von einer durch den Staat definierten Regulierung überformt und also einer ihr zunächst fremden, gleichwohl machtvollen Öffentlichkeit gegenüber. Als Beleg dafür (...) mag der Hinweis genügen, daß die zitierte Formel abgelöst wird durch den genau diesen Überformungsprozeß ausdrückenden Vermerk in den Lehrverträgen des frühen 19. Jahrhunderts, der Junge habe die Lehre ausgestanden, „wie es das Gewerbegesetz vorschreibt". Mit anderen Worten: Die korporativ gültige Verhaltenskodifikation wird gegenüber der staatlich gesetzten zur Privatsache erklärt und damit politisch suspendiert. (...)

Der Staatsbürger ist der aus dem normativen Horizont der Korporationen Freigesetzte. Er ist [nach 1801, F. S.] nicht länger als Mitglied einer Zunft mit allen zugehörigen adskribierten Rollen definiert, sondern allein durch seine fachliche Tüchtigkeit. Vielleicht tut man der preußischen Bürokratie zu viel Ehre an, wenn man auf die Differenz zwischen Fach und Beruf abhebt und damit die Unterscheidung von Qualifikation und deren Perfektibilität auf der einen und die auf Herkommen und Gewohnheit gegründete Beruflichkeit auf der anderen Seite pointiert. Immerhin aber – so Dahrendorf – ist der Staatsbürger der „Zielpunkt des Weges vom ererbten Stand zum eigenen Willen, from status to contract [...]. Die Staatsbürgerrolle kann als Prinzip der Modernität beschrieben werden, weil ihre Wirklichkeit neben den Privilegien, in denen soziale Ränge sich verfestigt haben, auch jene traditionalen Verhaftungen ausschließt, die zur Freiheit geborene Menschen in das Gehäuse der Hörigkeit bannen." Umgekehrt formuliert heißt das [mit Dahrendorf], „daß die Realität der staatsbürgerlichen Gleichheit in einer Gesellschaft in dem Maße gefährdet wird, in dem die Sozialpersönlichkeit der Menschen durch zugeschriebene Positionen gebildet und das Verhalten der Menschen durch den unausweichlichen Erwartungshorizont zugeschriebener Positionen geprägt wird. Der Staatsbürger fordert die offene Gesellschaft."

Man mag darüber streiten, wie offen die Gesellschaft des 19. Jahrhunderts war und ob die am Ende dieser Epoche stehende Formel von der „staatsbürgerlichen Erziehung" wirklich die Konzeption für die „offene Gesellschaft" war (…). Immerhin wird in ihrem Namen per öffentlicher Institutionalisierung der ehemals den Lehrherren allein zufallenden Aufgabe das Duale System zur Regelform erhoben. Daß und wie Lehrlinge „durch treue Anweisung und gründlichen Unterricht sowohl im theoretischen als practischen Theile […] zu geschickten und in ihrem Fach tüchtigen Staats-Bürgern zu erziehen" sind, wird Teil öffentlicher Besorgung. In der Rolle des Staatsbürgers manifestiert sich die offene Gesellschaft, in der Berufsschule konkretisiert sich das öffentliche Interesse an der für den Fortbestand der Gesellschaft jeweils nötigen fachlichen Tüchtigkeit des einzelnen. Das gilt so gut gegenüber der vom diesem Podium aus in den fünfziger Jahren vertretenen Subsidaritätsthese Friedrich Schliepers wie gegenüber dem in den späten sechziger und frühen siebziger Jahre verfolgten Selbstverwaltungspostulat als Effizienzkriterium der betrieblichen Ausbildung. Von daher gewinnt die Debatte um die Reklamation der Berufsbildung als „öffentliche Aufgabe" eine Dimension, die weder als Verstaatlichung denunzierbar noch dadurch hintergehbar wird, daß man „die Stärke unserer freiheitlichen Gesellschaft" darin sieht, daß der Ausbildungsstellenmarkt „ohne gesetzlichen Zwang" auf den Nachfrageüberhang der letzten 15 Jahre durch Ausbildung über den akuten Bedarf hinaus reagiert habe, ganz abgesehen davon, daß diese These die vielen staatlichen Stützmaßnahmen schlichtweg übergeht oder unterschlägt, die den Kollaps des Ausbildungsstellenmarktes zu wesentlichen Teilen mit verhindert haben. (…)

Vor 115 Jahren diskutierte im Oktober 1875 der Verein für Sozialpolitik die Lehrlingsfrage und mußte sich von Karl Bücher sagen lassen: „Meiner Ansicht nach ist die Lehrlingsfrage – eine wesentlich pädagogische Frage, nicht eine Interessenfrage etwa der Arbeitgeber oder im Allgemeinen der Industrie, auch nicht […] eine polizeiliche Verwaltungsfrage. Ich frage mich dabei zuerst: was haben wir zu thun, um den Lehrling zu einem gründlich ausgebildeten Handwerker zu machen; was haben wir zu thun, um ihn zu einem Manne zu machen, der den wirthschaftlichen Kämpfen des Lebens gewachsen ist; was haben wir zu thun, um ihn zu einem tüchtigen, möglichst selbständigen Staatsbürger zu machen? Und ich glaube, wir müssen zugestehen, […] das ganze Bildungswesen ist ein Zweig des öffentlichen Unterrichts. Wenn Sie mir erwidern, daß die praktische Ausführung hier große Schwierigkeiten haben würde, so kann ich Sie nur darauf hinweisen, daß das Gewerbe selbst schon vielfach darauf gekommen ist."

Recht hatte er, und dem ist auch heute nichts hinzuzufügen. Die Verschulungsdebatte, auf die nachher noch einmal zurückzukommen ist und auf die wir in den zurückliegenden Jahren viel Zeit und Kraft verwandt haben, hat uns in die falsche Richtung geführt. Ihre Hartnäckigkeit könnte als Indikator für die Bewährung des an gewerblich unverschulten Dualen Systems interpretiert werden. Zu fragen aber ist, wie weit ihre Aussage wirklich trägt und was darüber aus dem Blickfeld geriet und dringend der Analyse bedarf. Sicherlich geht es nicht um eine Kerschensteiner-Renaissance. Aber die mit seinem Namen verbundene Verknüpfung von Staatsbürgerlichkeit und Berufsbildung ist der Bewahrung wert, und das meint mehr als nur unkritische Bestätigung.

2. Das Berufsprinzip trotz drohender Berufsparalyse?

Sicherlich kann man in der (...) aufgewiesenen Formalisierung der kaufmännischen Berufsausbildung in den mittelalterlichen Handelskontors, die schon früh durch ein schulische und betriebliche Qualifizierungsformen verbindendes Stufenprinzip geprägt war und also eine Lernortkombination kannte, einen Beleg dafür sehen, daß dem oben erwähnten Selbstverwaltungsprinzip durchaus zu trauen sei. Auch die berühmte Gothaische Handlungsschule von 1818 mag dafür stehen. Aber schon die nicht minder berühmte Büsch'sche Hamburger Handlungs-Akademie aus den 1760er Jahren genügt diesem Prinzip nur sehr bedingt, und das gilt noch deutlicher für die frühen Handwerkerschulen. Deren Einrichtung war gleichsam die Institutionalisierung des öffentlichen Mißtrauens in eben die Selbstregulierungs- und Modernisierungskraft der Korporationen. Insofern greift zu kurz, wer die staatlichen Gewerbeedikte nur als gewerberechtliche Maßnahmen interpretiert und etwa die Entstehung des Dualen Systems allein darin begründet sieht. Um das zu belegen, sei hier die badische Steinmetz- und Maurer-Ordnung von 1769 zitiert. Sie ist zugleich das älteste mir bekannte Dokument für den im Sinne einer Ausdifferenzierung der fachbezogenen Aufgaben des Lehrmeisters vollzogenen strukturellen Eingriff des Staates in die Berufsausbildung. Vordergründig ging es um die Verpflichtung, den Lehrling über die Unterweisung auf der Baustelle hinaus mit dem Bauzeichnen vertraut zu machen – ein Auftrag, den „die Meistere [...] alle Woche zweymahl auf Werktägen, auf Sonn- und Feyertäge aber jedesmahl, statt der anderen Lehr-Arbeit" zu erfüllen hätten. Aber eben dieser Auftrag war mit einer das neue Strukturprinzip präzise benennenden Auflage verknüpft: „Wann nun einer der alten und bisherigen Meistere solches selbsten nicht verstünde, und doch Jungen halten würde; so hat derselbe [...] diesen seinen Jungen das Reissen und Riß machen in seinen Kösten bey einem anderen Meister, oder wer sonsten das Reissen verstehet, lehren zu lassen", auf jeden Fall aber für die Unterrichtskosten aufzukommen, „weilen das Lehr-Geld dem Meister nicht nur die Ursachen, daß er einen Nutzen davon habe, sondern daß der Junge was lernen, gegeben wird."

Interpretiert man diese Bestimmung des Ausbildungsauftrags und die damit verknüpften organisatorisch-strukturellen Vorgaben im Hinblick auf die Selbstregulierungsmuster der Korporationen, dann zeigt sich an dieser Ordnung aus dem Jahr 1769, daß das altüberkommene Berufsbildungsmodell repetitiv-imitativ vermittelter resp. erworbener Sozialisation prekär geworden war. Zieht man dazu Quellen zu Rate, die schon zu ihrer Zeit als seismographisch genaue Registration der neuen Entwicklung einerseits und als vorwärts weisende Botschaft andererseits galten, dann wird das pädagogisch-didaktische Problem, um das es geht, noch deutlicher. (…)

Bei Adolf Knigge (…) hieß das 1788: „Jeder Mensch gilt in dieser Welt nur soviel, als wozu er sich selbst macht", und dies „sich selbst zu etwas machen" wird die Signatur der bürgerlichen Gesellschaft. Didaktisch bedeutete das – so die in den Publikationen der Hamburgischen Patriotischen Gesellschaft 1793 zu findende Formel –, „den rohen Handwerker zum denkenden Künstler zu erheben." Berufspolitisch aber verlangte das, den alten Berufsgedanken zu verabschieden und eben auf den „denkenden", d. h. seine Chance genau abwägenden Staatsbürger zu setzen. Ohne das ausdrücklich zu machen, war mit diesem Industrie-Begriff die Vocatio-Theorie verabschiedet, und sie spielte fortan nur noch in theologischen Kontexten eine Rolle. (…)

„Der Erfindungsgeist in seiner vollen Ausdehnung auf alle Fächer menschlichen Strebens ist die Wurzel unserer heutigen in so glänzendem Aufschwung befindlichen Culturepoche. Durch ihn sind alle Berufsarten in eine gewaltige Bewegung hineingerissen worden, bei welcher es sich um neue Begründung des Inhaltes und eine mit dem Flusse der Erscheinungen übereinstimmende Form handelt." Es geht nach [August] Oncken [1873] um neue Inhalte, aber auch um die zugehörigen Formen der Berufsarten, d. h. um die Frage, ob die überkommene Berufsschneidung fortan ihre Gültigkeit behalten kann oder neu, möglicherweise sehr viel offener, flexibler gefaßt werden muß. (…)

Es verdient einiges Nachdenken, was es um 1900 heißen konnte, den Beruf zum Ausgangs-, Mittel- und Endpunkt des Fortbildungsschulunterrichts zu erklären, was es konkret bedeutete, den Weg zur höheren Allgemeinbildung über den Beruf und nur über den Beruf führen zu lassen, wenn der Beruf offenbar längst ins Flottieren geraten war. War auf seiner Basis wirklich jene didaktische Verläßlichkeit erreichbar, wie sie an den Anfängen des Dualen Systems unterstellt wurde? Mit welchem pädagogischen Recht setzte sich die unter der Signatur des Berufs zur Berufsschule transformierte Fortbildungsschule über jene von Oncken ausgemachte „gewaltige Bewegung" hinweg, „bei welcher es um neue Begründungen des Inhalts und eine mit dem Flusse der Erscheinungen übereinstimmende Form handelt?" Suggerierte die Berufsbildungstheorie mit dem für sie maßgeblichen Berufsbegriff nicht eine längst hinfällige Gewißheit des Berufes, überhöht am Ende noch durch Sprangers Klage über den Verlust des Dauerberufs und der damit drohenden Orientierungslosigkeit „unseres Lebensschiffleins"? Das Phänomen der sektoralen Verschiebungen und der Flexibilisierungen konnte doch den Gründungsvätern der Berufsschule nicht verborgen geblieben sein! Dazu wurde es zu ihrer Zeit viel zu breit diskutiert und lautstark ideologisch vermarktet, auch wenn mit dem dazu aufgerüsteten Heimatgedanken der Berufswechsel nicht zu konterkarieren war, von dem unsinnigen Verdikt gegen den Industrialismus, die damit verbundene „Verstadtlichung“ und schließlich „Amerikanisierung“ des Lebens gar nicht zu reden.

Merkwürdig genug, daß die Berufsdefinition Max Webers, die mit all den affektiven Besetzungen des Berufsbegriffs aufräumte – „Beruf soll jene Spezifizierung, Spezialisierung und Kombination von Leistungen einer Person heißen, welche für sie Grundlage einer kontinuierlichen Versorgungs- oder Erwerbschance ist“ –, von der zeitgenössischen Berufspädagogik nicht rezipiert wurde und daß es auch nach 1945 lange gedauert hat, bis sie beachtet wurde. Lag das an der mangelhaften Rezeption industriesoziologischer Befunde? An der nur positiv gedeuteten institutionellen Verfestigung des Fachklassenprinzips der Berufsschule? An dem inzwischen etablierten Gefüge der Berufsordnung – also an dem, was das Duale System gefestigt hatte und als bewährt ausgeben ließ? Was bewahrte man hier eigentlich, wo zumindest die industriellen Ausbildungsberufe sich doch mehr und mehr von der Realität der Erwachsenenberufe abgehängt sahen? Anders formuliert: Wenn die Berufsschulpädagogik mit ausdrücklichem Hinweis auf das Duale System ihre Basis in der didaktischen Koordination von Berufspraxis und Berufstheorie sieht, muß sie sich da nicht inzwischen fragen, was hier eigentlich noch als Praxis gelten kann? Das didaktische Konstrukt der Lehrwerkstatt kann doch wohl kaum dafür stehen, denn sie benötigt ihrerseits inzwischen die organisierte Vermittlung mit dem sog. Ernstfall des betrieblichen Geschehens. Was seit der berühmt-berüchtigten Tagung zum Thema „Ist, die betriebsgebundene Berufsausbildung die für Deutschland gemäße Form?“ und der damals von Herbert Studders gewählten Formel von der „Ausbildung und Erziehung unter der Glasglocke“, womit er schulische Ausbildungsformen meinte charakterisieren zu können – erinnert sei nur an das KMK-Gutachten zur Berufsausbildung von 1952 oder die Arbeitgeberverbandsstellungnahme zur Lehrlings-Empfehlung von 1969 –, muß sich inzwischen fragen lassen, ob es nach wie vor so unbestritten und unbesehen aufrecht erhalten sein wolle. Wenn neben dieser „betriebsgebundenen Ausbildung“ in den letzten Jahren neue Lernorte entstanden – teils vorgeschaltet wie die Berufsgrundschule, teils eingelagert wie die überbetriebliche Unterweisung, teils von den Betrieben ausdrücklich wieder aufgegeben wie die sog. Werksschule, teils von den Betrieben neu entwickelt wie die Lernstatt –, was besagt das alles im Hinblick auf das Verschulungsargument, das dem Bewährungsargument nur zu oft entgegengehalten wird? Von den in den letzten Jahren in den Betrieben verstärkt angewandten, ausgesprochen schulischen Lernformen wie Projektmethode, Gruppenarbeit oder selbstgesteuertem Lernen gar nicht weiter zu reden.

Man mag es wenden wie man will, wer den § 6.1 BBiG ernst nimmt, steht vor dem Problem schulmäßig organisierter Berufsausbildung. Es ist erst knapp zwanzig Jahre her, daß in der von Joachim Münch geleiteten Kommission zur Neuordnung des beruflichen Schulwesens NW [Nordrhein-Westfalen] genau über diesen Punkt sehr kontrovers und hart diskutiert wurde. Die damals zurückgewiesene „folgenschwere Schulgläubigkeit" ist sicherlich bei denen, die ihr möglicherweise aufsaßen, verflogen. Ist damit aber auch ihr Anliegen durchgängiger Didaktisierung ad acta gelegt? Bewahrung vs. Bewährung? Die eindeutige Zuordnung fällt schwer, und die Kontrastierung will erst recht nicht gelingen, denn das inzwischen für alle Ausbildungsordnungen maßgebliche Stufungsprinzip steht dem ebenso im Wege wie die seit Jahren voranschreitende Reduktion der Ausbildungsberufszahlen bei gleichzeitig wachsender oder jedenfalls nicht stagnierender Differenzierung der Erwachsenentätigkeiten, denen doch nur durch eine verbreiterte generelle und damit notwendigerweise vom sog. Ernstfall abstrahierende Ausbildung entsprochen werden kann. Beruf als Ernstfall [vs.] Schule als Labor, Praxis hier [vs.] lernen am Phantom dort? Ich vermag das ebenso wenig zu kontrastieren, wie dem leittext-orientierten Lernen und Ausbilden der Betriebe die Theorieträchtigkeit abzusprechen ist.

Das so skizzierte Differenzproblem und das dahinterliegende didaktische Problem verschärfen sich obendrein, wenn das zunehmende Alter der Auszubildenden und also die steigende Vorbildung in den Blick gerückt werden. Am Abiturienten – kommen sie nun aus der Höheren Handelsschule resp. Höheren Berufsfachschule, der Fachoberschule oder dem Gymnasium – verdeutlicht: Ihre längere und gegenüber dem Hauptschüler intensivere theoretisch-formale Bildung ist in den Ausbildungsordnungen gewissermaßen nicht vorgesehen. Daß diese Klientel aber ganz neue didaktische Vermittlungsforderungen mit sich bringt und die überkommene Dualität des Dualen Systems nahezu aushebeln kann, ist inzwischen immer mehr bewußt. (...)

3. Das Duale System als ein zu bewahrendes Ausbildungsmodell oder die Gefahr der falschen Ökonomie

Die Rede um Bewahren und Bewähren des Dualen Systems ist kein leeres Wortspiel, sondern Zeichen einer alles andere als dem Dualen System zuträglichen Ungewißheit. Damit kein Mißverständnis entsteht: Ich denke, daß ein wissenschaftliches Symposion die Leistungsfähigkeit des Dualen Systems nicht einfach wegdisputieren kann, daß es aber zugleich nicht zum Jubelfest werden sollte, mögen die Politiker inzwischen dieses Duale System auch noch so gerne als eine Art Exportschlager vermarkten wollen. Sie sollen darüber allerdings auch nicht aus dem Auge verlieren – und Berufspädagogen müssen darauf hinweisen –, daß hier etwas zum Export angeboten wird, was im Inland prekär zu werden droht, weil man aus finanztechnischen Gründen die falschen Weichen gestellt hat. So wirkt es inzwischen nicht mehr nur für Insider schon fast komisch, daß man die angeblich so bewährte Kooperation von Betrieb und Schule, von Praxis und Theorie als das Gütesiegel der deutschen Berufsausbildung lobt, aber für den Fortbestand dieses Dualen Systems, also für die Bewahrung dessen, was als so bewährt gepriesen wird, die Ressourcen verweigert, genauer: deren Bereitstellung vernachlässigt hat.

Zugegeben, daß sich die Frage der Lehrerversorgung fachrichtungsspezifisch verschieden darstellt. Die kaufmännischen Berufsschulen sind besser dran als die gewerblichen, und auch in diesen gibt es gravierende Unterschiede. Aber wenn die vom Gewerbelehrerverband NW vor einigen Wochen publizierten Zahlen auch nur halbwegs zutreffen, dann ist die Bewährungsfrage nicht mehr akut, sondern die Bewahrung steht an, und das bis in die Sicherung von ausbildungsrechtlich verbrieften Ansprüchen und Pflichten. Rechtzeitige Warnungen, die sich allein mit einem Computerauszug über die Alters- und Fachstruktur der Lehrerkollegien hätten verifizieren lassen, wurden nur zu lange mit dem Hinweis auf die leeren Kassen beiseite geschoben, ja als unangebrachter Pessimismus abgetan. (…) Konkret: Um auch nur den nötigen Ersatzbedarf zu sichern, hätte angesichts der bekannten achtjährigen Ausbildungszeit eines Berufsschullehrers – 1 Jahr Praktikum, 5 Jahre Studium, 2 Jahre Referendariat, die oft fällige einjährige Wartezeit bis zur Einstellung in den Referendariatsdienst schon gar nicht mitgerechnet – und angesichts der Pensionierungseffekte der 1990er Jahre spätestens Ende der 1980er Jahre mit der verstärkten Ausbildung von Berufsschullehrern begonnen werden müssen. Wie die den neugeordneten Ausbildungsberufen entsprechend erhöhte Berufsschulstundenzahl in Zukunft gesichert werden kann, wissen die Götter, wenn dies die Bezeichnung für die verantwortlichen Ministerialen und Politiker ist. Und das gilt in gleicher Weise am anderen Ende der Berufsbesatzskala für den Unterricht in den sog. Splitterberufen. Wenn also die Bewährung fortgeschrieben werden soll, was ja lt. neuestem Berufsbildungsbericht die erklärte Absicht der Bundesregierung ist, dann ist schnell zu handeln. Die nächste Sonderaktion kommt zwar ohnehin bestimmt, aber ob diese Art der Lehrerrekrutierung als bewährt gelten kann, bleibt ein Thema für sich, ganz abgesehen davon, daß die entsprechenden Märkte, auf denen sich zu bedienen wäre, schon jetzt nicht eben überquellen. Wenn der Unterausschuß für Berufliche Bildung der KMK sich jüngst auch mit Fragen der Sicherung des Nachwuchses an Lehrern/innen an beruflichen Schulen befaßte, wird jeder diesen Schritt begrüßen. Nur: Die KMK kommt auf keinen Fall zu früh, im Gegenteil! Wo, so wäre nämlich zu fragen, sollen die „mindestens 2000 Lehrer" herkommen, die lt. KMK-Berechnung jährlich einzustellen wären? In die diesbezüglichen Überlegungen sind dabei nicht nur die geringen Studentenzahlen an den Hochschulen, sondern auch die Ausbildungszeiten, die ich oben aufgelistet habe, einzubeziehen. Naiv, wer hier an kurzfristige Lösungen glaubt, und fahrlässig, wer daran glauben machen will.

Ich will nicht noch zusätzlich auf die Frage der Forschungs- und Lehrkapazitäten der Hochschulen eingehen. Darüber ist in der DFG-Kommission Berufsbildungsforschung [1990] lange und ausgiebig diskutiert und in der erarbeiteten Denkschrift Hinreichendes formuliert worden. Aber auch hier zeichnen sich die Gefahren der falschen Ökonomie ab, und sie schlagen mit Gewißheit auf die Ausbildung jener Lehrer zurück, die für die Bewahrung des Dualen Systems und seine Bewährung benötigt werden.

Mit der Definition „Berufsschule als Teil der Sekundarstufe II" und der daraus ableitbaren Versorgung mit irgendwelchen Sek.-II-Lehrern ist dem Problem ebenso wenig beizukommen wie mit der Kurzausbildung resp. Umschulung von Lehrern anderer Fächer und Schularten. Wenn ich recht sehe, ist die Lage inzwischen so prekär, daß man sich mit dem altbewährten Sprichwort „Die Lehrer unterrichten selbst Chinesisch, man muß ihnen nur drei Tage vorher Bescheid sagen" nicht mehr aus der Affaire ziehen kann. Wenn schon eine Sentenz, dann eine andere: „videant consules, ne quid res publica detrimenti capiat", und wem dieser Bezug auf das Gemeinwesen zu weit greift, mag es auf die Schule begrenzen. Die Verantwortlichen bleiben dieselben, und wie ich fürchte, haben die „consules" ihre Fürsorge nicht hinreichend walten lassen.

Die Bewährung des Dualen Systems steht in der Tat auf der Tagesordnung. Das mag in den übrigen Bundesländern vielleicht weniger dramatisch sein als in NW. (...) Zu welchem Mittel muß man greifen, um das anstehende Problem den politisch Verantwortlichen endlich bewußt zu machen? Eine bloß quantitative Lösung, die jetzt erstmal gesucht wird, ist nicht einmal eine halbe Lösung. Mit einer bloßen Umsetzung von Lehrergruppen zwischen den Schulformen ist es nicht getan. Die Berufsschule braucht ihre Lehrer, nicht irgendwelche. Das hat sie in ihrer Geschichte mehrfach schmerzhaft erfahren. Schon früh hat sie sich darum gegen die bloß quantitative Lösung ihres Lehrerproblems gewehrt. Auf dem berühmten Frankfurter Fortbildungsschultag wurde 1899 eine genau diesen Punkt bezeichnende Resolution verabschiedet, die unmißverständlich klar machte, daß, wenn man die berufsdidaktische Sicherung der Berufsschule wolle, das nicht ohne den Entscheid für entsprechend qualifizierte Lehrer abgehe. Für den Fortbildungsschultag hieß das: „Der Unterricht ist nur solchen Männern anzuvertrauen, die neben pädagogischer Tüchtigkeit auch genügende Fachkenntnisse und Begeisterung für die Fortbildungsschule haben" – eine Formulierung, die heute niemand mehr so wählen würde und die ohne Frage einer eigenen Interpretation bedürfte, aber deren Intention nicht hintergehbar ist. Vielleicht hilft es, zu deren Erläuterung zum Schluß ein anderes zeitgenössisches Zitat heranzuziehen:

Die Arbeit der Fortbildungsschullehrer ist „wesentlich dadurch erschwert, daß die überaus große Mehrheit derselben bis zur Stunde nur an Volksschulen gearbeitet hatte; sie besaßen infolgedessen keinerlei Erfahrungen über den Unterrichtsbetrieb in der neuen Anstalt, waren weder genügend orientiert über den der Fortbildungsschule eigentümlichen Lehrstoff, noch besaßen sie Übung in der Durchführung der Disziplin mit älteren Schülern. [...] Diese Verhältnisse hatten notwendig zur Folge, daß in unterrichtlicher und disziplinarischer Beziehung gar mancher Fehler begangen wurde, was die Freudigkeit der Lehrenden nicht erhöhte, den Gehorsam der Lernenden nicht mehrte und die Urteile des Publikums nicht günstiger gestaltete."

Das Zitat stammt aus der Schrift eines des besten Kenners der Fortbildungsschulproblematik seiner Zeit: aus Oskar Paches Publikation von 1890 mit dem bezeichnenden Titel „Die zeitgemäße Gestaltung der Deutschen Fortbildungsschule". Damals stand die Transformation dieser Einrichtung in eine Berufsschule an. Die Frage, ob wir heute wieder vor einer Transformation stehen, diesmal aber vor einer Re-Transformation, sollte nicht als Wortspiel begriffen werden! Aus der Geschichte lernen ist sicherlich ein problematischer Topos. Aber Erinnerungen für morgen – ein Fragezeichen im Titel meines Referates schiene mir jedenfalls fehl am Platze. Im Gegenteil! Es wird höchste Zeit, sich der Aufgabe zu erinnern, die sich mit dem Satz verknüpft, das Duale System habe sich bewährt und könne als Modell für andere Länder dienen. Noch mal: Es wird höchste Zeit. (…)

Finanzierung des dualen Systems
Ein ordnungspolitisches Steuerungsmittel

INGRID LISOP

1 Vorbemerkungen

Lehrgeld hat man dann zu zahlen, wenn man etwas ohne das erforderliche Sachwissen, schlicht nach dem Prinzip ‚Versuch und Irrtum' zu bewerkstelligen versucht. Wer, nur mit den Augen stehlend, ohne systematische Anleitung, vor allem ohne gezielte Übung ein Handwerk erlernen will, der braucht gehörige Zeit und fabriziert Ausschuß. Deshalb erhielten die Lehrlinge im Mittelalter kein Lehrgeld sondern hatten welches zu zahlen. Betrachtet man dagegen die heutigen Ausbildungsvergütungen samt Sozialversicherung und Jugendarbeitsschutz, so haben sich die Verhältnisse gewaltig verändert. Es scheint nahe zu liegen, daß Kosten und Finanzierung das Mittel sind, das Boot im Ruder zu halten.

Die Kosten, welche die Lehrlinge im Mittelalter verursachten, waren aber nur ein zweitrangiger Grund für das zu zahlende Lehrgeld. Zentral war die quantitative Steuerung des Nachwuchses, die über das Lehrgeld vorgenommen wurde. Um Steuerung aber geht es auch heute; nur mit anderen sozialen und wirtschaftlichen Dimensionen.

Dem entsprechend gab es in der Bundesrepublik zwischen 1969 und 1975 nicht nur eine intensive politische Diskussion samt einer Reihe bildungsökonomischer Studien und Empfehlungen über die Finanzierungsmöglichkeiten der beruflichen Bildung, sondern man muß geradezu von einer Woge an Finanzierungserörterungen sprechen, die alles andere hinwegzuspülen schien. Am bekanntesten wurde das Gutachten der Sachverständigenkommission ‚Kosten und Finanzierung der beruflichen Bildung', der nach ihrem Vorsitzenden genannte ‚Edding-Kommission', die 1970 eingesetzt wurde und 1974 ihren Abschlußbericht vorlegte.

Dessen wesentliche Ergebnisse lagen einerseits darin, daß Tatbestände, die man kannte, ohne daß sie bis dahin empirisch-wissenschaftlich erhoben und belegt waren, dies nun wurden. So z. B., daß nur ein Bruchteil aller Betriebe ausbildete, nämlich etwa ein Viertel der Handwerksbetriebe und ein Zehntel der Betriebe in Industrie und Handel (Abschlußbericht 1974, S. 25).

Dies stellte nicht nur den Rückgang an Ausbildungsplätzen in ein neues Licht. Es bestätigte auch, daß es für eine Vielzahl von Tätigkeiten gar keine Ausbildung oder doch nur eine sehr indirekte gibt. Belegt war das schon immer durch die statistisch registrierte und klassifizierte Zahl der Erwerbsberufe, welche die Ausbildungsberufe um ein Mehrfaches übersteigt sowie durch den Vergleich von Stellenbeschreibung bzw. Stellenbenennungen in Zeitungsannoncen mit dem von Abschlußzertifikaten.

Der Abschlußbericht bestätigt auch (wenngleich gegenüber der Befragungsmethode, nämlich dem Abfragen von Einschätzungen, gewisse Vorbehalte anzumelden sind), daß kleinere Betriebe eher eine Überkompensation ihrer Kosten durch die produktiven Leistungen der Lehrlinge erzielten und dies, verglichen mit Großbetrieben, auf Kosten der Qualität der Ausbildung.

Der damalige Finanzierungsvorschlag lautete ‚Fonds-Finanzierung' – ein Modell, das seitdem zum Standardthema mit Variationen geworden ist. Das Prinzip der Fond-Finanzierung besteht darin, daß die Betriebe Abgaben zu machen haben, damit die unmittelbare Abhängigkeit der Quantität und der Qualität der Berufsausbildung von der Konjunkturlage, von der einzelwirtschaftlichen Situation der Betriebe (und auch von regierungspolitischen Einseitigkeiten) durchbrochen wird. Diskutiert wurde darüber, nach welchen Kriterien die Abgabe erhoben werden solle. Die jeweilige betriebliche Lohn- und Gehaltssumme, das Verhältnis von Ausbildungsplatzangebot und -nachfrage sowie die Probleme Standardisierung (der Netto-Ausbildungskosten) und Ausgleich von Spitzen sowie Abfangen von Notsituationen waren die wesentlichen Determinanten, mit denen kombiniert und jongliert wurde; sei es in der Planung der Edding-Kommission, sei es im Regierungsentwurf von 1975 für eine Novellierung des Berufsbildungsgesetzes, sei es im sogenannten ‚Kieler-Modell', für welches die Sozialausschüsse der christlich-demokratischen Arbeitnehmer plädierten. Für überflüssig wurden neue Finanzierungsmodelle von CDU/CSU und von den Spitzenverbänden der Unternehmer erklärt. So sah der von der CDU/CSU 1976 vorgelegte Entwurf zur Novellierung des Berufsbildungsgesetzes keine Neuregelung der Finanzierung vor.

Das vorläufige Ergebnis der Debatten läßt sich so charakterisieren: ein klares Bild darüber, wie man mithilfe von Finanzierungskonzepten die Berufsausbildung quantitativ, qualitativ und regional steuern könne, wurde nicht gewonnen. Stattdessen begannen regionale, branchen- und bereichsspezifische Regelungen auch tarifrechtlicher Art zu greifen, und es öffneten sich staatliche Geldhähne sozusagen an den Ecken und Enden unübersehbar vieler Gesetze und Verordnungen. Sie alle dienen der Flankierung der wirtschaftlichen Entwicklung und sollen deren schwerwiegendste Sozialfolgen zurückhalten oder mildern. (…)

> „Gefördert werden Jugendliche, Betriebe und überbetrieblichen Ausbildungsstätten. In einem Zeitraum von ca. zehn Jahren [1971 bis 1981, F. S.] haben sich die staatlichen Ausgaben für betriebliche und überbetriebliche Ausbildung von rund 10 Millionen DM auf rund 800 Millionen erhöht, zusammen mit BAFöG-Förderung und den Mitteln der Bundesanstalt für Arbeit auf rund 2400 Millionen DM. Ihr Verhältnis zu den Ausgaben für das berufliche Schulwesen wuchs von ca. 1:300 auf 1:3 (IG Metall [Hrsg.]: Finanzierung der beruflichen Bildung. Schriftenreihe 98. Frankfurt/M 1983, S. 25)."

Hält man sich demgegenüber vor Augen, daß im Zeitraum 1976–1981 allein im Baugewerbe im Rahmen tarifvertraglich vereinbarter Ausbildungsumlagen 1802 Millionen DM für Ausbildungsvergütungen, Urlaubsgeld, Sozialaufwendungen, Lehrgangs- und Internatsgebühren aufgewendet worden waren, dann erhält man ein annäherndes Bild von den Gesamtdimensionen, um die es geht. Als weitere Umlageaufkommen von ca. Mitte 1977 bis Ende 1981 ergaben sich (ebenda, S. 139):

– im Dachdeckerhandwerk: rd.	26,5 Millionen
– im Steinmetz- und Steinbildhauerhandwerk	14,3 Millionen
– im Garten- und Landschaftsbau	13,6 Millionen

Entsprechende tarifvertragliche Regelungen, nach denen aufgrund der Bemessungsgrundlagen der lohnsteuerpflichtigen Bruttolohnsumme unterschiedliche Prozentsätze entweder an einen Fond oder an ein gemeinnütziges Bildungs- oder Förderungswerk abgeführt werden, gibt es außerdem im Gerüstbaugewerbe, Bäckerhandwerk, in der Zigarettenindustrie und der Miederindustrie. Die Förderziele sind zwar unterschiedlich gewichtet worden, insgesamt geht es aber darum, die Ausbildungsbereitschaft der Betriebe zu erhöhen und damit die Zahl an Ausbildungsplätzen. Zu erreichen, daß die Ausbildung den Vorschriften im jeweiligen Wirtschaftszweig bzw. Ausbildungsberuf entspricht, ist nur die andere Seite ein und derselben Sache. Den Klein- und Mittelbetrieben wird ja die aus qualitativen Gründen erforderliche Ausbildung in überbetrieblichen Einrichtungen nur auf diese Weise finanziell möglich.

Aufgrund der positiven Äußerungen der jeweiligen Vertragsparteien und der statistisch nachweisbaren Erfolge kommen die Gutachter in dem von der IG Metall eingeholten und 1983 veröffentlichten ‚Gutachten zur Finanzierung eines quantitativ und qualitativ ausreichenden und auswahlfähigen Ausbildungsplatzangebotes für alle Jugendlichen in den achtziger Jahren' zu einer grundsätzlichen Befürwortung von Umlagefinanzierungen. Sie räumen aber gleichzeitig ein, daß eine generelle Umlagefinanzierung von politischen Rahmenbedingungen abhängig sei, für die noch keine positiven Anzeichen auszumachen seien.

So bleibt es seitens der IG Metall bei der grundsätzlichen Forderung nach einem neuen Berufsausbildungsgesetz, „daß die staatliche Verantwortung und die Mitbestimmung der Gewerkschaften durch ein öffentlich kontrolliertes System der Aus- und

Weiterbildung sicherstellt (ebenda, S. 43)". U. a. soll die Bundesanstalt für Arbeit in eine ‚Bundesanstalt für Arbeit und Berufsbildung' umgewandelt werden, um die erforderliche öffentliche Berufsbildungsverwaltung zu ermöglichen.

In die gleiche Richtung zielt der neueste gewerkschaftliche Vorstoß in Sachen Finanzierung. Es handelt sich um die am 2. Dezember 1985 der Öffentlichkeit vorgestellten ‚ECKWERTE für eine Umlagefinanzierung in der beruflichen Bildung' des DGB-Landesbezirks Hessen vom 9. November 1985.

Auch die ‚ECKWERTE' plädieren für eine Umlagefinanzierung und fordern, „die gesamte öffentliche Finanzierung mit der Finanzierungsumlage zu koordinieren und abzustimmen". Unter Punkt acht und neun heißt es, diese Forderungen konkretisierend:

> „8. Die Durchführung des Berufsbildungsfinanzierungsgesetzes obliegt dem ‚Berufsbildungsamt', das ähnlich gegliedert ist wie die Arbeitsämter im Rahmen der Arbeitsverwaltung. Die Entscheidungen in diesem ‚Berufsbildungsamt' werden von einem paritätisch besetzten Ausschuß gefällt, der sich aus Arbeitsgeber- und Arbeitnehmervertretungen zusammensetzt.
> Das ‚Berufsbildungsamt' sichert die Vergabe der Mittel nach Vergaberichtlinien.
> Dabei sind folgende qualitativen Kriterien zu beachten:
> – Die Vermittlung der Fähigkeiten und Kenntnisse;
> – Die Zahl der Ausbilder, die zur Intensivierung der Ausbildung beschäftigt werden;
> – Zeiten in überbetrieblichen Lehrwerk- und Ausbildungsstätten;
> – Modellversuche, die gefördert werden;
> – die Förderung von benachteiligten Jugendlichen durch qualifizierte Berufsausbildung;
> – Verbesserung der Ausbildungssituation für Mädchen, insbesondere in gewerblich-technischen Berufen;
> – Verbesserung der Ausbildungssituation für behinderte Jugendliche, insbesondere in anerkannten Ausbildungsberufen;
> – Ausgleich oder Beseitigung nachteiliger Folgen für Auszubildende im Hinblick auf technische Entwicklungen und/oder wirtschaftliche Strukturwandlungen;
> – Verbesserung der sektoralen und regionalen Struktur der Ausbildung.
>
> 9. Der Beschluß des Hessischen Landtags – Erstellung eines Landesberufsbildungsberichts (Drucksache 10/442) – ist hinsichtlich der Erstellung einer Gesamtbilanz wie folgt zu ändern:
> Dabei ist über die Definition des Gesetzes zur Förderung der Berufsbildung durch Planung und Forschung (BerBiFG) hinaus eine Gesamtbilanz aller mit Berufsausbildung zu versorgenden und aller in Betrieben, außerbetrieblichen Ausbildungsstätten, Schulen, Hochschulen und sonstigen Einrichtungen angebotenen Berufsausbildungsplätzen aufzustellen. Die Gesamtbilanz hat alle Jugendlichen auszuweisen, die mit qualifizierten Ausbildungsplätzen in der beruflichen Ausbildung zu versorgen sind.

Um die Weiterentwicklung der Berufsbildung entsprechend der genannten Ziele zu gewährleisten, hat die Landesregierung darüberhinaus einen Landesberufsbildungsplan zu erstellen und jährlich fortzuschreiben. Dieser Landesberufsbildungsplan ist vor seiner Verabschiedung mit dem ‚Berufsbildungsamt' zu beraten und bis zum 31. März der Öffentlichkeit vorzulegen."

Die Anlage der ‚ECKWERTE' enthält als Dokument der Bekräftigung neben den einschlägigen Anträgen des 12. Ordentlichen DGB-Kongresses 1982 auszugsweise [ein, F. S.] Papier, [das] hier gleichfalls zur Lektüre angeboten werden soll.

Aus der Vereinbarung SPD/GRÜNE in Hessen vom 2. Dezember 1983:

„III. Umlagefinanzierung
Die Berufsausbildung in *privaten und öffentlichen Betrieben* soll künftig durch eine Umlagefinanzierung gesichert werden. Es wird angestrebt, durch eine Initiative im Bundesrat möglichst bald eine bundeseinheitliche Regelung zu erzielen. Unbeschadet dessen, ist man sich einig, daß eine landesgesetzliche Regelung rechtlich möglich ist, die beim Scheitern der Bundesratsinitiative angestrebt wird.
Die Umlagefinanzierung im Krankenhaus- und Altenpflegebereich wird im Sachgebiet ‚Sozialpolitik' beraten". (...)

Die Aspekte der normativen Regelung der Berufsbildung, die ja erstmals mit dem Berufsbildungsgesetz von 1969 griffen, sind im Auftrag des Bundesministers für Bildung und Wissenschaft untersucht worden. Das 1973 damit beauftragte Institut für Sozialwissenschaftliche Forschung e. V., München, legte die Ergebnisse 1975 vor (Binkelmann, P. / Schneller J.: Berufsbildungsreform in der betrieblichen Praxis. Eine empirische Untersuchung zur Wirksamkeit öffentlich normativer Regelungen. Frankfurt/München 1975). Die wichtigsten Resultate seien hier referiert, weil ihre Kenntnis zur Beurteilung der Möglichkeiten normativer und damit finanzrechtlicher Steuerung unabdingbar ist.

Die Verfasser sehen den wesentlichen Grund für den Rückgang an Ausbildungsplätzen in den dominierenden und unausweichlichen Prinzipien betrieblicher Rationalisierungsmaßnahmen. Zwar habe sich das Gesamtvolumen der betrieblichen Berufsausbildung seit 1969 ausgedehnt. Gleichwohl bleib aber ein wachsender Überhang der Nachfrage nach Ausbildungsplätzen gegenüber dem Angebot.

Er wird auch demographisch nicht ausgeglichen werden können – Abflachen des Baby-Booms mit den Geburtenjahrgängen ab 1969 –, insofern die Weiterentwicklung der Rationalisierungsmaßnahmen gegenläufig ist.

Die Ausweitung des Volumens an Ausbildungsplätzen ging einher mit Strukturverschiebungen, wie sie die folgende Übersicht veranschaulicht (IG Metall 1983, a. a. O., S. 18):

Zeitspanne 1971–1981	
– kaufmännische Berufe, IHK	+ 0,3 v. H.
– industriell-gewerbliche Berufe der IHK	+ 14,4 v. H.
– handwerkliche Berufe, HK	+ 65,6 v. H.
– landwirtschaftliche Berufe	+ 55,5 v. H.
– öffentlicher Dienst	+ 132,2 v. H.
– sonstige	+ 56,6 v. H.

Über dem Durchschnitt lagen die Steigerungsraten bei den Helferinnenberufen und im Handwerk. Beides hat betriebswirtschaftliche Gründe und deutet auf eine nachfolgende Zunahme von Berufswechslern und Umschüler hin, die im erlernten Beruf bzw. im Ausbildungsbetrieb keine Beschäftigungsmöglichkeit gefunden haben.

Diese Strukturverschiebungen bedeuten volkswirtschaftlich auch, daß in Berufen ausgebildet worden ist, die eine relativ geringe Transferqualifikation vermitteln.

Wie stellen sich vor diesem Hintergrund im Einzelnen die Verhaltensweisen der Betriebe dar, wenn sie auf normative staatliche Regelungen bezüglich der Berufsausbildung zu reagieren haben? Binkelmann und Schneller (1975, a. a. O., S. 8) haben vier Reaktionstypen herausgefunden:

1. Verzicht auf Angebot und Durchführung einer beruflichen Grundbildung (mit Grundbildung ist im Folgenden stets die Erstausbildung mit Ausbildungsvertrag gemeint);
2. Nutzung betriebsexterner Ausbildungsleistungen;
3. Sukzessive Isolierung von normativen Regelungen;
4. Integration normativer Regelungen in betriebliches Handeln.

Hierzu erläutern die Autoren (ebenda, S. 8 f.):

> (1) „Diese Reaktionsform charakterisiert sich wesentlich dadurch, daß hier der Betrieb zwar einerseits die berufliche Grundbildung aufgibt, andererseits aber auch weiterhin die ehemals selbst herangebildeten Qualifikationen bei den Arbeitskräften benötigt und insofern versucht, die entsprechenden Arbeitskräfte auf dem Arbeitsmarkt oder aus anderen Betrieben zu rekrutieren (bzw. anzuwerben)."
>
> (2) „Diese Reaktionsform charakterisiert sich dadurch, daß der Betrieb seinen eigenen Ausbildungsaufwand durch die Nutzung überbetrieblicher Ausbildungsleistungen entlastet und damit auch in der Lage ist, bei vergleichsweise schlechten Ausbildungsvoraussetzungen weiterhin eine eigene berufliche Grundbildung durchzuführen."
>
> (3) „Diese Reaktionsform charakterisiert sich dadurch, daß der Betrieb zwar weiter Ausbildungsaktivitäten beibehält, aber diese auf solche Bereiche verlagert, die in weit geringerem Umfang öffentlich-normativ geregelt sind, als dies bei der beruflichen Grundbildung der Fall ist."

(4) „Diese Reaktionsform charakterisiert sich dadurch, daß hier der Betrieb versucht, die öffentlich-normativen Regelungen in seinem Interesse – und das heißt im Wesentlichen zur Bestätigung und Absicherung der bisherigen betrieblichen Praxis – auszunutzen. Der Betrieb versucht hier die öffentlich-normativen Regelungen nicht als Anforderungen und Auflagen wirksam werden zu lassen, sondern in Wesentlichen zur Absicherung der Durchsetzung seiner eigenen Interessen bei der Ausbildung einzusetzen.“ (...)

„Diese Vielfalt der Reaktionsformen, die alle die Erreichung öffentlicher Reformziele beeinträchtigen, zeigen, wie begrenzt die Möglichkeiten sind, betriebliches Handeln in der gegenwärtigen Situation hinsichtlich der Knappheit und Spezifität an Ausbildungsangeboten sowie ihrer Ursachen im öffentlichen Interesse zu beeinflussen.
Es kann der Schluß gezogen werden, daß die gegenwärtig bestehenden Probleme der Berufsausbildung, also das zu geringe Angebot an Ausbildungsstellen, die inhaltliche Spezifität und die vielfach mangelnde Qualität der Ausbildung erst dann gelöst und normativ abgesichert werden können, wenn darauf hingearbeitet wird, die Ursachen der Verknappung zu beheben. Dazu müßten einerseits Voraussetzungen geschaffen werden, um eine Berufsausbildung grundsätzlich in allen Produktionsbereichen durchzuführen (Entwicklung neuer Ausbildungsberufe etc.). Gleichzeitig müßte der Umfang der Ausbildung dadurch abgesichert werden, daß geeignete Betriebe zu einer Ausbildung im bestimmten Umfang verpflichtet sowie ihre Ausbildungsleistungen entsprechend subventioniert werden, um sie von einzelbetrieblichen Marktbedingungen unabhängig zu machen“ (ebenda, a. a. O., S. 9 f.).

Substitution der Facharbeiter durch Angelernte: Dies ist eine Möglichkeit, in gewissem Maße von der Facharbeiterqualifikation, aber auch von den entsprechenden Kostenproblemen unabhängiger zu werden und durch nicht formalisierte, spezielle betriebliche Anlernmaßnahmen eine bessere Flexibilität zu erreichen.

Dies geht immer einher mit Veränderungen in der Arbeitsorganisation und dem Herstellen neuer Arbeitszusammenhänge, in denen die Facharbeiter häufig in neuen Koordinations-, Ergänzungs- und Kontrollfunktionen eingesetzt werden.

Insofern solche Substitutionsprozesse mit der Entwicklung neuer Ausbildungsformen einhergehen, korrelieren sie mit der oben angegebenen Reaktionsform der sukzessiven Isolierung normativer Regelungen.

Dadurch gelangen die Betriebe, zum Teil mit öffentlichen Mitteln gefördert, in die Lage, die quantitative und qualitative Bedeutung der Facharbeiterqualifikation neu zu bestimmen und in dem Maße keine berufliche Grundbildung mehr zu betreiben, als die Bewältigung der Qualifikationserfordernisse auf effizienterem Wege gelingt.

Binkelmann und Schneller (1975, a. a. O., S. 105) fanden, daß solche Betriebe auch der Kooperation mit überbetrieblichen Lernorten oder gar mit der Berufsschule keine „allzu große“ Bedeutung mehr beimessen. „Personelle und materielle Kontakte mit diesen Instanzen werden tendenziell eingestellt“ (ebenda).

Die Untersuchung, die zahlreiche Einzelfallschilderungen enthält, aber ohne Zahlenmaterial arbeitet, macht deutlich, daß neben den finanziellen und arbeitsorganisatorisch strukturellen Grenzen solche existieren, die sich aus unzulänglicher pädagogischer Qualifizierung der Ausbilder erklären bzw. aus dem Fehlen ausbildungsstrategischer Phantasie. So, wenn es heißt: „Früher haben wir den Grundlehrgang Metall auf sechs bis acht Monate ausdehnen können, um Lernschwachen die Möglichkeit zu geben, sich besser zu entfalten. Jetzt aber sind wir vertraglich gezwungen, diesen Kurs in drei Monaten durchzuführen. Da können wir aber nicht mehr mitmachen, da verzichten wir lieber" (ebenda, a. a. O., S. 47).

Der bisherige Abriß des Finanzierungsproblems mag genügen. An der Finanzierungsfrage verdichtet sich, worum es mit dem Themenbereichen Berufsausbildung, Jugendarbeitslosigkeit und ‚neue Informationstechniken' seit etwa 15 Jahren geht, nämlich Wirtschaftspolitik, Arbeitsmarktpolitik und Sozialpolitik mit weitreichenden Ausmaßen. (…)

Es wird sich zeigen, daß zumindest die Entwicklung der überbetrieblichen Ausbildung in direktem Zusammenhang mit finanzieller Förderung gestanden hat und steht. Aber auch die Stufenausbildung gehört in diesem Zusammenhang, wenngleich sie das Augenmerk stärker auf Zusammenhänge mit dem Gesamtbildungssystem lenkt.

Eine ketzerische Frage sei allerdings [bereits] hier vorgebracht (…): Die Bundesanstalt für Arbeit hat weder wirtschaftliche Strukturkrisen noch Arbeitslosigkeit verhindert. Sollte dies einer Bundesanstalt für Arbeit und Berufsausbildung gelingen?

Nichtakademische versus akademische Bildung
Zum Wandel der Arbeitsgesellschaft

FRIEDHELM SCHÜTTE

Einleitung – bildungspolitische Arenagespräche

Die Einführung von Hochtechnologieberufen, die Etablierung eines europäischen Bildungs- und Arbeitsmarktes im ordnungspolitischen Rahmen von Bologna- und Brügge-Kopenhagen-Lissabon-Prozess sowie die Debatte um die Flexibilisierung der Berufsbildung belasten die Struktur des Systems Beruflicher Bildung. Die klassischen Säulen des Systems halten der Dynamik des deutschen Bildungs- und Beschäftigungssystems nicht mehr Stand. Namentlich an den Rändern des beruflichen Bildungswesens sind Erosionstendenzen zu beobachten. Das Einmünden in eine nichtakademische Berufsbildung wird für die klassische Klientel zu einem individuellen Hürdenlauf mit bürokratischen Hindernissen.

Die Verwissenschaftlichung von Produktion und Dienstleistung fordern sowohl die Handwerks- als auch Industrieberufe – das Kernstück des deutschen dualen Aus- und Weiterbildungssystems – ordnungspolitisch, curricular und inhaltlich heraus. Die modernen, digital getriebenen Technologien erweisen sich insofern als Motoren des curricularen Wandels. Wachsende Bildungsaspiration und die Ausdifferenzierung von Bildungs- und Studienangeboten liefern dem Transformationsprozess die ideelle sowie materielle Basis.

In der letzten Dekade ist eine schleichende systemische Konkurrenz zwischen nichtakademischer und akademischer (Berufs-)Bildung in der Bundesrepublik Deutschland zu beobachten. Vor allem die Berufsfachschule mit ihrem vollzeitschulischen Bildungsangebot bietet einen institutionellen Rahmen, der die curricularen und inhaltlichen Gewichte zwischen nichtakademischer und akademischer Bildung verschiebt. Die historisch bedingte Trennung zwischen Fach- und Allgemeinbildung erweist sich dabei im europäischen Kontext ebenso als Hindernis wie die ordnungspolitisch unzureichende Integration von vollzeitschulischen Bildungsgängen und deutschem dualen System. Davon betroffen sind sowohl die zweijährige Variante der Berufsfachschule als auch die dreijährige Assistentenausbildung.

Im Feld der so genannten Hochtechnologieberufe verflüssigen sich bspw. die Berufsgrenzen, die Bildungsstrukturen und curricularen Angebote zunehmend. Weder die horizontale noch die vertikale Differenzierung erweisen sich als strukturell funktional und bildungspolitisch zukunftsfähig, überdies sind sie nicht europakompatibel. Die Statik des deutschen Bildungssystems in seiner traditionellen Verfassung gerät unter wachsenden Druck. Während die klassische nichtakademische Fachbildung – organisiert im System Beruflicher Bildung mit den Säulen Berufsfachschule, Duales System, Berufliche Weiterbildung (Fachschule) – an strukturelle Grenzen stößt, droht die semiakademische (Berufs-)Bildung des Bachelorstudiums mittelfristig in eine arbeitsmarktpolitische Sackgasse zu laufen.

Transformation und systemische Konkurrenz

Die institutionelle Transformation und systemische Konkurrenz von nichtakademischer und akademischer Berufsbildung wird bildungs- und ordnungspolitisch von zwei Prozessen instrumentiert: der Flexibilisierung und Deregulierung berufsfachlicher Bildungsgänge (a) und der Etablierung des ‚Schulberufssystems' (b).

(a) Die 2003 veröffentlichten ‚Eckwerte zur Reform beruflicher Bildung' einerseits sowie die Verabschiedung des Berufsbildungsreformgesetzes im März 2005 andererseits rückten die Flexibilisierung der nichtakademischen Berufsbildung auf die bildungspolitische Agenda. Seither konkurrieren unterschiedliche Flexibilisierungsmodelle miteinander. Die einzelnen Ansätze geben höchst unterschiedliche Antworten auf die Dynamik des Bildungs- und Beschäftigungssystems. Zum einen reagieren sie auf sozialpolitische Herausforderungen, teilweise auf arbeitsmarktpolitische Veränderungen, teils auf gesamtgesellschaftliche Krisensymptome in Konfrontation mit europäischen Regulierungsansprüchen.

Drei Einschnitte sind zu beobachten: Die Flexibilisierung beruflicher Curricula zielt, im Rahmen von Modularisierung, zunächst auf eine inhaltliche sowie zeitliche Abgrenzung einzelner Ausbildungsabschnitte. Der Wechsel zwischen vergleichbaren Bildungsgängen, bspw. innerhalb eines Berufsfeldes, soll damit erleichtert, bereits erbrachte Leistungen (...) sollen honoriert werden. Eine horizontale und vertikale Durchlässigkeit ist erklärtes Ziel. Die Flexibilisierung von Lernorten in Form von Lernortkooperationen und Verbundausbildungsmodellen zielt hingegen auf eine institutionelle Ausdifferenzierung von beruflichen Bildungsangeboten. Nicht mehr vollständige Bildungsgänge werden von etablierten Bildungsinstitutionen angeboten, sondern vielmehr modularisierte Teile eines Gesamtcurriculums. Diese Kooperationsform basiert auf einer Öffnung der Institutionen Schule und Unternehmen. Eine Abstimmung von Curricula, Unterrichts- resp. Ausbildungskonzeption ist Voraussetzung für deren gelingen. Schließlich drittens zielt die Flexibilisierung von Schulformen und Bildungsgängen (Berufsschule, Oberstufenzentrum) auf soziale und berufliche Mobilität. Die Anrechenbarkeit inhaltlich bzw. curricular vergleichbarer Leistungen soll die bestehenden Systemgrenzen zwischen nicht akademischer und akademischer Berufsbildung verflüssigen, eine Durchlässigkeit vertikal wie horizontal garantieren.

(b) Die Etablierung des sog. Schulberufssystems lässt eine strukturelle Krise des Dualen Systems erkennen. Aus unterschiedlichen Gründen nimmt die Attraktivität der klassischen Facharbeiterausbildung (…) seit Jahren ab. Innerhalb des Systems Beruflicher Bildung werden die Bildungsströme neu kanalisiert. Vollzeitschulische Bildungsgänge erfahren eine bislang nicht gekannte Nachfrage. Die Zahl neu abgeschlossener Ausbildungsverträge auf der Grundlage von Berufsbildungsgesetz (BBiG) und Handwerksordnung (HwO) ist seit 1999 (631 015) rückläufig. Zwischen 2007 und 2008 betrug der Rückgang insgesamt 1,5 % – im Öffentlichen Dienst lag der bei 1,8 und im Handwerk bei 5, 3 Prozent. Im Sektor Industrie und Handel fiel der Rückgang mit 0,5 % im gesamten Bundesgebiet vergleichsweise gering, mit 7,5 % in den neuen Ländern und Berlin hingegen dramatisch aus. Die Abkehr von den Produktionsberufen und der Trend zu schulischen Bildungsgängen wird von den Karriereplanungen der Schulabgänger/-innen einerseits, den Daten über neu abgeschlossene Ausbildungsverträge in den so genannten Produktionsberufen anderseits, empirisch unterfüttert. Seit 2006 signalisieren die Umfrageergebnisse beruflicher Pläne von Schulabsolventen eine individuelle Ausrichtung auf ‚Studium/Schulberufsausbildung'. Im Zeitraum 2006 bis 2010 stieg diese Bildungsgangoption von 12 % auf 15 %, während der Wunsch, eine ‚duale Ausbildung' aufzunehmen im gleichen Zeitraum von 57 auf 51 Prozent sank. Ein Blick auf die neu abgeschlossenen Ausbildungsverträge in den Produktionsberufen zwischen 1996 und 2009 unterstreicht diesen Trend. Demnach ging die Zahl neuer Verträge von 287 607 (100 %) im Jahre 1996 auf 232 140 (80,7 %) im Jahre 2009 um rund 19 % zurück, während im gleichen Zeitraum die Zahl der Neuabschlüsse in den Dienstleistungsberufen von 50,4 % auf 58,6 % anstieg. Die neue Wertschätzung vollzeitschulischer Bildungsgänge korrespondiert mit dem gesellschaftlichen Wandel der Arbeitsregime einerseits, die sich im Diskurs über Wissens- und Dienstleistungsgesellschaft spiegelt, und der Deregulierung der Sozialsysteme andererseits, die den diversen Maßnahmen zur Bekämpfung von Jugendarbeitslosigkeit, Deprivation und individuellen Hilfen einen völlig neuen Charakter verleihen. Dysfunktionalität und eine veränderte Bildungsaspiration charakterisieren den Transformationsprozess.

Die schleichende Konvergenz von nichtakademischen und akademischen Bildungsgängen in inhaltlich anspruchsvollen Berufsfeldern (…) auf der einen Seite, bei gleichzeitiger Auslagerung spezieller Bildungsangebote für Ungelernte, Unversorgte und Altbewerber aus dem institutionellen Kontext beruflicher Bildungsgänge auf der anderen Seite, sprengt die traditionellen Grenzen sowie das institutionelle Selbstverständnis des Systems Beruflicher Bildung. Während sich die so genannten Hochtechnologieberufe inhaltlich immer stärker den curricularen Standards akademischer

Studiengänge annähern – duale Fachhochschulstudiengänge lassen ebenfalls eine Auflösung der institutionellen Grenzen erkennen –, wird die berufsbildungspolitische Bearbeitung der Ungelerntenproblematik, gesteuert durch eine Vielzahl von Sonderprogrammen auf Länderebene, zunehmend privatisiert und dem klassischen Bildungsauftrag der Berufsschule, mit Konsequenzen für Struktur und Personal, entzogen.

Demographie, beruflicher Strukturwandel, Bildungsaspiration

Aufgrund demographischer Effekte wird sowohl die Zahl der Schüler/-innen an beruflichen Schulen als auch die Zahl der Studierenden an deutschen Universitäten und Fachhochschulen nach 2014 kontinuierlich abnehmen. Gleichwohl fallen die Rückgänge mit Blick auf einzelne Bildungsgänge resp. Schulformen unterschiedlich aus. Während das sog. Schulberufssystem insgesamt mit 30 % und das Duale System mit rund 27 % weniger Bildungsteilnehmern bis zum Schuljahr 2025/26 rechnen muss – siehe Abb. 1 –, fällt der relative Rückgang der Schülerzahlen in beruflichen Bildungsgängen zur Erlangung der Hochschulzugangsberechtigung mit einem Wert von 25 % bemerkenswert positiv aus. Vom Rückgang werden demnach, wie die obere Kurve zeigt, vor allem Berufliche Gymnasien, Fachoberschulen und Fachgymnasien in weitaus geringerem Umfang betroffen. Bis ins Jahr 2013 hinein bleibt die Nachfrage in diesen beruflichen Schulformen, bedingt durch doppelte Absolventenjahrgänge, nahezu konstant.

Eine höhere Nachfrage vollzeitschulischer beruflicher Bildungsgänge ist damit mittelfristig ebenso angezeigt wie die große Attraktivität spezifischer Schulformen. Das System Beruflicher Bildung profitiert mithin von einer stetig steigenden Bildungsaspiration und dem Trend steigender Übergangsquoten von der Schule ins Studium. Das zeigt sich sowohl im Bildungsgangwahlverhalten der Schulabsolventen – siehe oben – sowie einer eindeutigen Abkehr von den sog. Produktionsberufen als auch in der steigenden Nachfrage (…) dual verfasster Studienangebote an Fachhochschulen. Immer häufiger berücksichtigen Jugendliche bei der Karriereplanung den Erwerb der allgemeinen oder fachgebundenen Hochschulreife bzw. Fachhochschulreife.

Wie die aktuellen Bildungsdaten zum Hochschulstudium im Einzelnen zeigen, ist davon auszugehen, dass die Zahl der Studienanfänger – siehe Abb. 2 – nach dem Höhepunkt im Jahr 2013 kontinuierlich abnimmt, die Zahl der Hochschulabsolventen – siehe obere Kurve – hingegen bis zum Studienjahr 2016/17 stetig steigt. Gemessen am Berichtsjahr 2008 ist demnach bis zum Jahr 2017 bei unveränderter Bildungsaspiration mit einem Zuwachs an Hochschulabsolventen von rund 40 % zu rechnen.

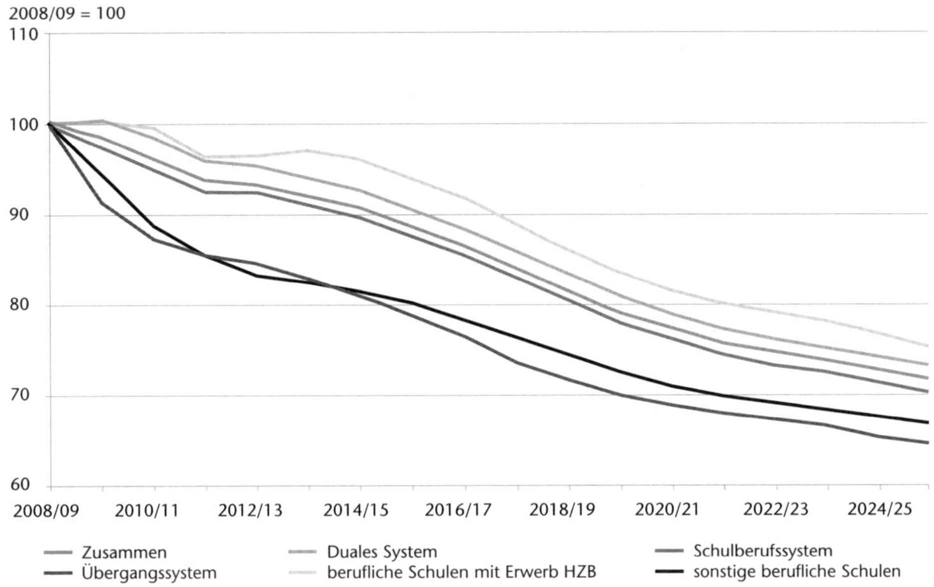

Abb. 1 Schülerinnen und Schüler an beruflichen Schulen in den Flächenländern West 2008/09 bis 2025/26 nach Bildungsbereichen
Quelle: Statistische Ämter des Bundes und der Länder, Bildungsvorausberechnung 2010 – Basisvariante, vorläufige Ergebnisse.

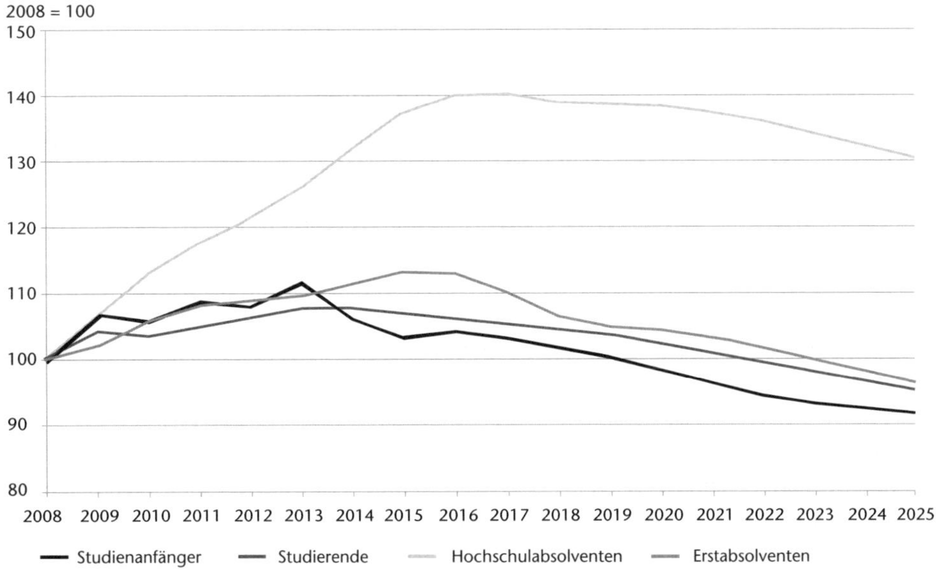

Abb. 2 Entwicklung der Studienanfänger, Studierenden und Hochschulabsolventen in Deutschland 2008 bis 2025
Quelle: Statistische Ämter des Bundes und der Länder, Bildungsvorausberechnung 2010 – Basisvariante, vorläufige Ergebnisse.

Wandel der Arbeitsmärkte

Der Strukturwandel der Arbeitsmärkte in der Bundesrepublik Deutschland betrifft akademische wie nichtakademische Berufe unmittelbar und mittelbar. Die Abkehr von den Produktions- hin zu Dienstleistungsberufen beherrscht seit rund zwei Dekaden die Dynamik des deutschen Arbeitsmarktes. 2008 arbeiteten rund 70 % aller bzw. 87 % der weiblichen Erwerbstätigen in den primären und sekundären Dienstleistungsberufen. Lag 1970 die vom Dienstleistungssektor erbrachte Bruttowertschöpfung bei rund 48 %, so erhöhte sich deren Anteil bis 2009 um ein Viertel auf nunmehr 73 Prozent. Der von technologischen Innovationen befeuerte Strukturwandel veränderte branchenspezifische Tätigkeitsdomänen und Aufgabenzuschnitte in mehr oder weniger allen Berufsfeldern. Deutliche Differenzen zwischen den Geschlechtern sind dabei zu berücksichtigen. Mit Blick auf den bemerkenswerten Rückgang der Erwerbstätigen in typischen Männerberufen und dem kontinuierlichen Anstieg sog. Frauenberufe im personenbezogenen Dienstleistungssektor stehen die klassischen Karrierewege und bevorzugten Tätigkeitsdomänen von jungen Frauen und Männer zur Disposition. Die Bildungsaspiration junger Frauen, dokumentiert durch die steigende Nachfrage vollzeitschulischer Bildungsgänge an Berufsfachschulen, lenkt den Blick auf eine ambitionierte Berufsbildung und eine wachsende soziale Mobilität.

Bildungsaspiration und Qualifikationsentwicklung

Der Strukturwandel der Arbeitsmärkte verändert die Bildungsaspiration. Welche Relevanz die Bildungsaspiration künftig bei der Entscheidung über berufliche Karrierepfade Jugendlicher haben kann, belegen zwei Daten. Besaßen 1996 25,6 % der Eltern schulpflichtiger Kinder im Alter von 6 bis 16 Jahren den Bildungsabschluss ‚Hochschulreife', lag die Vergleichszahl im Jahre 2008 bereits bei 36,8 Prozent. Das System Beruflicher Bildung mit all seinen Bildungsgängen ist davon betroffen, insbesondere jedoch die einschlägigen vollzeitschulischen Bildungsgänge. Mit 530 272 Schüler/-innen hat die Berufsfachschule im Schuljahr 2007/08 einen absoluten Besucherrekord erreicht. Obschon die Zahl der Schüler/-innen seither rückläufig ist, im Schuljahr 2008/09 ging der Schulbesuch um 3,7 % auf nunmehr 510 855 zurück, ist deren bildungspolitischer Stellenwert im System Beruflicher Bildung unübersehbar. Im Berechnungsjahr 2008/09 ist die Berufsfachschule nach der Teilzeit-Berufsschule mit 1 726 703 Schüler/-innen die zweitgrößte berufsbildende Schulform in der Bundesrepublik. Es folgen das Fachgymnasium mit 154 074 sowie die Fachschule mit 152 268 Besucher/-innen. Das Bildungswahlverhalten variiert allerdings zwischen den einzelnen Bundesländern erheblich.

Im Längsschnitt lässt sich eine expansive Entwicklung beobachten. Zwischen 1992 und 2007 stieg die Zahl der Anfänger/-innen in vollzeitschulischen Bildungsgängen um 80,5 % von 100 778 auf 181 871. Die hiermit aufscheinende Dynamik wurde institutionell vor allem von der Berufsfachschule getragen. Strukturelle Defizite des Systems Beruflicher Bildung rücken damit in den Mittelpunkt und schärfen den Blick für ordnungspolitische Disparitäten. Gewissermaßen als schulische Kompensation für das fehlende Bildungsangebot an dualen Ausbildungsplätzen durchlief diese Schulform eine stürmische Entwicklung. Obwohl die Berufsfachschule seit der Novellierung des BBiG im Jahre 2005 faktisch an Bedeutung gewonnen hat, mangelt es ihr, in bestimmten Branchen, an Unterstützung.

Mit Blick auf die Gesamtarchitektur des Systems Beruflicher Bildung erweist sich das sog. Schulberufssystem als stabil. Lag der Anteil der Neuzugänge – siehe Abb. 3 – in diesem Sektor im Jahre 2000 bei rund 14 %, so expandierte er auf rund 18 % im Jahre 2008. Die Etablierung dieses als klassisch zu bezeichnenden Sektors, mit der Berufsfachschule und ihren unterschiedlichen Bildungsgängen im Zentrum, sensibilisiert einerseits für die wachsende Dysfunktionalität des beruflichen Bildungssystems, andererseits für ein verändertes Bildungs(wahl)verhalten bzw. eine Hinwendung zu vollzeitschulischen Bildungsgängen, zu denen zunehmend die Berufsgymnasien in bestimmten Bundesländern zählen, sowie zu akademischen Berufsfeldern. Gleichzeitig geht die Nachfrage im Sektor Duales System im oben genannten Zeitfenster (…) trotz einer leichten Erholung in den Jahren 2006 und 2007 absolut zurück. Die Zahl der Neuzugänge im Übergangssystem ist seit dem Höhepunkt im Ausbildungsjahr 2005, mit 485 877 (39,9 %) Auszubildenden, von einem konstanten Rücklauf gekennzeichnet.

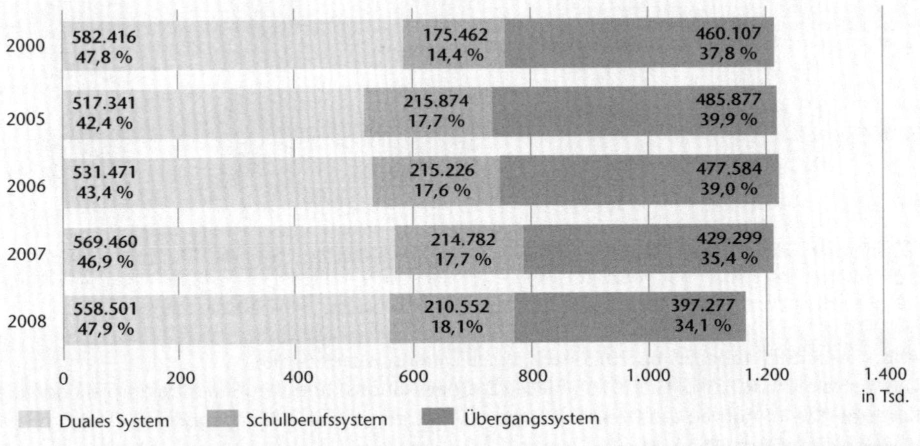

* Teilweise erstes Schuljahr; wegen Datenrevision und konzeptuellen Veränderungen weichen die Werte für 2005 und 2006 gegenüber dem Bericht 2008 ab. Die Vergleichbarkeit mit Zahlen vor 2005 ist eingeschränkt. Teilweise sind die Werte aus Datenschutzgründen auf ein Vielfaches von 3 gerundet. Erläuterungen vgl. **Tab. E1-1A**

Abb. 3 Verteilung der Neuzugänge auf die drei Sektoren des beruflichen Ausbildungssystems 2000 und 2005 bis 2008
Quelle: Statistische Ämter des Bundes und der Länder, eigene Berechnungen und Schätzungen auf Basis der Schulstatistik; Bundesagentur für Arbeit, Bestand von Teilnehmern in ausgewählten Maßnahmen der Arbeitsmarktpolitik mit SGB-Trägerschaft des Teilnehmers,
Datenstand: Dezember 2007 (2000–2006) bzw. März 2010 (Daten 2007–2008).

Die mittelfristige Qualifikationsentwicklung spricht unter Berücksichtigung des demographischen Wandels eine eindeutige Sprache. Auf der Basis einschlägiger Vorausberechnungen der Autorengruppe Bildungsberichterstattung entwickelt sich der Arbeitskräftebedarf bis 2025 höchst unterschiedlich. Demnach ist das Angebot und die Nachfrage nach gering qualifiziertem Personal ohne beruflichen Abschluss in dem Untersuchungszeitraum 2005 bis 2025 – siehe Abb. 4 – mit Werten zwischen 15,2 % und 13,3 % rückläufig. Vergleichbares lässt sich über die Funktionseliten auf Techniker- und Meisterniveau sagen, die über eine berufsfachliche Aus- und Weiterbildung unterhalb der Hochschulebene verfügen und deren Prozentzahlen von zehn Punkte im Jahre 2005 um einen auf 9 Punkte im Jahre 2025 fallen. Demgegenüber bleibt der Bedarf an Erwerbspersonen die über eine Qualifikation auf Facharbeiterniveau verfügen im zugrunde liegenden Zeitfenster mit Werten zwischen 53 % und 53,8 % mehr oder weniger konstant.[1] Allein die Gruppe der hochqualifizierten Erwerbspersonen mit Fach- und Hochschulabschluss (inklusive Promotion) kann, über den gesamten Prognosezeitraum betrachtet, mit Zuwächsen von 15,9 % um rund ein Prozent auf 17 % sowohl auf der Angebots- als auch auf der Nachfrageseite rechnen.

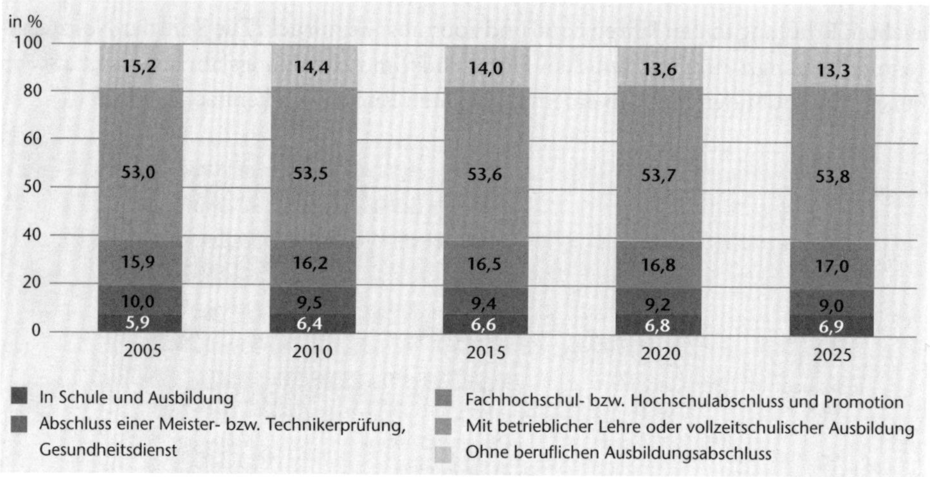

Abb. 4 Arbeitskräftebedarf bis 2025 nach Qualifikationsniveaus (in %)
Quelle: Helmich, R./Ziko, G. (2010): BIBB/IAB-Qualifikations- und Berufshauptfeldprojektionen. Kurzexpertise im Auftrag des Deutschen Instituts für Internationale Pädagogische Forschung (DIPF), eigene Darstellung.

1 Die vorliegende Berechnung differenziert nicht zwischen den Sektoren ‚Duales System' und ‚Schulberufssystem' (s. Abb. 3). Dadurch wird die steigende Bildungsaspiration, die in der Nachfrage nach vollzeitschulischen Bildungsangeboten und der Abkehr vom Dualen System zum Tragen kommt, verschleiert.

Mit diesen allgemeinen Aussagen ist vergleichsweise wenig über die Entwicklung einzelner Berufe und beruflicher Fachrichtungen bzw. Branchen gesagt. Wie die historische Entwicklung im Sektor der Informationstechnologie (u. a. IT-Berufe) belegt, ist der Dynamik von ‚Fächern' (z. B. Mechatronik; Robotik; Sensorik usf.) eine größere Aufmerksamkeit zu widmen als einzelnen Qualifikationsniveaus.

Die vorliegende Arbeitskräfte-Bedarfsanalyse zeichnet ein klar konturiertes Bild. Demnach fällt die Zahl der Beschäftigten im Untersuchungszeitraum (2005 bis 2025) in den Produktionsberufen von rund 21 % auf 17,9 %, während der Arbeitsmarkt der ‚primären Dienstleistungsberufe' auf einem konstanten Niveau verbleibt. Im Berufshauptfeld ‚sekundäre Dienstleistungsberufe' zählen mit 3,5 % Zuwachs die Rechts- und Managementberufe sowie vor allem die Gesundheits- und Sozialberufe zu den Gewinnern. (…)

Zwischenfazit

Die Konkurrenz zwischen nichtakademischen und akademischen Berufen ist vor allem dort potentiell sichtbar, wo wissenschaftliche Expertise und akademisches Wissen sowohl die Curricula als auch die Qualifikation prägen. Davon sind zunächst wissensbasierte Berufe in Tätigkeitsdomänen mit naturwissenschaftlichem bzw. technologischem Zuschnitt betroffen, d. h. im weitesten Sinne technisch-naturwissenschaftliche Berufe. Dazu zählen die neuen Hochtechnologieberufe, m. a. W. die Assistentenberufe in diversen Tätigkeitsdomänen, ferner u. a. Berufe aus dem Umfeld der Gesundheitswirtschaft. In den Blick geraten somit einschlägige Tätigkeitsdomänen in der Chemie (Laborberufe), Biologie, Biophysik, Mikrosystemtechnik und neuerdings Nanotechnologie. All diesen, auf Expansion befindlichen Domänen gemeinsam ist der Trend zur Verwissenschaftlichung der Curricula, mithin die systematische Berücksichtigung wissenschaftlichen Wissens in der berufsfachlichen Erstausbildung und beruflichen Weiterbildung. Herausforderungen an die Struktur und Organisation nichtakademischer und akademischer Bildungsprozesse sind damit ebenso verbunden wie eine Wiederentdeckung der Didaktik (Fachdidaktik) bei der Konzeptionierung von Bildungs- und Studiengängen. (…)

Zum Schluss – einige Thesen

Die Etablierung eines europaweiten Bildungs- und Beschäftigungssystems zeitigt weit reichende Konsequenzen für die Verfassung der beruflichen Bildung und des Hochschulsystems. Das Verhältnis von nichtakademischer und akademischer Bildung ist davon unmittelbar betroffen. Durch die Europäisierung insbesondere des Bildungsmarktes werden bestehende ordnungspolitische Standards dereguliert, Struktur und Organisation einem neuen Steuerungsmodell unterworfen.[2] Das klassische deutsche Reproduktionsmodell mit konstitutiven Auswirkungen auf Berufsstruktur, Qualifikationsniveaus und Teilarbeitsmärkten erodiert. Mit dem europäischen Systemwechsel werden mittelfristig vollzeitschulische resp. akademische Bildungsangebote aufgewertet, klassisch dual verfasste Qualifikationspfade auf Facharbeiterniveau degradiert. Der Aufstieg von dualen Fachhochschulstudiengängen in ausgewählten Disziplinen der Ingenieurwissenschaften, insbesondere in den süddeutschen Bundesländern, lässt einen Trend erkennen, der die didaktische Dualität von Theorie und Praxis zur curricularen Grundlage der Höherqualifikation erklärt. Bildungsaspiration und technologische Dynamik provozieren ein Revirement des Verhältnisses von nichtakademischer und akademischer Bildung in der Bundesrepublik. Gleichwohl blockieren ordnungs- und berechtigungspolitische Konflikte das Überschreiten tradierter Systemgrenzen, wie der aktuelle Diskurs um den Europäischen bzw. Deutschen Qualifikationsrahmen (EQF/DQR) belegt.

Die Konkurrenz von akademischer und nichtakademischer Bildung hat im Kern mindestens drei Dimensionen: eine *ordnungspolitische* Dimension von (langfristiger) gesamtgesellschaftlicher Relevanz; eine *systemische* Dimension mit Auswirkungen auf Struktur und Verfassung des Systems Beruflicher Bildung resp. des Hochschulsystems; schließlich drittens eine *curriculare* Dimension mit vitalen Konsequenzen für das Verhältnis von vorwissenschaftlicher und wissenschaftlicher Aus- und Weiterbildung. Drei Thesen dazu im Folgenden.

Ordnungspolitische Dimension – These 1

Hinter der ordnungspolitischen Kontroverse um den europäischen bzw. nationalen Qualifikationsrahmen, der die Konkurrenz von akademischer und nichtakademischer Bildung unmittelbar spiegelt, steht ein manifester berechtigungspolitischer Konflikt, der nationale Bildungstraditionen berührt. Der Rückgang der Produktionsberufe, die Nachfrage nach vollzeitschulischen Bildungsgängen und schließlich technologische Entwicklungsschübe leisten einen Beitrag dazu, die formalen und historisch gewachsenen Grenzen zwischen akademischer und nicht akademischer Bildung in Frage zu stellen. Die berufliche Ausbildung in sog. Hochtechnologieberufen und die vollzeitschulische Assistentenausbildung nähern sich der Bachelorausbildung und damit akademischer Standards an. Deshalb sind Übergänge und Anschlüsse neu zu definieren. Erst die vorurteilslose, materielle wie formelle, Anerkennung von Fachbildung – auf welchem Niveau, in welcher Form auch immer –, führt die nationale und internationale Konfrontation einer politischen Lösung zu und lässt den vorhandenen Konflikt zwischen Allgemeinbildung und Fachbildung (Berufsbildung) hinter sich.

---

2 Siehe auch den Beitrag von *Münk* (Text 13) im vorliegenden Band.

Um den berechtigungspolitischen Konflikt einzuholen, sind die qualitativ unterschiedlichen Arenagespräche im europäischen und nationalen Rahmen um curriculumtheoretische und didaktische Argumente zu erweitern. Eine systematische, lernpsychologische sowie (berufs-)pädagogische Neubewertung von didaktischer Dualität, die im System Beruflicher Bildung entwickelt wurde und für die einzelnen Schulformen konstitutiv ist, kann dem Diskurs einen qualitativ neuen Horizont jenseits der Programmatik des Lebenslangen Lernens eröffnen. Das curricular organisierte und didaktisch legitimierte Arrangement von systematischem und kasuistischem Lernen resp. Studium ordnet den Modus von Wissenschaft (Theorie) und Anwendung (Praxis), von Systematik und Kasuistik anders und qualifiziert damit die Konkurrenz zwischen nichtakademischer und akademischer Bildung neu. Die dreijährige Assistentenausbildung und dual verfassten Bachelorstudiengänge nutzen dieses didaktische Arrangement. Homologe curriculare Strukturen liefern die Basis für eine systematische Annäherung von klassischer Berufsbildung und Hochschulstudium. Der Bologna-Prozess ist deshalb auf didaktischer Ebene mit dem Brügge-Kopenhagen-Lissabon-Prozess zusammenführen und nicht nur in seiner ordnungs- und berechtigungspolitischen Dimension zu diskutieren.

Systemische Dimension – These 2

Die in der Bundesrepublik weitgehend unabhängig voneinander geführten Diskurse zur Transformation des Berufsbildungs- und Hochschulsystems blockieren eine breit angelegte Bildungsreform. Die strikte Trennung zwischen Fachbildung (Berufsbildung) und Allgemeinbildung erweist sich insofern als bildungspolitische und systemische Hürde, als damit die formalen Übergänge zwischen einzelnen Bildungsgängen, aber auch die Durchlässigkeit (berufliche u. soziale Mobilität) zwischen Bildungs- und Studiengängen erschwert werden. Die Modernisierung bestehender Berufsbilder, die Etablierung neuer Berufe, insbesondere im Dienstleistungssektor, und der Aufwuchs vollzeitschulischer Bildungsangebote sind in keiner Weise mit der Reform des Hochschulsystems und damit der Neuordnung resp. Deregulierung von Teilarbeitsmärkten verbunden. Eine individuelle Karriereplanung wird damit erschwert.

Der mit dem europäischen Systemwechsel und der Adaption des angelsächsischen Modells eingeleitete Wandel von Struktur und Verfassung nationaler Reproduktionsmodelle befördert weder die Weiterentwicklung des Systems Beruflicher Bildung noch die des Hochschulsystems. Zur Realisierung der politisch geforderten vertikalen Durchlässigkeit von Bildungs- und Studiengängen sind zunächst die Differenz zwischen dem viersäuligen DQR-System (Wissen, Fertigkeiten, Sozialkompetenz, Selbständigkeit) und dem dreisäuligen europäischen System (Kenntnisse, Fähigkeiten, Kompetenzen) auszuräumen.

Curriculare Dimension – These 3

Die Konkurrenz zwischen nichtakademischer und akademischer Bildung spiegelt sich im öffentlichen Diskurs vornehmlich im Horizont ordnungs- und berechtigungspolitischer Imperative, wie der aktuelle EQF-DQR-Diskurs zeigt. Der stetige Ruf nach geeigneten Instrumenten zur Systemsteuerung verhindert das Nachdenken über curriculare und didaktische Gemeinsamkeiten von nichtakademischer und akademischer Fachbildung. Wie angedeutet, lassen sich curriculare Schnittmengen in affinen Berufsfeldern identifizieren. Auf der curricularen Ebene sind die Grenzen und Niveaus teilweise bemerkenswert fließend, wie im Bereich der so genannten Hochtechnologieberufe (Medizintechnik) erkennbar. Nicht curriculare Hürden befördern die Konkurrenz, sondern institutionelle Zwänge und ideologische Vorbehalte blockieren eine Neubegründung des Verhältnisses von berufsfachlicher Bildung und Hochschulstudium auf Bachelorniveau (s. These 1). Die Einführung modularer Prinzipien bei der Curriculumgestaltung auf der einen Seite und eine für alle Beteiligten transparente Anrechungspraxis auf der anderen könnte der eingefahrenen Konkurrenz eine andere Richtung geben.

In programmatischer Hinsicht kann sich die angesprochene Konkurrenz nur durch ein didaktisch begründetes Setting legitimieren, das curricular zu hinterlegen ist. Die Zuschreibung akademisch, nichtakademisch hat sich deshalb des curricularen Verhältnisses von systematischem und kasuistischem Studium resp. Lernen sowie des didaktischen Arrangements im Horizont von theoretischem Zugang und methodischer Umsetzung zu vergewissern. Beide Prinzipien (…) sind sowohl der berufsfachlichen Bildung im rechtlichen Rahmen des Systems Beruflicher Bildung als auch den curricular affinen Bachelorstudiengängen insbesondere an Fachhochschulen eingeschrieben. Der propädeutische Charakter von berufsfachlichen Bildungsgängen und die Anrechenbarkeit dort erbrachter Leistungen sind daran zu messen. Der Modus von Theorie und Methode einerseits, die Qualifikation der Lehrkräfte andererseits erweist sich somit als Basis für die bildungspolitische Bewertung von Bildungs- und Studiengängen und deren Verhältnis zueinander.

Kapitel 3
Kritik der Begriffe, der Theorie, der Politik

Berufsbildung – Fachbildung – Menschenbildung

THEODOR LITT

„Beruf" und „Bildung" heute

Man kann sich die tiefgehende Ernüchterung, zu der das pädagogische Wollen und Planen sich durch die heutige Lage aufgefordert findet, leicht an den beiden Begriffen verdeutlichen, die unser Thema in sich vereinigt: „Beruf" und „Bildung". Beide Begriffe, seit langem mit einer Zuversicht gehandhabt, als ob sie einen unangreifbar gegebenen Tatbestand oder wenigstens eine unschwer herzustellende Lebensverfassung bezeichneten, haben sich jäh in die Mahnung an ein zunehmend fraglich Gewordenes, ja schmerzlich Vermißtes verwandelt.

Beruf! Sehen wir zu, was wirklich vor sich geht, wenn ein junger Mensch in der Enge des gegenwärtigen Deutschland sich seinen „Beruf" wählt, dann will es uns bedünken, als ob der ursprüngliche Sinn dieses Wortes sich heute bis auf den letzten Rest verflüchtigt habe. Ja, es sieht so aus, als ob auch von „Wahl" nur noch in einem äußerst beschränkten Sinne die Rede sein könne. Gewiß hat das Wort „Beruf" schon seit geraumer Zeit vieles von der religiösen Weihe, durch die es anfänglich verklärt wurde, eingebüßt. Gewiß haben die zum Einschlagen einer bestimmten Lebensbahn Entschlossenen es sich schon lange abgewöhnt, nach der ‚Berufung' zu fragen. (...) Allein in abgeblaßter, säkularisierter Form blieb doch von diesem Sendungsbewußtsein so lange noch etwas lebendig, wie man für die Berufswahl die – wirkliche oder vermeintliche – „Anlage" den Ausschlag geben ließ und in der „Neigung" den Hinweis auf Richtung und Stärke dieser Anlage meinte finden zu dürfen. (...) Aber kann, wie die Dinge heute liegen, auch nur etwas von diesem Nachklang der dereinstigen religiösen Bedeutung hörbar bleiben? „Beruf" ist nun einmal nicht nur die Erfüllung einer inneren Bestimmung, sondern auch die Basis der äußeren Daseinsfristung. (...) Und nun fragen wir: ist diese Lage eigentlich erst heute, erst nach dem totalen Zusammenbruch des Reichs eingetreten? (...) Ich wage zu behaupten, daß durch die gegenwärtige Gestaltung der Dinge nur ein Zustand unübersehbar geworden ist, der in Wahrheit schon lange in Kraft war und nur durch gewisse Milderungen und wohlwollende Beschönigungen daran gehindert wurde, sich jedem denkenden Betrachter als unbestreitbares Faktum aufzudrängen. Seit je habe ich der weitverbreiteten Meinung widersprechen müssen, es werde mit der Beziehung von Mensch und Beruf alles aufs schönste in Ordnung kommen, wenn man nur jeder Begabung die ihr angemessen Ausbildung zuteil werden lasse. (...)

Und wie ist es heute um „Bildung" bestellt? Wie weit sind wir berechtigt zu der Zuversicht, daß mit diesem Wort eine Beschaffenheit unseres gegenwärtigen Seins bezeichnet werde? Glaubt man den mit diesem Wort bezeichneten Begriff schon dann erfüllt, wenn ein Geschlecht über einen gewissen Vorrat an sogenannten „Kulturgütern" verfügt, die durch verstehendes Aufnehmen, planvolle Pflege und geregelte Übung dem Bewußtsein der Lebenden gegenwärtig erhalten und an die Nachwachsenden überliefert werden (...). Anders sieht die Sache aus, wenn wir das Wort in dem hohen und verpflichtenden Sinn verstehen, den es in der klassischen Epoche deutscher „Bildung" durch die vereinten Geistesmühen unserer Dichter und Denker erhalten hat. Denn dann bezeichnet es nicht bloß die Beziehung, die das aufnehmende Subjekt mit einem Schatz von zu pflegenden und zu genießenden Gütern des Geistes verbindet, sondern die lebendige, die „innere" Form, zu der das nämliche Subjekt in der Zwiesprache mit der Welt, im Ringen mit der Forderung der Sache, in der Hingabe an das zu gestaltende Werk heranwächst. (...) Nein: Bildung ist für uns nicht eine Gabe, deren wir uns auch nur im bescheidensten Sinne rühmen dürften, sondern eine Aufgabe, die wir, gleichsam bis auf den Nullpunkt der Existenz zurückgeworfen, aus weitem Abstande und mit ebenso viel Entsagung wie Geduld in Angriff zu nehmen haben. Gerade wenn wir Erzieher sind, muß uns erst recht der Wahn fernbleiben, daß solche Bildung selbst bei redlichstem und angespanntestem Bestreben in naher Zukunft Wirklichkeit werden könne. (...)

So müssen wir uns davon Rechenschaft geben, daß das Wort „Bildung" für uns, die Heutigen, nicht weniger an ursprünglicher Sinnfülle verloren hat als das Wort „Beruf". Und wiederum haben wir uns die Frage zu stellen: ist diese Entleerung erst heute, infolge des deutschen Zusammenbruchs, eingetreten. Oder müssen wir uns auch hier eingestehen, daß uns durch die Katastrophe nur die Augen für einen schon vorher bestehenden Notstand, ein schon vorher zu beklagendes Gebrechen geöffnet worden sind. (...)

Also auch mit der „Bildung" ist es so bestellt, daß der Zweifel, der zunächst ihre gegenwärtigen Möglichkeiten und Aussichten betrifft, nicht bei diesem Zeitpunkt halt machen kann, sondern rückwärts schreitend auch die Echtheit ihrer vorherigen Vertretung in Frage stellt. „Beruf" und „Bildung" – beides Worte, aus denen wir nur die Mahnung an das heraushören dürfen, was uns fehlt, nicht die Versicherung und Bestätigung dessen, was wir besäßen. Und niemanden gibt es, der sich diese Leere so schonungslos einzugestehen verpflichtet wäre wie der Lehrer der Berufsschule. Denn der von ihm zu betreuenden Schulform ist es ja eigentümlich, daß die ihr gestellte Erziehungsaufgabe gerade an der Ineinanderbildung des einen und des anderen ihren

Kern hat. Gerade auf ihn scheint deshalb die Demaskierung und Desillusionierung, die im Gefolge der Katastrophe über uns gekommen ist, besonders entmutigend wirken zu müssen. Seit langem war es bei den Programmatikern seines Kreises üblich, so von „Beruf" zu reden, als sei nur dies die Frage, wie man den jungen Berufsanwärter an eine in sich unangreifbare Berufsidee heranführen könne (...) und nun zeigt es sich, daß gerade das, wo für der werdende Mensch gewonnen und reif gemacht werden soll, schon zu der Zeit fragwürdig und brüchig war, da ihm der Zweifel nur selten nahezutreten wagte. (...)

Sinn des Berufes

Wir sind nun so weit, daß wir es wagen dürfen, die innere Haltung des Menschen zu umreißen, dem wir heute, wenn nicht eine ausgereifte Bildung, so doch die Ansätze und Vordeutungen zubilligen werden, die die Aussicht auf eine künftige Neubefestigung deutscher Bildung eröffnen. Was wir von ihm zu fordern haben, das tritt dann mit besonderer Klarheit hervor, wenn wir es von der Seelenverfassung abheben, in der unsere klassische Epoche die Vollendung menschlicher Bildung glaubte finden zu sollen. Es ist oft hervorgehoben worden, daß die Idee des „Menschen", in der jene große Zeit das Beste ihres Lebens und Strebens zusammenfaßte, nur auf dem Hintergrunde einer ganz bestimmten Gestaltung der öffentlichen Dinge gerade diese bestimmte Gestalt annehmen konnte. (...)

Unterziehen wir aber den Inhalt des Bildungsbegriffs der Abwandlung, die mit der Änderung der allgemeinen Lage geboten ist, dann tritt alsbald auch die wesentlichste unter den Förderungen hervor, die der Umschwung der Dinge der Erziehung überhaupt, ganz besonders aber der Erziehung in der Berufsschule, zuteil werden läßt. Denn durch diesen Umschwung verliert mit einem Schlage eine Reihe der Schwierigkeiten, mit denen diese Erziehungsarbeit sich auseinandersetzen genötigt war, erheblich an Gewicht. Haben doch nicht wenige dieser Schwierigkeiten ihre Wurzeln in der fortdauernden Herrschaft eben jener Bildungsidee, die uns aus unserer klassischen Epoche überkommen ist. Versteht man unter dem Wort „Bildung" eine Ordnung des inneren Lebens, deren leitende Prinzipien in einer der Welt des tätigen Daseins *übergelagerten* Sphäre reinen Menschentums zu Hause sind, so findet sich der Erzieher immer von neuem vor die Frage gestellt, wie er es anfangen soll, daß die so verstandene Bildung sich mit dem Inhalt der fachlichen Tätigkeit vermähle, für die der junge Mensch als Anwärter eines bestimmten Berufs zu ertüchtigen ist. Immer wieder muß dann auf Vermittlungen und Überleitungen gesonnen werden, durch die ein Auseinanderklaffen von allgemeiner Menschenbildung und spezieller Berufsbildung verhütet wird. (...) Aber heute hat die pädagogische Phantasie es nicht mehr nötig, sich um den Brückenschlag zwischen den beiden angeblich getrennten Bereichen zu bemühen. (...) Gelingt es uns [heute] nicht, in der Sphäre der Berufsarbeit *selbst* die menschenbildenden Motive zu entdecken und zur Wirksamkeit zu bringen, so heißt es jeglicher Hoffnung auf Bildung entsagen. Daß von oben her die Sonne der Menschenbildung ihre Strahlen in die Beschränktheit der Berufswelt entsenden werde – das zu erwarten haben wir jedes Recht verloren. (...)

So hat die Umwälzung aller Dinge eine Situation herbeigeführt, die den Pädagogen der Berufsschule in der denkbar wirksamsten Form von der Notwendigkeit erlöst, nach Erwägungen und Begründungen Ausschau zu halten, durch die der junge Berufsanwärter von der Lebenswichtigkeit und Sinnerfüllung seiner Tätigkeit überzeugt und so mit der Sphäre der „Menschlichkeit" in eine glaubhafte Verbindung gebracht werden könnte. Ja, man wird ohne Übertreibung sagen dürfen, daß die Berufsschule, die sich früher versucht fühlen konnte, andere Schulformen deshalb zu beneiden, weil es ihnen mit der Herausarbeitung des ihnen anvertrauten Bildungsgehalts so viel leichter gemacht sei, sich heute insofern in einer bevorzugten Stellung befindet, als sie durch die ihr eigentümliche Erziehungsaufgabe einfach darauf angewiesen ist, dem Inhalt der beruflichen Arbeit ihre bildenden Wirkungen abzugewinnen. Sie hat deshalb die Möglichkeit, durch die Energie und die Findigkeit, mit der sie die Gunst der neuen Lage auszuwerten versteht, den anderen Formen und Richtungen der Bildung mit wegweisenden Anregungen und nachahmenswerten Beispielen voranzuschreiten. (...)

Fachbildung und Menschenbildung – eine Sonderfrage der deutschen Pädagogik

Seit einem halben Jahrhundert wird die gesamte Kulturwelt in unaufhörlich steigendem Maße von Fragen und Sorgen bedrängt, die sich auf die Erziehung und Bildung des Menschen beziehen. Der Grund dafür ist leicht einzusehen. Solange die geschichtliche Bewegung einen ruhigen Gang einhält, solange die politisch-gesellschaftlichen Zustände sich im Wesentlichen behaupten und die geistige Überlieferung keinen grundsätzlichen Erschütterungen ausgesetzt ist: so lange kann die Erziehung der Jugend sich nach den Anweisungen des in unangefochtener Geltung Stehenden richten und sich Zweifel von prinzipieller Art erfolgreich vom Leibe halten. Wenn aber eine geschichtliche Umwälzung ohnegleichen die herkömmlichen Ordnungen auflöst und selbst das vermeintlich Unangreifbare in Frage stellt – wenn dann diese Wandlung auch noch in einem Tempo vor sich geht, das sich von Tag zu Tag steigert und der Besinnung das Nachkommen zunehmend unmöglich macht: dann kann es nicht ausbleiben, daß auch und gerade die erzieherische Theorie und Praxis einer ständig anwachsenden Unruhe und Ratlosigkeit zum Opfer fällt. (...)

Die Lage (...) ist für alle im Zuge der modernen Entwicklung stehenden Völker und Staaten die gleiche. Daher die weitgehende Übereinstimmung in den Äußerungen pädagogischen Unmuts, die uns aus ihnen alle entgegenschallen. Umso bemerkenswerter, daß die pädagogische Sonderfrage (...) durchaus nicht eine Frage der gesamten um die Jugenderziehung sich sorgenden Kulturwelt ist, sondern nur der deutschen Erzieherwelt so drückende Beschwernis bereitet. Das soll nicht heißen, daß anderwärts überhaupt keine in diese Richtung weisenden Besorgnisse laut würden. Im Gegenteil: daß über der notwendig spezialisierten Fachbildung die allgemeine Menschenbildung nicht zu kurz kommen dürfe, das ist eine Forderung, der man so ziemlich in allen Kulturstaaten begegnet. Wohl aber ist festzustellen, daß diese Frage deshalb anderwärts eine sehr viel harmlosere Gestalt annimmt als bei uns, weil man durchweg das Verhältnis der Allgemeinbildung zur Fachbildung als ein solches der Ergänzung und Vervollständigung ansieht. Man diskutiert über das Was und das Wieviel des Beizufügenden, ohne deshalb in dem Auseinandertreten der beiden Aufgaben eine prinzipielle Schwierigkeit zu finden. Gerade dies ist es aber, was die Sonderart der deutschen Lage kennzeichnet. Bei uns ist man gewohnt, spezialistische Fachbildung und allgemeine Menschenbildung nicht als sich ergänzende Teilaufgaben, sondern als *gegensätzliche*, als miteinander konkurrierende Richtungen erzieherischen Bemühens anzusehen. (...)

Erbe der Humanitätsidee

Daß unser pädagogisches Gewissen gerade an dieser Stelle so empfindlich ist, das wird uns begreiflich, wenn wir die unser pädagogisches Leben bis heute beherrschende Idee nach rückwärts hin bis zu ihrem Ursprung verfolgen. Sie ist geboren worden in der Zeit jener Hochblüte des deutschen Geistes, die ihren Glauben an den Menschen im Begriff der „*Humanität*" aussprach. Gehen wir bis zur Geburt dieser Idee zurück, so zeigt sich, daß sie in sich Grundbestimmungen vereinigt, die nicht bloß zu der Welt von „Fach" und „Beruf" in entschiedenem Gegensatz stehen, sondern geradezu kraft dieser Entgegensetzung ihren eigentümlichen Inhalt erhalten. Die Idee der Humanität konturiert sich erst in der polemischen Wendung gegen diejenigen Lebensordnungen, die für die Tätigkeit in Fach und Beruf den Boden abgehen. Sehen wir zu, wie der Philosoph der Humanität, *Wilhelm von Humboldt*, den Inhalt seiner Idee bestimmt! Als im Sinne der „Humanität" gebildet gilt ihm nur derjenige Mensch, der sein Selbst im Geiste der „Individualität", der „Universalität" und der „Totalität" zur Reife gebracht hat. Warum die Idee der Humanität gerade diese Erfüllung erhält, das kann man überhaupt erst dann begreifen, wenn man sich überzeugt, gegen welche Lebenserscheinungen diese Begriffe ihre Spitze richten. (...)

Worin aber war die Ursache für die zu beklagende und zu bekämpfende Verkümmerung des Menschen zu suchen? Sie war zu suchen in der Lebens- und Arbeitsordnung, die ihn nötigte, nach Anweisung einer gegen sein Selbst gleichgültigen Sache *eine* der in ihm vereinigten Fähigkeiten auf Kosten der übrigen bis zum Übermaß zu entwickeln und so die lebendige Gestalt, die zu verwirklichen ihm zubestimmt war, einer sich vordrängenden Teilfunktion aufzuopfern. Mit Überraschung lesen wir bei den damaligen Zensoren ihrer Epoche – einem Herder, einem Schiller, einem Hölderlin, einem Pestalozzi – Anklagen gegen die arbeitsteilige Aufspaltung der Tätigkeiten, die uns viel besser auf den Zustand unserer Gegenwart als auf jene Zeiten der vorindustriellen Bürgerlichkeit zu passen scheinen. Gerade die so schwer bezichtigte arbeitsteilige Lebensordnung ist es aber, aus der sich „Fach" und „Beruf" nach Ausrichtung und Abgrenzung bestimmen. Es ist der fachlich spezialisierte Beruf, durch welchen der Mensch zur einseitigen Pflege einer Sonderfähigkeit und zur Vernachlässigung seiner sonstigen Menschlichkeit gezwungen wird. In diesem Sinne darf also behauptet werden, daß wir in der Überlieferung der Humanitätsbewegung weiterdenken, wenn wir „Fachbildung" und „Menschenbildung" nicht nur voneinander trennen, sondern einander entgegensetzen.

Dabei erschöpft sich in dem Ausgeführten nicht dasjenige, wodurch die deutsche Klassik zu der besagten Trennung vermocht wurde. Sie meinte an der Arbeitswelt noch einen weiteren Zug zu entdecken, durch welchen ihr erst recht das Stigma des Inhumanen aufgedrückt werde. Daß diese Welt der arbeitsteiligen Geschäftigkeit sich gebildet und daß sie gerade diese Gestalt angenommen hat, das erklärt sich nur aus dem Durchdringen solcher Willensantriebe, denen der Mensch nicht nachgehen kann, ohne von dem Zentrum seiner Menschlichkeit verhängnisvoll abzuirren. Es ist der Geist der „Nützlichkeit", es ist der *zweck*gebundene Wille, der das Ganze dieser Arbeitswelt hervorbringt, ausgestaltet und fort und fort durchwaltet. Aber der auf Nutzeffekte ausgehende, der an Zwecke gefesselte Mensch ist gerade nicht der Mensch, der seiner humanen Bestimmung Genüge tut. (…) Das Leben wird durch den Dualismus von Arbeits- und Bildungswelt gespalten.

Es kann nicht anders sein, als daß dieser Dualismus für die eine wie für die andere der durch ihn getrennten Sphären tief einschneidende Wirkungen nach sich zieht. Was im Reich der „Bildung" getrieben wird, das nimmt, weil sich mit Bewußtsein von dem tätigen Leben distanzierend, einen ausgesprochen ästhetisch-literarischen Charakter an. Daß höchste Bildung nach dem jene Generation erfüllenden Glauben nur aus der Begegnung mit Wesen, Werk und Tat eines dahingegangenen Volkes, des hellenischen, erwachsen konnte, war gleichsam das Siegel auf die Exklusivität dieses humanen Bestrebens. Was andererseits im Bereich der Arbeit vor sich geht, das wird, weil angeblich jeder „bildenden" Wirkung ermangelnd, auf seinen reinen Sachertrag und Nutzwert reduziert und so von jeder höheren Sinngebung ausgeschlossen. Der ästhetisch-literarischen Wertbetonung stellt sich die bloß praktische, um nicht zu sagen utilitarische, in scharfer Kontrastierung gegenüber. (…) Es ist das Evangelium der Humanität, das in unserem Thema seine Stimme erhebt. (…) Die „Bildung" schließt die Mitwirkung am geordneten Gemeinleben als notwendiges Moment in sich. (…)

Humanität als Forderung der Wirtschaft

Damit ist eine Lage gekennzeichnet, die, grundsätzlich gesehen, bis heute fortbesteht. (…) Die Fragestellung des Themas beweist, daß die Skrupel, von denen die Wortführer der Humanität heimgesucht wurden, wenn sie das Verhältnis von Fachbildung und Menschenbildung überdachten (…) die Kluft zwischen „Geist" und „Welt" verschwinden zu machen. Es sieht so aus, als ob die Verstrickung mit der „Welt", deren Ausdruck die Beschlagnahme durch das „Fach" ist, unter dem Gesichtspunkt der „Menschenbildung" noch immer nicht ihre Fraglichkeit eingebüßt hätte.

In einer Hinsicht allerdings ist eine höchst bemerkenswerte Wandlung der Lage eingetreten. Im Zeitalter der Klassik waren es die Dichter und Denker, die das unveräußerliche Recht des Menschen auf sich selbst meinten verteidigen zu sollen und die dies Recht nicht anders als im Angehen wider die Männer der „Welt", wider die Organisatoren des staatlichen und gesellschaftlichen Lebens, glaubten erstreiten zu können. Heute sind gerade die führenden Köpfe der *Wirtschaft*, also die Männer des praktischen Lebens, diejenigen, denen die in unserem Thema sich aussprechende Frage zu schaffen macht und die an die Männer des Geistes, in erster Linie an die Vertreter der Wissenschaft und der wissenschaftlichen Hochschule, mit Forderungen herantreten, in denen sich die alte Problematik zu erneuern scheint. (…) Daß es uns an Persönlichkeiten mangele, das ist die Klage, die immer wieder im Raume der Wirtschaft laut wird. (…)

Wenn sich in diesen Klagen und Forderungen die Überzeugung ausspricht, daß fachliche Tüchtigkeit als solche noch nicht die menschliche Überlegenheit des ihrer Teilhaftigen garantiere, so meint man in der Tat die von unseren Klassikern statuierte Unterscheidung des „Sachwalters" und des Menschen wieder aufleben zu sehen. Und es versteht sich leicht, mit welcher Genugtuung gerade die wissenschaftliche Hochschule diese Gleichsetzung aufgreift und bekräftigt. Denn gerade von den ihr Angehörigen darf gesagt werden, daß sie, wenn es darauf ankommt, die ihnen anvertraute *Bildungs*aufgabe auszulegen, mit Vorliebe an die Humanitätsphilosophie der Humboldt-Ära anknüpfen. Man freut sich, feststellen zu können, daß Wirtschaftsführer und Wissenschaftsführer sich in der Wertschätzung des „humanen" Menschen begegnen. (…)

Gemeinsame Basis

Es geht also nicht an, die Trennung von „Fachbildung" und „Menschenbildung" mit der Begründung aufrechtzuhalten, daß diese an der „reinen", jene an der „angewandten" Wissenschaft ihre Grundlage habe. Auch diese Trennung gehört zu jenen Sonderungen, die sich im Sinne einer zweckmäßigen Gliederung der Aufgaben und Differenzierung der Einrichtungen ohne weiteres rechtfertigen, die aber keinesfalls als bis auf den Grund gehende Teilungen interpretiert werden dürfen. Wird sie so mißverstanden, so hat das zur unausbleiblichen Folge, daß Fachbildung und Menschenbildung zu zwei nur äußerlich gekoppelten Aufgaben auseinanderfallen und daß all jene fruchtlosen Reflexionen einsetzen, ob und wie es gelingen könne, das seinem Wesen zuwider Auseinandergenommene hinterher doch wieder in eine innerlich begründete Verbindung zu bringen.

Wenn also ein Fach sich auf Grund wissenschaftlicher Prinzipien auf- und ausbaut, so heißt das nicht, daß es aus dem Ganzen einer Wissenschaft, die sich ohne Rücksicht auf sein Sonderanliegen entwickelt und vollendet hätte, die für seine besonderen Zwecke brauchbaren Einsichten herausschnitte und so herrichtete, daß sie der Verwirklichung dieser Zwecke zu dienen vermöchten. Keine Wissenschaft läßt sich, sei es ganz, sei es in Teilen, „anwenden" wie ein Gerät, das, zunächst für ganz andere Verrichtungen bestimmt, nachträglich so zurechtgemacht würde, daß es gewissen ihm bis dahin fremden Gegenstandsbereichen appliziert werden könnte. Wer dieser Vorstellung huldigt, der verkennt total die Relation zwischen der Wissenschaft und ihrem Gegenstand. Nein: „anwenden" läßt sich eine Wissenschaft nur dann auf einen Kreis von Gegenständen, wenn dieser Kreis von Anfang an in ihrem methodischen Ansatz vorgesehen und in ihrem methodischen Horizont vertreten war. Daß sie seinen Ausbau zu fördern im Stande ist, das ist der schlagende Beweis dafür, daß er ihr prinzipiell vom Ursprung her zugehörte. Sie wird nicht wie ein von außen Kommendes an ihn herangebracht; sie hat ihn von vorne herein umgriffen, und alle „Anwendung" ist nur das Sichtbarwerden dieser primären Beziehung. (...)

Dies also war es, was wir einschärfen wollten, indem wir der mechanischen Sonderung einer im Besonderen sich einschließenden Fachbildung und einer im Allgemeinen verschwebenden Menschenbildung entgegentraten. Im Einen wie im Anderen ist, grundsätzlich genommen, *dasselbe* Ganze des Wissens gegenwärtig, nur daß es dort sich auf die besondere Aufgabe hin zuspitzt, die zu lösen das Fach sich konstituiert hat, während es hier sich in der Weite und Ausbreitung präsentiert, zu der es sich entfalten muß, um Wissen des Ganzen sein zu können.

Was sich daraus für die Praxis der Bildungsarbeit ergibt, ist leicht zu sehen. Zwei konträre Irrungen gilt es zu vermeiden. Es heißt auf der einen Seite die Fachbildung vor einer Horizontverengerung bewahren, die zur Folge haben müßte, daß das dem Fach zugehörige Wissen wie ein für sich Bestehendes und in strenger Absonderung Entwicklungsfähiges sich von dem Ganzen des Wissens abschnürte – das, anders ausgedrückt, das Ganze des Lebens hinter der Umzäunung des Fachs verschwände. Es heißt auf der anderen Seite die Menschenbildung vor einer Verflüchtigung ins Unverbindliche bewahren, die zur Folge haben müßte, daß die Rückbeziehung auf das Fach aus den Augen verloren würde – daß, anders ausgedrückt, die Besonderheit des Fachs in der Allgemeinheit der Lebensbewegung unterginge. Dort kommt es darauf an, den Blick aus dem Engen ins Weite hinauszuführen – hier kommt es darauf an, den Blick aus dem Weiten ins Enge zurückzulenken. Es ist grundsätzlich ein und dieselbe

Ansicht der Dinge, die dort wie hier das Bildungsbemühen zu bestimmen hat. Der Unterschied liegt nur darin, daß das, was dort nur als der schwächer beleuchtete Hintergrund zugegen ist, hier in den Vordergrund vorgeholt wird, womit das zuvor diesen Vordergrund Ausfüllende auf die ihm zukommenden Maße zurückgeführt wird. Nur wo der einen dieser Perspektiven genauso ihr Recht wird wie der anderen – nur da wird jene bis auf den Grund gehende Aufspaltung verhütet, die als komplementäre Ausartungen den engstirnigen Fachpartikularismus und den verblasenen Bildungsuniversalismus hervortreibt. Wird so das Besondere und das Allgemeine aus künstlicher Isolierung erlöst, dann entfällt auch jene Abwertung des bloß durch seine „Nützlichkeit" sich Empfehlenden, die aus der Selbstabschließung des „Humanen" mit Notwendigkeit folgt. (...)

Damit ist der Vorstellung der Abschied gegeben, wir hätten in „Fachbildung" und „Menschenbildung" zwei pädagogische Aufgaben vor uns, von denen die eine neben der anderen, vor der anderen oder im Anschluß an die andere gelöst werden könnte. Ich glaube mich nicht zu täuschen, wenn ich annehme, daß der hier geforderte Brückenschlag genau dasjenige ist, was den Führern der Wirtschaft mit ihrem Ruf nach Menschenbildung vorschwebt. Was sie herbeiwünschen, das ist nichts anderes als eine Gesamtansicht des Lebens und seiner Forderungen, die weder über dem Besonderen das Allgemeine noch über dem Allgemeinen das Besondere vergißt. (...) Die Besonderheit des Fachs vermählt sich der Allgemeinheit des Lebens, die Allgemeinheit des Lebens konzentriert sich zur Besonderheit des Fachs.

Integration von Allgemein- und Berufsbildung – eine Bildungsideologie

WOLF-DIETRICH GREINERT

In seiner langfristig angelegten Gesamtplanung für das Bildungswesen verfolgte der *Deutsche Bildungsrat* (1970) ein strategisches Konzept, das zwei zusammenhängende Ziele vorsah[1]: (1.) die Abgrenzung von Schulstufen, also eine verstärkte horizontale Ausrichtung des Gesamtbildungswesens, und (2.) die integrierte Ausgestaltung dieser Stufen, also die Beseitigung der unterschiedlichen Schultypen in den Sekundarstufen I und II. Schon 1969 hatte der Bildungsrat daher die Einrichtung von Schulversuchen mit Gesamtschulen empfohlen, um die Vereinheitlichung der Sekundarstufe I zu befördern, 1974 legte er in einer Empfehlung zu Sekundarstufe II ein „Konzept für eine Verbindung von allgemeinem und beruflichem Lernen" vor. (...) Um die Integrationsversuche von allgemeiner und beruflicher Bildung verstehen zu können, müssen wir etwas näher auf die Ausführungen im „Strukturplan" von 1970 – also dem bildungspolitischen Gesamtkonzept – eingehen und auf die Empfehlungen von 1974 zur Verbindung von allgemeinem und beruflichem Lernen.

Im Strukturplan wurde die Notwendigkeit der Reform des Bildungswesens, insbesondere die des Sekundarbereichs II, durch den von der Verfassung abgeleiteten Anspruch auf *materiale Chancengleichheit* begründet. Die bestehende Ungleichheit der Bildungschancen ist nach Meinung des Bildungsrates nur dadurch abzubauen, daß Bildung nicht mehr schulorganisatorisch und didaktisch geteilt als Allgemeinbildung und Berufsbildung auftritt, d.h. als wissenschaftsorientierte oder als volkstümliche Bildung, was allerdings auch bedeutet, daß Bildung nicht mehr nach spezifischen Inhalten differenziert werden kann. Genauer: die Vorstellung einer Materialisierung von Allgemeinbildung in bestimmten Fächern – wie bislang im Gymnasium üblich – muß aufgegeben werden.

---

1 Der Originaltitel wurde leicht modifiziert

Der Bildungsrat unterscheidet in seinen Ausführungen daher auch nur zwischen *fachlichen Lernzielen und allgemeinen Lernzielen,* wobei sich erstere auf die Inhalte der jeweiligen Fächer beziehen, letztere auf Einstellungen, Haltungen und Überzeugungen. Integriertes Lernen wird möglich durch das Hinzutreten zweier didaktischer Prinzipien: Wissenschaftsorientierung und Kritik. Die Vermittlung fachlicher Lernziele unter der Perspektive dieser Kriterien soll sicherstellen, daß mit den fachlichen Lernzielen auch gleichzeitig die allgemeinen erreicht werden können.[2] (...)

Da realistischer Weise der Bildungsrat davon ausging, daß der nicht-schulischen Rechtsnormen unterliegende Bereich der Berufsausbildung nur gegen den Willen mächtiger Interessengruppen dem öffentlichen Bildungsrecht unterstellt werden könnte, daß es im Übrigen auch gar nicht wünschenswert sei, das „bewährte" duale Ausbildungsmodell einfach zu verschulen, konnte er im Strukturplan auch keine volle Intergration für die ganze Sekundarstufe II in naher Zukunft empfehlen. Eine solche Empfehlung mit entsprechender Begründung findet sich erst im Sekundarstufenkonzept von 1974 (...).

Im Sekundarstufenkonzept von 1974 entwickelt der Bildungsrat eine völlig neue Form der institutionellen Koordination aller „Lernorte" in der Sekundarstufe II, durch die insbesondere das schwierige Problem der Einbeziehung des „Dualen Systems" einer Lösung zugeführt werden sollte. Nach Meinung des Bildungsrates sollte nach diesem Modell die Sekundarstufe II nicht mehr nach Bildungs*institutionen* sondern nach Bildungs*gängen* strukturiert werden. Um alle Bildungsgänge nach einem gemeinsamen organisatorischen und didaktischen Konzept gestalten zu können, schlägt der Bildungsrat ein „Lernortverbundsystem" vor, „das als ein Institut der Kooperation der vier Lernorte zu begründen ist". Dabei werden als Lernorte *Schule, Lehrwerkstatt, Betrieb und das neu* zu schaffende *„Studio" genannt.* Die Institution, in der die vier Lernorte zu einer „kooperativen Organisation" zusammengefaßt sind, soll nach dem Willen des Bildungsrates *„Kolleg"* genannt werden. (...)

Wenden wir uns nun dem ersten Realisierungsversuch dieses Konzeptes zu. Anfang der siebziger Jahre erschien die allgemeine bildungspolitische Konstellation für die organisatorische wie didaktische Konzeptionierung einer integrierenden Sekundarstufe II noch günstig. Die Diskussion des „Strukturplanes für das Bildungswesen" hatte einen breiten öffentlichen Konsens über die Notwendigkeit radikaler Eingriffe in die Bildungsstrukturen erkennen lassen, der „Bildungsbericht '70" der Bundesregierung orientierte sich in seinen Aussagen zur Verbindung von Allgemeinbildung und Berufsbildung praktisch ohne Abstriche an den Prinzipien des Strukturplanes. Doch schon im „Bildungsgesamtplan" von Bund und Ländern (1973) finden sich Positionen, die das „Ende der öffentlichen Emphase für die Bildungsreform" (Blankertz) andeuten. Zwar wird in diesem Dokument die „Herstellung der Gleichwertigkeit von beruflicher und allgemeiner Bildung" noch angestrebt, „wobei das berufliche Schulwesen neu zu

2 Siehe auch den Beitrag von *Blankertz* (Text 15) im vorliegenden Band.

ordnen und auszubauen und die gymnasiale Oberstufe in der geplanten und differenzierenden Form neu zu entwickeln ist". Zwar wird die „curriculare Abstimmung und Verzahnung von Bildungsgängen im derzeitig allgemeinen und beruflichen Bildungswesen" noch als Reformprinzip genannt, eine organisatorische „Zusammenfassung der verschiedenen Bildungsgänge und Ausbildungsformen des Sekundarbereichs II" soll jedoch allenfalls in Modellversuchen erprobt werden.

Diese Formulierungen zeigen, daß offensichtlich nach dem Willen von Ländern und Bund für den Sekundar*bereich* II zunächst einmal „die traditionelle Trennung der beiden Bildungswege (...) festgeschrieben" werden sollte. Daß noch nicht einmal das Problem der „Gleichwertigkeit" durchdacht war, das zeigt der Hinweis auf die Neugestaltung der gymnasialen Oberstufe, so daß sich folgern läßt, daß im ersten (...) Bildungsgesamtplan der Bundesrepublik das Scheitern der Integrationspolitik im Bildungswesen schon angelegt bzw. vorweggenommen war (...).

„Kollegstufe NW" – Beispiel 1

Das erste Bundesland, das das Konzept des Bildungsrates für eine integrierte Sekundarstufe II organisatorisch und didaktisch zu konkretisieren versuchte, war das Land *Nordrhein-Westfalen.* (...) Im Jahr 1972 legte die 1970 unter dem Vorsitz von *Herwig Blankertz* eingerichtete Planungskommission ihre Empfehlungen vor. Sie beginnen mit einer bildungstheoretischen Begründung, in der die Möglichkeit einer inhaltlichen Definition von allgemeiner Bildung angesichts des gesellschaftlichen, kulturellen und wissenschaftlichen Entwicklungsstandes ausgeschlossen wird.

Die sog. „Bildungs*inhalte* (...) können nicht mehr aus einer Bildungs*theorie* abgeleitet werden, sie ergeben sich als gesellschaftliche Anforderungen an Schule und Unterricht. Allerdings, und hier erfolgt die klare Anknüpfung an die Überlegungen des Deutschen Bildungsrates, müssen diese Inhalte dem Anspruch von Wissenschaftlichkeit und Kritik standhalten. Beide Prinzipien vereinigen sich in der Kollegstufe zur „Wissenschaftspropädeutik" als systematisch zu praktizierendem Hauptthema. Der Wissenschaftsbezug des Unterrichts muß sich bis zu dieser Stufe so verdichtet haben, „daß er nun die für das wissenschaftliche Arbeiten und Erkennen typischen Probleme der Objektivierung und der Abstraktion im Medium der jeweiligen Sachfragen zu seinem Gegenstand machen kann".

Das Strukturmodell, das diesen Grundsätzen entsprechen soll, weist die folgenden hauptsächlichen Merkmale auf: [a] eine vollkommene organisatorische Integration von gymnasialer Oberstufe und beruflichen Schulen; [b] eine radikale Auflösung des Klassenverbandes zugunsten eines differenzierten Kurssystems; [c] eine Systematisierung des Lehrangebotes nach drei „Lernbereichen": Schwerpunktprofil, obligatorischer Bereich und Wahlbereich; [d] eine konsequente curriculare Integration aller Bildungsgänge der Kollegschule.

Die Planungskommission hatte beschlossen, über die Vorgaben des Kultusministers und die Überlegungen des Bildungsrates hinaus auch die Teilzeit-Berufsschule in das Programm einzubeziehen, was eine Trimester-Ordnung für die gesamte Unterrichtsorganisation notwendig machte. Durch „Blockung" des Teilzeitunterrichts eröffnete sich damit für die Berufsschüler die Möglichkeit, am Vollzeitunterricht der übrigen Kollegiaten teilzunehmen. Die Schwerpunktprofile zeigen sich durch die angestrebten Abschlüsse definiert; der diesbezügliche Unterricht soll 12–16 Wochenstunden betragen (obligatorischer Bereich 6–8, Wahlbereich 6–12 Wochenstunden). Innerhalb der Schwerpunktprofile sind bestimmte Kurskombinationen verbindlich vorgeschrieben, studienbezogene Schwerpunktprofile müssen mindestens 75 Prozent wissenschaftspropädeutische Kurse enthalten, berufsqualifizierende mindestens 20 Prozent. In einer voll ausgebauten Kollegschule sollten die folgenden Abschlüsse erreicht werden können: (1.) Studienqualifikation (allgemeine Hochschulreife, Fachhochschulreife); (2.) Berufsqualifikation (Betriebsausbildung + Berufsschule, Berufsgrundschuljahr – Betriebsausbildung + Berufsschule, Berufsfachschule ein- und zweijährig); (3.) Berufsvorbereitung (mit und ohne Sekundarstufenabschluß I); (4.) Berufsbefähigende Lehrgänge (an Stelle der bisherigen sog. „Jungarbeiterklassen", d. h. Klassen für Berufsschulpflichtige ohne Lehrvertrag).

Als Besonderheit der Kollegstufe muß berücksichtigt werden, daß sich aus ihrer organisatorischen und curricularen Anlage die Möglichkeit zum Erwerb sog. „Doppelqualifikationen" ergibt, d. h. der Erwerb von Hochschulreife und Berufsqualifikation in einem integrierten Bildungsgang. Dieser bis dahin im westdeutschen Bildungssystem nicht mögliche Abschluß der Sekundarstufe II und das letztlich doch ungeklärte Verhältnis der Kollegstufe zum Dualen System der Berufsausbildung, dessen Kern – die Betriebsausbildung – andere Träger-, Rechts- und politische Einflußstrukturen aufweist als das öffentliche Schulwesen, bildeten dann folgerichtig das Einfallstor für die verbreitete Kritik an diesem Modell. (…)

Zusammenfassend läßt sich feststellen, daß die Diskussion über die Kollegschule von der Konzeptionsphase (1970–1977) bis zum Auslaufen der Kollegschul-Sondervereinbarung mit der KMK im Jahre 1985 im Lande ohne besondere Schärfe verlief. (…) Trotz anderslautender, positiver Belege durch die wissenschaftliche Begleitung des Kollegstufenversuchs wurden die Praktikabilität des Integrationsansatzes und die Möglichkeit der Doppelqualifizierung [vor der Landtagswahl 1985] massiv angezweifelt und z. T. mit übler Polemik belegt. Auf der offiziellen politischen Ebene ging es dagegen ganz eindeutig um die Verteidigung der allgemeinen Hochschulreife, des zentralen Berechtigungsnachweises für die akademischen Berufspositionen. (…) Die KMK empfahl die bundesweite Anerkennung der Doppelqualifizierung mit allgemeiner Hochschulreife lediglich unter der Maßgabe, daß der entsprechende Bildungsgang vier, statt der vorgesehenen drei Jahre dauern sollte.

Der KMK-Beschluß vom 17./18. April 1986, der verbreitet als hart erkämpfter Kompromiß bewertet wird, entfernt sich nicht nur von dem Konsens, die gymnasiale Oberstufe für berufsbezogene Fachrichtungen und Inhalte zu öffnen bzw. offen zu halten, wie er noch in der Vereinbarung von 1972 enthalten war, er markiert darüber hinaus im Rückblick schon das Ende der auf die Sekundarstufe II bezogenen Integrationspolitik in Nordrhein-Westfalen (…).

Am 25. November 1997 wurde das „berufsbildende Schulwesen“ in Nordrhein-Westfalen durch das „Gesetz zur Änderung des Schulverwaltungsgesetzes (Berufskolleggesetz)“ neu geordnet. In diesem Gesetz wird explizit der eigenständige Wert der beruflichen Bildung betont, und (…) werden umfassende Handlungskompetenz und lebensbegleitendes Lernen als wesentliche Ziele für eine zukunftsorientierte Vorbereitung auf das Berufsleben definiert. (…) Eine spezielle „Ausbildungs- und Prüfungsordnung Berufskolleg“ bestimmt die verschiedenen Abschlüsse. Die berufsqualifizierenden reichen von der Berufsvorbereitung bis zur beruflichen Weiterbildung, an allgemeinbildenden Schulabschlüssen werden sämtliche Abschlüsse der Sekundarstufen I und II vergeben – vom nachträglichen Hauptschulabschluß bis zur allgemeinen Hochschulreife. Eine Spezialität bilden die sog. „doppeltqualifizierenden“ Bildungsgänge mit einer Berufsausbildung nach Landesrecht (= Assistentenberufe) und dem Erwerb der allgemeinen Hochschulreife.

Wie umfassend und flexibel dieses Sekundarschulmodell auch immer sein mochte, zwei entscheidende Ziele des ursprünglichen Reformprogramms wurden mit ihm nicht erreicht: (1.) die Einbeziehung der gymnasialen Oberstufe in den Verbund und (2.) die Ermöglichung einer Doppelqualifizierung auch im Zusammenhang mit den Ausbildungsberufen nach Berufsbildungsgesetz (BBiG) und Handwerksordnung (HwO), also den Massenberufen im Dualen System der Berufsausbildung. (…)

„Oberstufenzentren“ in Berlin – Beispiel 2

Berlin war Anfang der sechziger Jahre ein Vorreiter der Gesamtschulentwicklung gewesen, insofern lohnt es sich, den groß angelegten und ehrgeizigen Versuch dieses Stadtstaates zu analysieren, mit dem versucht wurde, auch eine integrierte Sekundarstufe II zu schaffen, die sich sozusagen als das noch fehlende Element einer umfassenden Strukturreform im Bildungswesen verstehen ließ. (…)

Am 12. September 1972 wurde durch Senatsbeschluß ein *ressortübergreifendes Planungsteam* und ein *Planungsausschuß* für den Bereich der Sekundarstufe II (Oberstufenzentren) eingesetzt. Im „Schulentwicklungsplan II“ von 1973 wurde das Ziel der Integrationspolitik klar bestimmt: berufsgerichtete und studienbezogene Bildungsgänge sind soweit möglich – zu integrieren. (…)

Im Unterschied zu Nordrhein-Westfalen stand das Berliner Unternehmen unter einem enormen Zeitdruck (…). Der Druck entwickelte sich jedoch nicht nur aus einer zu erwartenden demographisch bedingten Übernachfrage nach Plätzen in der Sek II, die Berliner Politik hatte auch endlich zu ihrem Versprechen gegenüber Arbeitgebern und Gewerkschaften zu stehen, das durch Krieg und Mauerbau nahezu aufgeriebene und seither vernachlässigte städtische Berufsschulwesen auf einen modernen Entwicklungsstand zu bringen. (...)

Die Verlaufsgeschichte des Oberstufenprojektes in Berlin ist, anders als beim Kollegschulversuch in NRW, vor allem durch Eigenheiten des Planungsprozesses selbst beeinflußt worden. Im Hinblick auf die Steuerung der Reform entschied sich der Senat für das Instrumentarium des „Berliner Planungssystems" (...). Die drei Ebenen des Planungsprozesses – Zielplanung, Programmplanung, Projektplanung – sollen einen kurzgeschlossenen Informations- und Entscheidungsfluß zwischen den beteiligten Ressorts verbürgen sowie zwischen der politischen und der Verwaltungs-Ebene. (...) Eine institutionalisierte wissenschaftsorientierte Assistenz – wie bspw. im Kollegschulversuch in NRW – war in Berlin nicht vorgesehen. (...)

Die einzelnen Phasen der Integration (...) stellten sich folgendermaßen dar – *Phase I: Konzentration* ist vor allem durch die Errichtung der beruflichen Oberstufenzentren und die Durchführung der Oberstufenreform an Gymnasien gekennzeichnet; *Phase II: Annäherung* sieht die Entwicklung gemeinsamer Kurse für studien- und berufsqualifizierende Bildungsgänge vor, Abstimmung der Unterrichtsorganisation und Neuordnung der Abschlüsse in der Sekundarstufe II; in *Phase III: Zusammenschluß* sollten dann einheitlich organisierte Kollegs, ein einheitliches Kurssystem und eine einheitliche Verwaltung für die staatlichen und privaten Lernorte in der Sekundarstufe II realisiert sein.

Diese konsequente Verwirklichung des Stufenprinzips in der Struktur des Bildungswesens hätte als Konsequenz die Auflösung des Gymnasiums nach sich gezogen: in der Mittelstufe wäre diese traditionsbeladene Institution Teil der Gesamtschule geworden, in der Sekundarstufe II wäre sie in den Oberstufenzentren [OSZ] aufgegangen. Das Planungsteam hatte diesen Prozeß im Entwurf des Abschlußberichtes eindeutig festgeschrieben, doch die Senatsschulverwaltung war nicht bereit, diese Empfehlung zu übernehmen: in der endgültigen Fassung des Abschlußberichtes wurde schon die Existenz des Gymnasiums nicht mehr in Frage gestellt. Knapp und präzise heißt es da: „Neben den Oberstufenzentren wird es in Berlin (West) weiterhin Gymnasien für Schüler studienbezogener Bildungsgänge geben".

Offensichtlich war der politische Druck von Seiten der „gebildeten Oberschicht" gestiegen. So hatte bereits 1974 die CDU-Fraktion im Berliner Abgeordnetenhaus in einer Stellungnahme mit dem Titel „Chancengerechtigkeit und Freiheit" gegen die Integrationspläne des Senates Stellung bezogen. „Unter der Zauberformel der Integration von allgemeiner und beruflicher Bildung", so nicht ohne Polemik, „ist letzthin gemeint, daß jeder Bildungsweg auch zu einer Studienberechtigung führen soll". Der „Deutsche Philologenverband" nahm seine Vorstandssitzung in Berlin im November 1976 zum Anlaß, die Kultusminister vor weiteren Veränderungen in der Sekundarstufe II zu warnen. (...)

Der beschriebene Zeitdruck, die im Planungsteam oft beklagte Unbeweglichkeit der Bürokratie, der steigende politische Druck konservativer Provenienz, vor allem aber die deutlichen Absetzbewegungen wichtiger Unterstützergruppen von zentralen Vorhaben bewirkten, daß immer mehr wichtige innovative Elemente des Berliner Oberstufenprogramms aufgegeben wurden, so die Einführung eines verbindlichen Berufsgrundbildungsjahres für alle Bildungsgänge im OSZ, die Errichtung der „Technisch-Apparativen Zentren" als neue Lernorte für eine berufspraktische Ausbildung an den OSZ, die allgemeine Durchsetzung des zweiten Berufsschultages oder die Einrichtung von Ergänzungslehrgängen zum Erwerb der allgemeinen Hochschulreife für Absolventen der Fachoberschulen. (…)

Insbesondere die Aushöhlung des als „Kernstück" der OSZ-Konzeption geplanten einheitlichen Berufsgrundbildungsjahres (BGJ) hat die anvisierte Integrationsidee letztlich in der Praxis scheitern lassen. Noch 1974 bestand die entscheidende planerische Aufgabe darin, „die Lehrinhalte des Berufsgrundbildungsjahres so zu gestalten, daß es einerseits voll auf eine anschließende Berufsausbildung dieses Berufsfeldes, andererseits jedoch soweit wie möglich auch im Hinblick auf eine allgemeine Hochschulreife bzw. eine Fachhochschulreife angerechnet werden kann". Diese Zielformulierung ist klar auf eine echte „Doppelqualifizierung" ausgerichtet, kein Wunder, daß auch genau an diesem Punkt die Kritik der KMK ansetzte. Bis 1986 war zwar die „Berliner Form eines Beruflichen Gymnasiums" mit spezifischem Berufsgrundbildungsjahr und beruflichem Prüfungsschwerpunkt (…) als Schulversuch toleriert worden. Doch danach mußte das BGJ im Berliner Beruflichen Gymnasium wegen des großen berufsorientierten Anteils in der Stundentafel des weitgehend nach Bundesrecht geregelten Lehrprogramms auf Druck der übrigen Bundesländer aufgegeben werden.

Auch der Berliner Integrationsversuch auf der Sekundarstufe II mündete also letztlich nur in eine Neuordnung des beruflichen Schulwesens ein. (…) Im Einzelnen bescherte dieser ehrgeizige Reformversuch dem Westteil der Stadt einen ansehnlichen Kranz moderner bzw. modernisierter Berufsschulzentren und in diesen: neue Berufsfachschulen und Fachoberschulen sowie neue beruflich orientierte Gymnasien, weiterhin berufsbefähigende Lehrgänge für das 10. Schuljahr in Vollzeitform und Übergänge von einer Teilzeitschule (= Pflichtberufsschule) auf Vollzeitlehrgänge im 11. Schuljahr für Jugendliche ohne Ausbildungs- oder Arbeitsverhältnis.

Neue berufsbildende Gymnasialformen[3]

In beiden Fällen – sowohl in Nordrhein-Westfalen wie in Berlin – ist es immerhin gelungen, neue eigene Gymnasialformen im beruflichen Sektor der Sekundarstufe II zu begründen und ihre Anerkennung bundesweit durchzusetzen. Doch eine echte Inte-

3 Die Zwischenüberschrift wurde vom Herausgeber eingefügt.

gration von beruflich-fachlichem und allgemeinem Lernen ist in diesen Oberstufen nicht verwirklicht worden. (…)

Es liegt natürlich nahe, für das Scheitern der großen Projekte der Berufsbildungspolitik in den siebziger Jahren in erster Linie die letztlich nicht aufzubrechenden gesellschaftlichen Machtverhältnisse verantwortlich zu machen. Daß es „bewußter politischer Planung möglich sein könnte, der Ökonomie des Marktes und der privaten Wirtschaft einen größeren Spielraum zur Gestaltung der gesellschaftlichen Verhältnisse nach den Bedürfnissen der Menschen nach mehr Wissen und kultureller Teilhabe abringen zu können“, dieser Glaube währte in der Tat nicht lange, genau genommen lediglich von Mitte der sechziger bis Mitte der siebziger Jahre. Wir sind indes der Meinung, daß speziell für das Scheitern der Integrationsversuche nicht allein die konservative Gegenmacht verantwortlich zu zeichnen hat, es ist einfach nicht zu übersehen, daß die Integrationskonzepte selbst sich in gefährlichem Maße ideologisch aufgeladen zeigten (…).

Sichtbar wird dies sowohl an zentralen organisatorischen wie didaktischen Konstruktionselementen der Integrationsprojekte. Dazu zwei Beispiele: (1.) Um den Anspruch der Realisierung von materialer Chancengleichheit aufrechterhalten zu können, ergab sich für die ernsthaften Integrationsversuche als Notwendigkeit die Berücksichtigung der Berufsausbildung im Dualen System, d. h. die Einbeziehung der Ausbildungsberufe nach Berufsbildungsgesetz und Handwerksordnung. Da diese Ausbildung in ihrem dominierenden betrieblichen Teil keinen schulrechtlichen Bestimmungen unterliegt, hatte der Deutsche Bildungsrat in seinem Strukturplan eine Einbeziehung dieses Qualifikationsbereichs in eine integrierte Sekundarstufe II noch für nicht durchsetzbar gehalten.

In den Empfehlungen zur Neustrukturierung der Sekundarstufe II von 1974 versuchte der Bildungsrat überraschenderweise diesem Verzicht durch das Konzept eines „Lernortverbundes“ abzuhelfen: die Lernorte der Sekundarstufe II – Schule, Betrieb, Lehrwerkstatt und Studio – wurden zu einer „kooperativen Einheit“, dem „Kolleg“ zusammengefaßt, einer lernortübergreifenden Institution, die – da sie nach Meinung des Bildungsrates keine Schule sei – die Einbeziehung nicht-schulischer Lernorte wie Betrieb oder Lehrwerkstatt erlaubte. Schon die Aufgabenstellung für das Kolleg, nämlich die Lernprogramme der einzelnen Lernorte „nach staatlichen Vorgaben“ aufeinander abzustimmen, verweist indes auf die Brüchigkeit der ganzen Konstruktion. Nicht nur, daß die begriffliche Neuschöpfung „Lernort“ sich bei genauerer Analyse als eine reichlich unausgegorene pädagogische Idee herausstellte, weit schwerer wog, daß mit diesem Konstrukt das eigentliche Problem grundsätzlich nicht zu lösen ist. (…)

Das problematische Spannungsverhältnis zwischen öffentlicher und privater Trägerschaft ist also faktisch mitnichten aufgehoben. Die „Berufsbildung“ bleibt nach wie vor korporatistisch verfaßt und dem dominierenden Einfluß der privaten Betriebe und ihren gesellschaftlichen Interessenvertretungen unterworfen. (…)

(2.) Die für die Didaktik der Integrationsversuche zentrale Frage der Herstellung von „Gleichwertigkeit“ gymnasialer und beruflicher Bildungsgänge wurde vom Bildungsrat zum einen durch die Liquidierung der Allgemeinbildungsidee, andererseits durch die Ersetzung dieser Normierung durch die Orientierung an fachlichen und allgemeinen Lernzielen zu beantworten versucht. Die allgemeinen Lernziele sollten dabei gegenüber den fachlichen eine kritische Funktion vertreten, d. h. sie sollten von ihnen eine Form der Vermittlung im Lernprozeß verlangen, durch die sie sich als pädagogisch rechtfertigen können. Dies sollte in der Unterrichtspraxis durch die Unterwerfung des fachlichen Lernens unter die – „bildungstheoretischen" – Kriterien der „Wissenschaftsorientierung" und der „Kritik" geschehen. (...)

Dem Verzicht der studienbezogenen Bildungsgänge auf den gymnasialen Allgemeinbildungskanon mußte nach Meinung der Planungskommission auf der Seite der berufsqualifizierenden Bildungsgänge der Anschluß an Programm und Niveau der Wissenschaftspropädeutik entsprechen. Rechtfertigen läßt sich dies daraus, daß die beruflichen Anforderungen immer stärker von Wissenschaften und wissenschaftlichen Technologien bestimmt werden, so daß auch die Berufsausbildung der Tendenz zur Theoretisierung und Intellektualisierung zu folgen hat. Doch diese für die didaktische Konzeption einer integrierten Sekundarstufe zentrale Voraussetzung – die These von der Konvergenz wissenschaftlichen und beruflichen Lernens – erweist sich bei näherer Prüfung als eine Fehleinschätzung. (...)

Im Klartext: In der Wissenschaft geht es um Erklärungen, im beruflichen Handeln um Entscheidungen im Hinblick auf eine zu bewältigende Aufgabe. Dieser grundsätzliche Unterschied zieht wichtige Folgen für das akademische und berufliche Lernen nach sich: wissenschaftlich-akademisches Lernen orientiert sich didaktisch primär an wissenschaftlichen Disziplinen, berufliches Lernen an praktischen, ergebnisorientierten beruflichen Handlungsmustern. (...)

Grundsätzlich betrachtet ersetzt der Kollegschulversuch die verworfene Allgemeinbildungsideologie durch das didaktische Prinzip wissenschaftlich-akademischen Lernens, was den Einbezug stark theoriebezogener Berufsausbildung zwar erlaubt, die Mehrzahl vor allem der gewerblich-industriellen Berufe aufgrund ihrer Praxisbetonung jedoch ausschließt. Die bemühte „bildungstheoretische" Grundlegung des Kollegschulmodells erweist sich, kritisch unter dieser Perspektive betrachtet, gleichfalls, wie die „Allgemeinbildung", als bloße Ideologie.

Soziale Rolle und berufliche Sozialisation
Zur berufspädagogischen Verwendung einer soziologischen Kategorie

WOLFGANG LEMPERT

Vorbemerkung

In unserem Projekt soll versucht werden, politökonomische, soziologische und sozialpsychologische Theorie-Fragmente zum Zwecke einer kohärenten Analyse verfügbarer Daten über Funktionen und Strukturen des beruflichen Bildungswesens der Bundesrepublik miteinander zu verknüpfen und diese Analyse soweit auszuführen, daß Prioritäten künftiger Reformen und Forschungen rational begründbar werden, die sich gegenwärtig nur mehr oder minder willkürlich festlegen lassen, weil hierfür geeignete systematische und zugleich hinreichend konkrete Konzeptionen vorläufig fehlen.

Problem und Methode

Kritische Wissenschaft zielt auf menschliche Emanzipation, auf den Abbau der Beschränkungen, die die jeweiligen Formen der Beherrschung äußerer und innerer Natur für die Artikulation und Befriedigung unserer Bedürfnisse darstellen. Kritische Sozialwissenschaft analysiert eine spezifische Quelle bewußten und unbewußten Leidens, die Ungleichheit der Chancen und Fähigkeiten verschiedener Menschen zur Bedürfnisbefriedigung und Bedürfnisartikulation, und versucht, deren historische und biographische Genese im Zusammenhang zu begreifen, um daraus Strategien zur Beeinflussung gesellschaftlicher Entwicklungstendenzen und individueller Lebensläufe im Interesse verminderten Leidens, vermehrten Glückes der Benachteiligten abzuleiten.

Die Befunde, zu denen derartige Bemühungen bisher geführt haben, sind nicht sehr ermutigend, gleichwohl auch nicht gänzlich negativ. Zwar überwanden die Menschen weitgehend ihre Abhängigkeit von der Natur, gleichzeitig aber unterwarfen sie sich neuen Restriktionen. Die Zwänge der äußeren Natur vertauschten sie mit denen sozialer Institutionen, die der inneren mit denen des persönlichen Gewissens, und die gesellschaftlich verursachte Ungleichheit nahm fast immer nur zu, nicht ab. Der besondere Zwangscharakter dieser zweiten Natur beruht auf ihrer Verhärtungstendenz. Daß Gesellschafts- und Persönlichkeitsstrukturen ihre Ursprungssituationen, denen sie angemessen sein mögen, überdauern, dafür sorgt besonders ihre Tradierung in der Generationenfolge, im Prozeß der Sozialisation. Durch sie werden Sozial- und Verhaltensformen, die ursprünglich nur vorläufige Lösungen sich wandelnder Problem- und Konfliktlagen darstellten, unter maßgeblicher Beteiligung ihrer Nutznießer zu absolut gerechtfertigten Ordnungen und Tugenden umstilisiert und damit tendenziell der Verfügung der Majorität entzogen. Beruht die Macht der bestehenden Verhältnisse wesentlich auf dem Vergessen ihrer Genese, dann könnte deren Reflexion dem Fortschritt zu einer Gesellschaft von Freien und Gleichen förderlich sein. Dann allerdings müßte die Sozialisation ihre herkömmliche Funktion radikal verändern.

Das Zentrum verhärteter Herrschaftsverhältnisse liegt im System der gesellschaftlich organisierten Arbeit, im Beschäftigungssystem. Wird unter beruflicher Sozialisation jegliche Prägung von Individuen für und durch Tätigkeiten im Beschäftigungssystem verstanden, dann erfüllt sie eine Schlüsselfunktion sowohl für die Erhaltung als auch für die Aufhebung sozialstruktureller Zwänge und Disparitäten. Ihr hätte kritische Sozialwissenschaft sich deshalb bevorzugt zuzuwenden und insbesondere die berufsbezogenen Lernprozesse jener Mehrheit zu untersuchen, die nach den Kriterien der Macht, des Wissens, des Einkommens und des sozialen Ansehens benachteiligt ist, und zu der die meisten Lehrlinge und Lehrabsolventen gehören.

Der Forschungsstand spiegelt getreulich die herrschenden Interessen: Sind Studien zur beruflichen Sozialisation ohnehin rar, so wurde die der unteren Beschäftigungsgruppen bisher geradezu sträflich vernachlässigt. So fehlen nicht nur viele wichtige Informationen, auch der kategoriale Rahmen ist vorerst defizitär, zumindest kontrovers. Das gilt gerade für jenen Begriff, mit dem mehrere Wissenschaftszweige, die bei der Untersuchung beruflicher Sozialisationsprozesse miteinander verknüpft werden müssen – Arbeits-, Berufs-, Betriebs- und Organisationssoziologie einerseits, Sozialisationsforschung andererseits – vielfach operieren, und der deshalb als Bindeglied zwischen den relevanten Kategoriensystemen besonders geeignet erscheint: für den Begriff der „sozialen Rolle". Können wir den Rollenbegriff für die kritische Analyse der beruflichen Sozialisation benachteiligter Gruppen überhaupt gebrauchen, und, wenn ja: wie wäre er zu diesem Zwecke zu definieren und mit anderen Kategorien zu verbinden? Die zweite Frage überzeugend beantworten heißt zugleich die erste klären helfen, gleichwohl wird auf die erste zunächst gesondert eingegangen, denn dadurch läßt sich die Zielsetzung des Artikels präzisieren. Es folgt eine Explikation von sechs Kriterien, die der Rollenbegriff erfüllen muß, wenn er in dem geforderten Sinne fruchtbar werden soll. In den weiteren Abschnitten wird versucht, Möglichkeiten einer Erfüllung dieser Kriterien zu skizzieren. Daß dabei im Hinblick auf die behandelten Probleme

(...) eklektisch zu verfahren ist, ergibt sich aus dem Umfang des Themas und aus der Fülle der vorliegenden Literatur.

Zur Rollenhaftigkeit menschlicher Existenz

Die Verwendung des Rollenbegriffs für die Analyse beruflichen Handelns und Lernens wäre unbedenklich, (...) wäre die Rollenhaftigkeit eine anthropologische Konstante, das Postulat einer rollenlosen Gesellschaft also eine schlechte Utopie. (...) Begreifen wir Rolle vorläufig als ein Bündel von Regeln symbolisch vermittelter Interaktionen, dann hat diese Konzeption viel für sich, nicht erst unter dem Aspekt der Selbstverwirklichung, sondern schon unter dem der bloßen Selbsterhaltung. Wie anders sollen wir instinktlosen Wesen dem lähmenden Zwang zu fortwährenden Entscheidungen und den dissoziierenden Folgen permanenter Mißverständnisse entrinnen und erfolgreich miteinander verhandeln und handeln als dadurch, daß wir uns an Rollen halten, wie anders die Erfahrung der Unzulänglichkeit aller konkreten Regelungen aktiv verarbeiten als dadurch, daß wir uns von unseren Rollen immer wieder distanzieren, sie zu wechseln und zu verändern trachten? Was ist der historische Prozeß der Arbeitsteilung, der die Struktur der Gesellschaft wesentlich bestimmt, anderes als die Ausdifferenzierung sozialer Rollen und Rollensysteme, was der biographische Vorgang der Sozialisation, der dem einzelnen seine spezifische Prägung vermittelt, anderes als seine Verkörperung in Sequenzen von Rollenkombinationen? (...) [Die] Fruchtbarkeit des Rollenbegriffs beruht vor allem auf seiner Verknüpfungsfunktion, und erst in der Verknüpfung mit anderen Begriffen gewinnt er selbst seine historische und biographische Präzision.

Desiderate einer Rollenanalyse – beruflichen Handelns und Lernens in kritisch-emanzipativer Absicht

Verknüpfen soll der Rollenbegriff vor allem jene Dimensionen der Realität, die im beruflichen Handeln und Lernen miteinander vermittelt werden: soziale und individuelle Strukturen und Entwicklungsprozesse – erstes Desiderat.

Wenn die geforderte Rollenanalyse zur Erhellung nicht nur von gesellschaftlichen Strukturen, sondern auch von sozialen Veränderungsprozessen beitragen soll, dann muß sie instrumentelles und kommunikatives Handeln („Technik“ und „Praxis“, „Arbeit“ und „Interaktion“; [Habermas]) sowie die zugehörigen Qualifikationen, Motivationen und Lernprozesse gleichermaßen und differenzierend berücksichtigen – zweites Desiderat.

Ist kritische Sozialwissenschaft wesentlich an solchen sozial-strukturellen Veränderungen interessiert, die als Verringerung von Minderprivilegierung aufgefaßt werden können, dann muß ihr Rollenbegriff die Stellung des einzelnen im System gesellschaftlicher Ungleichheit, in sozialen Schichtordnungen, Herrschaftsverhältnissen und Klassenstrukturen erkennen lassen – drittes Desiderat.

Kann der Abbau gesellschaftlicher Benachteiligung, kann die soziale und berufliche Emanzipation allein an interpretierten Bedürfnissen gemessen werden, dann sind Veränderungen von Rollenstrukturen und darauf bezogenen Handlungstypen, Sozialcharakteren und Sozialisationsformen unter den Gesichtspunkten ermöglichter, verwirklichter, erschwerter und verhinderter Interpretation und Befriedigung von Bedürfnissen zu thematisieren – viertes Desiderat.

Methodisch folgt aus den vier vorgenannten Kriterien die Notwendigkeit einer spezifischen Verbindung empirischer und hermeneutischer Verfahren: Es müßte versucht werden, die sinnlich erfahrbare Seite relevanter Interaktionen (…) exakt abzubilden, deren offenbare und verborgene Bedeutung interpretierend aufzufinden, die ermittelten Bedeutungsaspekte einander gegenüberzustellen und Widersprüche zwischen ihnen auf Defekte der sozialen Realität und/oder des Bewußtseins zurückzuführen – fünftes Desiderat.

Pragmatisch schließlich wäre auf maximale Allgemeinverständlichkeit des gebrauchten Rollenbegriffs und der damit verbundenen Kategorien zu pochen, denn die postulierte Rollenanalyse soll ja nicht nur den Wissenschaftlern zu einem besseren Verständnis der Misere anderer gesellschaftlicher Gruppen verhelfen, sondern vor allem zu deren Aufklärung, Selbstreflexion und Selbstbefreiung dienen – sechstes Desiderat.

Daß diese Desiderate im Rahmen einer kürzeren Abhandlung nicht vollständig eingelöst werden können, ist evident; vielmehr muß ich mich darauf beschränken, einige Argumente zusammenzutragen, die für die Möglichkeit ihrer Einlösung zu sprechen scheinen. (…)

Rolle als Bindeglied zwischen Gesellschaft und Person

Der Rollenbegriff – so lautete das erste Desiderat – soll zwischen sozialen und individuellen Strukturen und Prozessen vermitteln. Seine zweckgerechte Definition und die Nachprüfung ihrer Brauchbarkeit setzen bestimmte Begriffe von Gesellschaft und Individuum voraus. „Gesellschaft" wäre nach der bisherigen Geschichte wohl am ehesten als eine Zwangsassoziation von Individuen zu charakterisieren, die durch die Notwendigkeit gemeinsamer materieller Reproduktion faktisch und durch legitimierende Traditionen ideologisch zusammengehalten und durch ihre inneren Widersprüche in ihrer Entwicklung vorangetrieben wird. Die zugehörigen individuellen Persönlichkeitsstrukturen sind demgemäß durch weitgehende Unterdrückung besonders sexueller, auch (…) aggressiver Triebregungen aufgrund externer, vor allem aber internalisierter sozialer Forderungen, Verheißungen und Drohungen geprägt.

Behandeln die Soziologie als kritische Theorie der Gesellschaft und die Psychologie als kritische Theorie des Subjekts insofern nur zwei Seiten derselben „Sache", als Sozial- und Persönlichkeitsstrukturen voneinander abhängen, dann müssen ihre Begriffe sich miteinander vermitteln lassen. (...)

Spiele folgen Regeln. Regeln regeln Interaktionen, indem sie Rechte und Pflichten der Beteiligten festlegen. Die Erfüllung der Rollenpflichten durch die Rollenspieler wird von deren Bezugspersonen und/oder Bezugsgruppen erwartet („Rollenerwartungen") und oft belohnt, ihre Verletzung häufig bestraft. Indem die Angehörigen der Bezugsgruppen das Verhalten der Rollenspieler (positiv oder negativ) sanktionieren, kommen sie ihren eigenen Pflichten nach, so wie das (pflichtgemäße) Verhalten der Rollenspieler für deren Interaktionspartner Sanktionen impliziert. Sanktionen beziehen sich auf Bedürfnisse; Rollen sind also tendenziell auf wechselseitige Bedürfnisbefriedigung der Interagierenden gerichtet. Die Zusammengehörigkeit von Interaktionsregeln zu einer sozialen Rolle, deren Einheit, wird durch den zugehörigen „sozialen Ort" gestiftet, durch Status, Position oder Situation. (...)

Repräsentieren die Rollen selbst die gesellschaftlichen Verhältnisse, also bislang überwiegend den Zwangscharakter sozialer Institutionen, so kommt im Rollenspiel auch die Verfassung der Individuen zum Ausdruck, vorerst besonders ihre Unterwerfung unter veraltete Herrschaftsformen, die gleichwohl als solche weitgehend unsichtbar bleibt, weil der Fremdzwang meist längst zum Selbstzwang geworden ist, die Konformität also äußerer Kontrollen kaum noch bedarf – und ihrer gerade im Beschäftigungssystem auch gar nicht mehr bedürfen dürfte, da die veränderte Organisation der Arbeit äußere Kontrollen zunehmend erschwert. Der Schein eines relativ autonomen Rollenspiels beruht weiterhin auf der häufigen Ambivalenz, Ungenauigkeit und Widersprüchlichkeit von Rollenvorschriften: Sie zwingen die Individuen nicht unmittelbar zu bestimmten Handlungen, sondern verlangen zunächst Leistungen der Interpretation, Definition und Vermittlung sozialer Forderungen – Leistungen, die nur mit Hilfe von Grundqualifikationen wie Rollendistanz, Ambiguitätstoleranz, Ich-Identität und Sprachbeherrschung bewältigt werden können. Stellen die genannten Leistungen notwendige Bedingungen zur Erhaltung der bestehenden Sozialordnung dar, so sind die vorausgesetzten Grundqualifikationen zugleich ein Potential der Veränderung repressiver Rollen.

Alle subjektiven Voraussetzungen für Handeln in sozialen Rollen resultieren aus Sozialisationsprozessen, die wiederum in Rollenbeziehungen ablaufen. Sozialisationsrollen wie die des Schülers sind primär auf Lernvorgänge ausgerichtet; andere Rollen, wie die des Lehrlings, der in erster Linie zu arbeiten hat, wirken eher nebenher sozialisierend; (...) Dabei gelingt die Integration nie total. (...)

Handeln und Lernen in sozialen Rollen als „Arbeit" und „Interaktion"

Erinnern wir uns nun an unser zweites Desiderat: Sollen Rollen selbst den Rahmen gesellschaftlicher Veränderungen abgeben, dann darf das Handeln und Lernen in sozialen Rollen nicht nur als instrumentelle Aktivität, das heißt als Optimierung des Mittelgebrauchs und Qualifikationserwerbs in Ausrichtung auf feststehende Ziele, Zwecke und Standards, also letztlich in der Dimension der Befriedigung oder Repression bereits artikulierter Bedürfnisse begriffen werden; es ist auch als kommunikative Betätigung aufzufassen, die das Erstrebenswerte immer neu definiert und sich damit auf die Dimension der Bedürfnisartikulation resp. ihrer Verhinderung bezieht.

Nach einem weit verbreiteten Verständnis des Rollenbegriffs (...) bedeuten Rollen als Rollen das und nur das, was dem einzelnen von der Gesellschaft als Verhaltensvorschrift unbeeinflußbar vorgegeben ist. Rollenhandeln wäre demnach deren Befolgung, Rollenlernen die erforderliche Vorbereitung, Spontaneität nur außerhalb sozialer Rollen vorstellbar.

Der nach dem Bisherigen naheliegende Einwand, daß Spontaneität ja insofern zu sozialen Rollen gehört, als die Bewältigung vieler Rollen die früher angeführten kreativen Eigenleistungen der Rollenspieler verlangt, greift zu kurz, weil diese Eigenleistungen zur Erfüllung und nicht zur Veränderung von Rollenerwartungen beitragen sollen. Veränderungen von Rollenregeln durch rollenkonformes Verhalten werden erst erfaßbar, wenn man zwischen Dialogrollen und Vertragsrollen resp. dialogischen und vertraglichen Momenten sozialer Rollen unterscheidet und ihre Beziehungen zueinander analysiert. Dialogrollen dienen dem Austausch von Argumenten und damit der Kommunikation, Vertragsrollen dem Austausch von Leistungen, die die Mitteloptimierung implizieren. Durch das kommunikative Handeln in Dialogrollen werden dem Instrumentellen in Vertragsrollen die Ziele, durch letzteres ersterem die Bedingungen gesetzt. Selbstbestimmung der eigenen Rollen findet in dem Maße statt, in dem sich die Inhaber aufeinander bezogener Dialog- und Vertragsrollen aus demselben Personenkreis rekrutieren. (...)

Enthält schon die Teamarbeit, bei der die Rollen der Beteiligten nicht von vornherein und auch nicht auf Dauer festliegen, ein kommunikatives Moment, so würde dieses erst in der selbstorganisierten Tätigkeit soweit entfaltet, wie es im Beschäftigungssystem überhaupt sinnvoll erscheint. Als berufliche Sozialisation ist folglich die Soziogenese nicht nur des Arbeitsvermögens im engeren Sinne technisch-instrumenteller Qualifikationen, sondern auch in dem weiteren der Fähigkeiten zu berufsrelevanten Interaktionen, nicht nur Qualifizierung, sondern auch Politisierung aufzufassen.

Die Institutionalisierung und Reproduktion gesellschaftlicher Ungleichheit in sozialen und beruflichen Rollen

Die marxistische Ideologiekritik am Rollenbegriff gipfelt in dem Vorwurf, dieser Begriff löse „die objektive Begründung des Klassenbewußtseins subjektivistisch auf“ und setze „an die Stelle des Klassengegensatzes das Konzept der sozialen Differenzierung“. Dem möchte ich im folgenden widersprechen und anzudeuten versuchen, wie soziale, speziell berufliche Rollen nach objektiven Restriktivitätsgraden geordnet und zur Klassenstruktur unserer Gesellschaft in Beziehung gesetzt werden können. Damit kommen wir zum dritten Desiderat.

Restriktivität (Repressivität) meint hier Verhinderung von Bedürfnisbefriedigung und Bedürfnisartikulation. Dabei kann (...) zwischen der Restriktivität der Rollenerwartungen/-pflichten und der Restriktivität der Sanktionen/Rechte unterschieden werden. Die Pflichten beruflicher Rollen bzw. ihrer Inhaber lassen sich nach einem empirisch erprobten Schema in folgenden [sieben] Restriktivitätsdimensionen skalieren: [a] Determiniertheit des Dispositionsspielraums, [b] Selbständigkeit der Kontrolle und Korrektur des Arbeitsvollzuges und des Arbeitsergebnisses, [c] Führungsstil der Vorgesetzten, [d] qualitative und quantitative Variabilität der Beanspruchung, [e] mögliche Einsicht in den Arbeitsprozeß, [f] Determiniertheit, Vielfalt und Unmittelbarkeit der Kommunikation mit Gleichgestellten und [g] Einsetzbarkeit der Qualifikation sowie Chancen zur Weiterqualifizierung.

Die Rechte der Inhaber beruflicher Rollen können als legitimierte Ansprüche auf und damit als gesicherte Verfügung über die Sanktionsmedien Einkommen, Ansehen, Information und Herrschaft eingestuft werden. Die Überschneidungen zwischen den beiden Katalogen wären vor deren kombinierter Verwendung zur empirischen Analyse der Restriktivität beruflicher Rollen zu beseitigen. Die Feststellung von „Gesamtrestriktivitäten“ beruflicher Rollen erscheint schwierig, weil weder für die Teilrestriktivitäten der Pflichten und Rechte noch für das Verhältnis von Pflichten zu Rechten ein einleuchtender Generalnenner gefunden werden kann; man muß es wohl bei der Ermittlung von „Restriktivitätsprofilen“ bewenden lassen. (...) Damit wird es möglich, Ausbeutungsverhältnisse im Beschäftigungssystem rollenanalytisch zu fassen: als Beziehungen zwischen Rollen unterschiedlicher Restriktivität, deren Inhaber ungleichwertige Leistungen austauschen. Weil die Äquivalenz von Leistungen nur an den artikulierten Bedürfnissen der Tauschpartner gemessen werden kann, läßt bereits die Asymmetrie der Artikulationschancen Ausbeutung vermuten.

Die Hierarchie der Berufsrollen ist für die Schichtordnung unserer Gesellschaft konstitutiv und wie diese auf Klassenherrschaft, das heißt auf direkte und/oder delegierte Verfügung über Menschen aufgrund von exklusiver Verfügung über Sachen, nämlich über knappe Produktionsmittel zurückzuführen. (...)

Der Versuch, die Stellung von Individuen und Gruppen in Arbeitsorganisationen und ihre soziale Stellung überhaupt mit Hilfe des Rollenbegriffs zu analysieren, muß die objektiven Herrschaftsverhältnisse unserer Gesellschaft also nicht notwendig vernebeln; er kann vielmehr deren konkrete Erkenntnis fördern. (...)

Rollenwandel als Emanzipation

Soziale Benachteiligung in kapitalistischen Gesellschaften und deren Reproduktion lassen sich (...) mit Hilfe des Rollenbegriffs begreifen, wenngleich nicht mit seiner Hilfe allein. Weil die Kritik des Schlechten die Vorstellung des Besseren als Maßstab impliziert, wurde durch die Kennzeichnung ausbeuterischer Rollenverhältnisse bereits die Richtung angedeutet, in der die Struktur der sozialen, speziell der beruflichen Rollen und der zugehörigen Sozialcharaktere zu verändern wäre, wenn wir einer Gesellschaft näherkommen möchten, die ihren Mitgliedern die maximale und gleichberechtigte Artikulation und Befriedigung ihrer Bedürfnisse erlaubt. Hierauf sei nun genauer eingegangen. Damit wird zugleich gezeigt, daß der Rollenbegriff auch bei der Beschreibung emanzipativer Prozesse gebraucht werden kann.

Das Maximum möglicher Bedürfnisartikulation und Bedürfnisbefriedigung ist an den jeweiligen Entwicklungsstand der Produktivkräfte gebunden. Das Maß der Beherrschung äußerer Natur begrenzt sowohl den Raum, der für die Diskussion des Wünschenswerten zur Verfügung steht, als auch den Vorrat der Mittel und Verfahren für dessen Realisierung. Gleichberechtigte Beteiligung aller Gesellschaftsmitglieder an beiden Prozessen setzt die Symmetrie ihrer sozialen Rollen voraus. Im Hinblick auf Dialogrollen (...) kann das Symmetriepostulat wörtlich genommen, kann Gleichheit der Chancen aller Interaktionspartner „bei der Wahl und der Ausübung von Sprechakten" gefordert werden [Habermas]. Im Hinblick auf die sonstigen Rollen bzw. Rollendimensionen läßt sich dieses Postulat generell nur summarisch anwenden, das heißt auf ganze Rollensequenzen und -kombinationen von Individuen beziehen, speziell aber immerhin soweit vertreten, wie sie sich als Vertragsrolle bzw. als die vertragliche Seite sozialer Rollen entwerfen lassen, was für Berufsrollen zweifellos gilt, für Sozialisationsrollen dagegen problematisch erscheint. (...) Soweit soziale Rollen sinnvoll als Vertragsrollen konzipiert werden können, verlangt das Symmetriepostulat die Äquivalenz der ausgetauschten Leistungen, der Rechte und Pflichten der Rollenpartner. (...)

Sind Rollen nicht durch äußere Sanktionen gestützte oder/und fraglos anerkannte Normen verzerrter Kommunikation und einseitiger Tauschrelationen, stellen sie vielmehr durch Argumente begründete, frei vereinbarte, revidier- und kündbare Regelungen des Interessenausgleiches dar,

- dann wird das Rollenhandeln weniger durch Furcht vor Sanktionen sowie vor deren psychischen Repräsentanten, irrationalen Schuldgefühlen, als durch die Einsicht in den Sinn der vereinbarten Regeln als Sicherungen gemeinsamer Interpretation und wechselseitiger Befriedigung von Bedürfnissen motiviert,

- dann werden die handelnden Personen nicht so sehr durch quälende Konflikte zwischen einem strengen Gewissen und unterdrückten oder verdrängten Triebansprüchen teils gelähmt, teils hin- und hergerissen, verfügen sie eher über Ichstärke und kommunikative Kompetenzen, die es ihnen gestatten, auftretende Spannungen aktiv zu verarbeiten, und
- dann bereiten Sozialisationsprozesse weniger auf die Erfüllung sozialer „Laufbahnvorschriften“ als auf die Wahrnehmung politischer Beteiligungsrechte vor.

Vorerst aber sind die sozialen und beruflichen Rollen der meisten Mitglieder unserer Gesellschaft eher repressiv, ihre Handlungen und ihre Erziehung, besonders ihre berufliche Stellung ist eher karrieristisch ausgerichtet. Gleichwohl treten Gegentendenzen hervor: die Ausbreitung pathologischer Verhaltens- und Sprachstörungen einerseits, als Folgen übermäßiger Repression nicht zuletzt in beruflichen Rollen und in der beruflichen Sozialisation, kritischer Orientierungen andererseits, in denen sich traditionelle Demokratievorstellungen, vor allem solche der Arbeiterbewegung, mit aktuell geforderten und im Bildungswesen vermittelten intellektuellen Qualifikationen verbinden. (…)

Rollenanalyse als Verknüpfung erklärender und verstehender Methoden

Rollenanalyse in kritisch-emanzipativer Absicht fordert eine besondere Forschungsstrategie. Sie wurde schon oben grob skizziert – durch die Formulierung des fünften Desiderats – und soll jetzt etwas differenzierter entwickelt werden.

Als Untersuchungsgruppen kommen besonders minderprivilegierte Arbeiter, Angestellte und Lehrlinge in Privatfirmen in Betracht, jedoch nicht nur sie: Zumindest als Kontrollgruppen (…) wären auch gehobene Angestellte und Beschäftigte im öffentlichen Dienst in die Analysen einzubeziehen. Die Erhebungen müßten vor allem Strukturmerkmale (Charakteristika der Region, der Firma, des Betriebes und des Berufs), Merkmale der objektiven Arbeits- und Berufssituation, speziell der Restriktivität der Rollenrechte und -pflichten (einschließlich der Kommunikationschancen), Indikatoren für subjektive Interpretationen, Verhaltensweisen und Handlungspotentiale sowie biographische Daten erfassen. (…)

Emanzipativ verwertbar wird das gewonnene Wissen erst durch die Kommunikation der Forscher mit Angehörigen und Repräsentanten der untersuchten Gruppen von Minderprivilegerten, auch mit ihren Ausbildern und Lehrern. Sie wären mit den Forschungsresultaten zu konfrontieren, um zu klären, wieweit kommunikative Prozesse diese Ergebnisse als a priori falsche Interpretationen widerlegen oder als a posteriori aufgelöste, weil durchschaute Determinanten entkräften. (…)

Rollenanalyse, Rollenspiel und Reflexion als Momente berufspädagogischer Praxis

Soll die Kommunikation zwischen Forschern und Erforschten, die sowohl für die Praxisrelevanz der Wissenschaft als auch für die Wissenschaftsorientierung der Praxis notwendig wäre, als wechselseitiger emanzipativer Lernprozeß gelingen, dann müssen die Wissenschaftler sich ihren Gesprächspartnern verständlich machen. Hierfür dürfte der Rollenbegriff, wie er in dieser Abhandlung verwendet wurde, eher hilfreich als hinderlich sein (...). Auch minderprivilegierte Jugendliche und Erwachsene vermögen ihr Verhalten als Rollenverhalten zu begreifen, in dem sie zugleich sie selbst sind und fremden Vorschriften gehorchen, spontan handeln und regelhaft reagieren; auch ihnen sind soziale Rollen nicht nur als Zwangskorsetts bekannt, sondern (...) auch als Elemente von Ordnungen vertraut, die die Interaktionen freier und gleichberechtigter Individuen regeln und von den Beteiligten durch Vereinbarungen geändert werden können. An dieses umgangssprachliche Verständnis von sozialem Handeln als Rollenspiel hätte der Berufspädagoge anzuknüpfen. (...)

Die zentrale Frage dieser partizipierenden und engagierten Erforschung berufsrelevanter Sozialisation und kompensatorischer Politisierung wäre die: Welches sind die Bedingungen, unter denen sich Fehlentwicklungen von Persönlichkeitsstrukturen, die auf mangelnde Anregungen und hemmende oder sogar deformierende Einflüsse von Elternhaus, Schule und/oder Betrieb zurückzuführen sind, reflexiv korrigieren lassen?

Schlußbemerkung

Vieles Weitere wäre zu klären; insbesondere müßte das Verhältnis der Rollentheorie zum Marxismus einerseits und zur Psychoanalyse andererseits (...) noch gründlich erörtert werden. Eines aber ist wohl jetzt schon evident: daß der Rollenbegriff für die theoretische und empirische Analyse beruflichen Handelns und Lernens sowie in der berufspädagogischen Praxis im Interesse einer Verringerung gesellschaftlicher Rangunterschiede verwendet werden kann. Weiterhin: Wenn die vorgetragenen Argumente zutreffen, dann vermögen wir (...) einer Gesellschaft „ohne Status und Übervorteilung“ [Adorno] immerhin näherzukommen; eine rollenlose Gesellschaft dagegen erscheint gar nicht erstrebenswert. Denn sie bedeutete den totalen Verlust entweder der sozialen Distanz oder aber der sozialen Orientierung – beides beklemmende Alternativen.

Europäischer Qualifikationsrahmen – Verlust der pädagogische Perspektive?

DIETER MÜNK

Bologna – Hat das etwas mit Bildung zu tun?

Eigentlich hätten wir, d.h. die Vertreterinnen und Vertreter der universitär verankerten wissenschaftlichen Disziplin „Berufs- und Wirtschaftspädagogik", schon Ende der 90er-Jahre den „Gruß aus der europäischen Küche" mit einer Replik an die Köche der Sauce Bolognese beantworten müssen, worin Zweifel an der Qualität des angekündigten Menüs hinreichend deutlich hätten angemeldet werden müssen. Es ging (...) um die Wahrung fachwissenschaftlicher Standards in formaler (Master als Regelabschluss), aber vor allem auch in curricularer Hinsicht, insoweit das Basiscurriculum seinem Anspruch nach sehr deutlich die Standards der zu vermittelnden (wissenschaftlichen) Gegenstände benennt, aber weit über diesen Anspruch hinausgeht und für das Studium einen (...) Bildungsanspruch artikuliert, ohne dass indes der Begriff „Bildung" im Sinne einer profunden bildungstheoretischen Positionsbestimmung in den Beschlüssen zur Bologna-Reform auftauchen würde.

Ganz ähnlich betont auch die DGfE [Deutsche Gesellschaft für Erziehungswissenschaft] in ihrer „Stellungnahme zum Europäischen Qualifikationsrahmen und seiner nationalen Umsetzung", sie gehe erstens „von der Voraussetzung aus, dass es sich bei dem Rahmenwerk tatsächlich um ein formales Instrument handelt und handeln soll und nicht um die Vorbereitung inhaltlicher Eingriffe in die Bildungseinrichtungen. [...] Ein Umschlagen in Normierungen muss sorgfältig vermieden werden." Und zweitens moniert die DGfE mit Blick auf das oben erwähnte Problem des pädagogischen Anspruches auf „Bildung", „die Konzeption von EQR [Europäischer Qualifikationsrahmen] und DQR [Deutscher Qualifikationsrahmen]" sei „insgesamt problematisch, insofern bei der Beschreibung von Qualifikationsniveaus die Perspektive der Funktionserfüllung in Arbeits- und Wirtschaftsprozessen dominiert. Eine perspektivisch einseitige Ausrichtung auf Funktionen im Wirtschaftsraum ist jedoch unangemessen für die Beschreibung wünschenswerter Ergebnisse von Erziehungs-, Bildungs-, Ausbildungs- und Lernvorgängen." (...)

Zwar ist der Bologna Prozess nicht identisch mit dem für die Berufsbildung relevanteren „Kopenhagen-Prozess" und dieser wiederum keineswegs deckungsgleich mit der neueren Debatte um den Europäischen Qualifikationsrahmen. Aber beide, sowohl der Bologna- als auch der Kopenhagen-Prozess atmen mit Blick auf ihre Zielkategorien einen ganz ähnlichen Geist und haben diese (...) auch auf den EQR übertragen. Spätestens seit dem Start des Brügge-Kopenhagen-Prozesses befindet sich die berufliche Bildung in Europa im europapolitischen Mainstream sowie im Fahrwasser des Lissaboner Bildungsgipfels und seiner klar ökonomisch bzw. beschäftigungspolitisch fokussierten Zielsetzungen.[1] (...)

Und wo bleibt die Berufs- und Wirtschaftspädagogik?

Angesichts der genannten Umstände bedarf es einer disziplinär spezifischen Forschung, die eine eigenständige und das heißt: eine pädagogische Fragestellung verfolgt. (...) Und erst vor diesem Hintergrund erhalten auch die Debatten der 1960er- und 1970er-Jahre, wie sie etwa von Blankertz mit der berühmten Frage, ob Bildung im Medium des Berufes möglich sei (...) ihren disziplinären Sinn und Bezug.[2] (...)

Aber die für den vorliegenden Beitrag eigentlich interessante Frage (...) zeigt sich dann, wenn die aktuelle Debatte zur europäischen Berufsbildungspolitik von EQR über ECVET und EQAVET aus einer originär berufspädagogischen Perspektive beleuchtet werden soll. Spitzt man [eine aktuelle] These zu, so könnte man sagen, dass das Typische an der berufs- und wirtschaftspädagogischen Perspektive darin besteht, dass sie – zumindest im realen wissenschaftlichen Diskurs – nicht zu existieren scheint. (...)

Zwischenbilanz zum Selbstverständnis der Disziplin

Was [im Diskurs] anklingt, sei hier (...) kurz systematisiert. *Erstens* kann man zwar eine theoretische Diskussion zur wissenschaftlichen Standortbestimmung in der Disziplin erkennen, sie findet indes eher rudimentär statt und vollzieht sich jedenfalls nicht systematisch und im Horizont der gesamten Disziplin; diese wissenschaftstheoretisch und paradigmatisch interessierte Debatte ist allenfalls im Zeitverlauf durch

---

1 Sie auch den Beitrag von *Schütte* (Text 9) im vorliegenden Band.
2 Sie auch den Beitrag von *Blankertz* (Text 15) im vorliegenden Band.

zeitweilige Präsenz und Absenz, vermutlich auch durch gewisse „Moden" charakterisiert, wobei es regelmäßig eher externe Problemstellungen und/oder gesellschaftspolitische Ursachen sind, die in der Vergangenheit zu einer Revitalisierung der Debatte geführt haben.

Dass es *zweitens* so schwierig ist, eine allseits akzeptierte „Basisdefinition" der Disziplin zu finden, hängt mit dem zuvor Dargestellten eng zusammen, ferner aber auch damit, dass die Debatte trotz wiederholter Anläufe und Anstrengungen (…) bis heute nicht systematisch „zu Ende" geführt wurde, ja dass (…) seit 40 Jahren von den generationsbedingt wechselnden Akteuren trotz des massiven sozialstrukturellen Wandels in ihrem theoretischen Kern sehr ähnliche Positionen vertreten und Argumente ins Feld geführt werden: Die von der Fokussierung auf Paradigmen geprägte Diskussion bewegt sich (fast) nicht, wohl aber die gesamte gesellschaftliche und – damit auch – die disziplinäre Systemumgebung. Europa und der EQR ist hierfür nur eines von vielen (…) Beispielen. Darum bleibt dieses Defizit – vermutlich auch auf längere Sicht – ein zentrales Desiderat der Disziplin.

Drittens ist die disziplinäre Debatte seit Jahren von grundsätzlichen Polarisierungen geprägt, die über die Zeit hinweg von erstaunlichem Bestand sind – und zwar sowohl wissenschaftstheoretisch (…), aber auch im Hinblick auf die eingesetzte Methodologie und den jeweiligen Gegenstandsbezug. (…)

In der disziplinären Auseinandersetzung wird dieses Spektrum verschiedener methodologischer Zugänge durch die beiden Pole der „DFG-Forschung" (im Sinne eines „idealtypische(n) forschungslogischen Verlauf(s) einer hypothesenprüfenden empirischen Studie") auf der einen Seite und der „anwendungsorientierten Forschung" im Kontext von Modellversuchsprojekten auf der anderen Seite diskutiert. Vor dem Hintergrund dieses Spektrums differenzieren [sich] (…) in methodologischer Hinsicht drei Forschungstypen: [a] „Distanzierte Forschung" mit dem Primärziel der „Verbesserung von Theorie"; [b] „Intervenierende Forschung" mit dem Primärziel der „Theorieanwendung zur Verbesserung von Praxis"; [c] „Responsive Forschung" mit den Primärzielen der „Theoriebildung, -überprüfung und -anwendung".

Viertens ist mit dem Problem der Methoden – vermutlich sogar ursächlich verbunden – eine bemerkenswert große Diversität der Themen, also des Gegenstands- und Objektbezugs in der Disziplin. Ein genauerer Blick auf die Kategorie Gegenstandsbezug kann durchaus zu der Erkenntnis führen, dass eine differenzierte Diagnose des diesbezüglichen Forschungsstandes mehr Fragen als Antworten generiert; dies fängt schon damit an, dass die Grenzziehung zwischen der Berufs- und Wirtschaftspädagogik als Disziplin und den gleichsam disziplinär extraterritorialen Akteuren, welche die in Rede stehenden Gegenstandsbereiche im Kontext einer schwer abgrenzbaren „Berufsbildungsforschung" ebenfalls bearbeiten, durchaus schwer fällt: Berufsbildungsforschung im Sinne der Forschung an disziplinär „relevanten" Gegenstandsbereichen wird schließlich nicht allein von Mitgliedern der disziplinär begrenzten „scientific community" betrieben.[3] (…)

Vor dem Hintergrund dieser Befunde charakterisiert Euler die bundesdeutsche Berufsbildungsforschung – und damit indirekt auch die BWP als universitäre Disziplin – weniger als ein „kohärentes Forschungsprogramm", denn als „ein Sammelbecken mit unscharfen Rändern". Als Gegenstandsbereiche der Berufs- und Wirtschaftspädagogik identifiziert [er] die

- „systemische Einbettung der Berufsbildung in Bildung und Beschäftigung";
- die „Strukturfragen in Partialsystemen der Berufsbildung" (BVB [Berufsvorbereitung], berufliche Weiterbildung etc.);
- die „Kompetenzforschung" (Kompetenzentwicklung u. -feststellung inklusive methodologischer Instrumentarien;
- die „Lehr-Lernforschung" inklusive Didaktik und Methodik, Bildungsstandards Ordnungsarbeit, Diagnostik etc.);
- die „vergleichende Berufsbildungsforschung" sowie
- den gesamten Bereich der Forschung zu „Innovations-, Implementations- und Transferprozesse(n)".

Im Kern stellt sich also aus disziplinärer Sicht die Situation so dar, dass unterschiedliche Paradigmata in theoretischen wie methodologischen Fragen vorherrschen – ein Sachverhalt, der für eine wissenschaftliche Disziplin durchaus dem Normalfall entspricht – und dass sich insoweit das Forschungsfeld der Disziplin (…) vor allem durch den Forschungsstand in Bezug auf das Feld ihres Objektbereiches ergibt. Diese gegenstandsbezogene Forschung [wird] erst eigentlich disziplinär spezifisch, wenn sie eine disziplinär spezifische, eigenständige – und das heißt: eine pädagogische Fragestellung verfolgt.

Europa, EQR und DQR als Forschungsfeld der Berufs- und Wirtschaftspädagogik

Die hier aufzuwerfende Frage ist nun, wie sich die europäische Debatte (…) „auf der Basis eines pädagogischen Denkstils" [Reinisch], darstellt und wie sie sich idealtypischerweise darstellen könnte. A priori ist klar, dass die europäische Debatte, (…) die sich auf dem Feld der Berufsbildungspolitik vollzieht, schwerlich als berufs- und wirtschaftspädagogisch dominierter Diskurs darstellen lässt. Berufliche Bildung als gleichsam disziplinär typischer „Objektbereich" der Berufs- und Wirtschaftspädagogik war

---

3 Siehe dazu die Beiträge von *Baethge* (Text 6), *Rauner* (Text 16) und *Lempert* (Text 12) im vorliegenden Band.

in der Geschichte des europäischen Integrationsprozesses zu keinem Zeitpunkt das zentrale Thema der politischen Debatte; vielmehr entwickelte sich die berufliche Bildung im europäischen Integrationsprozess nur deshalb zum Thema (und dann zu einem eigenen Politikfeld), weil sie an der Schnittstelle zur Arbeitsmarkt- und Beschäftigungspolitik und damit zur ökonomischen Entwicklung überhaupt stand.

Der Bologna-Prozess als europäische Strategie für die universitär-akademische Bildung, welche die Universitäten zwingt, den Berufsbezug und damit die Arbeitsmarkt-Verwertbarkeit in ihren Studiengängen nachzuweisen, ihren aus der deutschen Aufklärung und dem deutschen Idealismus rührenden universalen Bildungsanspruch durch taylorisierte Module, die Kompetenzen (und eben nicht: Bildung) vermitteln sollen, zu ersetzen, hat eine Analogie im „Brügge-Kopenhagen-Prozess", dessen Ziel in einer auf den Arbeitsmarkt bezogenen „Employability" besteht (...).

Schließlich geht es im europäischen Integrationsprozess seit den Römischen Verträgen unverändert um die berühmten „vier Freiheiten" des Vertragswerkes der damals nicht ohne Grund sogenannten „Europäischen Wirtschaftsgemeinschaft". Ferner sind auch die in neuerer Zeit, d. h.: insbesondere auf und nach dem Gipfel von Lissabon deklarierten Gemeinschaftsziele weniger auf „Bildungsphänomene" fokussiert, sondern ihr erklärter Zweck liegt in der Erzielung von Transparenz und Vergleichbarkeit und weiterhin darin, mit den favorisierten Instrumenten Durchlässigkeit und (soziale und berufliche) Mobilität zu erreichen. Vor allem steht das Ziel im Vordergrund, das lebenslange Lernen zu fördern. Aufs Ganze gesehen steht indes der gesamte Reformprozess (...) im Zeichen ökonomischer Entwicklung und aktiver Beschäftigungspolitik, wenngleich pädagogisch gewendet in das Paradigma vom Lebenslangen Lernen.

Das Paradigma vom Lebenslangen Lernen: Ökonomische oder pädagogische Chiffre im europäischen Reformprozess?

Der Gipfel von Lissabon im Frühjahr 2000 zielte vornehmlich auf die Steigerung der Wettbewerbsfähigkeit und die Verbesserung der Beschäftigungsfähigkeit letztlich darauf, die Gemeinschaft ‚zum wettbewerbsfähigsten und dynamischsten wissensbasierten Wirtschaftsraum der Welt' zu entwickeln. Die Lissabon-Agenda formulierte Aufgaben und Funktionen der allgemeinen und beruflichen Bildung vor dem Hintergrund sozioökonomischer und demografischer Entwicklungen sehr klar: *„Europe is facing enormous socio-economic and demographic challenges associated with an ageing population, high numbers of low-skilled adults, high rates of youth unemployment, etc. At the same time, there is a growing need to improve the level of competences and qualifications on the labour market. It is necessary to address these challenges in order to improve the long-term sustainability of Europe's social systems. Education and training are part of the solution to these problems"*.

Das Verdienst der Lissabon-Agenda besteht darin, dass hier erstmals so etwas wie ein bildungspolitisches Gesamtprogramm formuliert wurde. Die im Kern auf ökonomische Entwicklung und Beschäftigungspolitik zielende Agenda von Lissabon basiert einerseits auf den programmatischen Positionen der EU aus der Vergangenheit. Dieser Prozess begann mit den Römischen Verträgen, wurde aber deutlicher fokussiert in den 90er-Jahren und in besonderer Weise bekräftigt im Jahr 1996, in welchem die Kommission das Jahr des ‚Lebenslangen Lernens' proklamierte.

Konzeptionell unterstützt wurde diese gleichsam ökonomie- und humankapitallastige Agenda durch Forschungsarbeiten des CEDEFOP (…). An dieser primär ökonomischen Orientierung hat sich nach Lissabon nicht nur nichts geändert, sondern die Entwicklung wurde forciert und gleichsam paradigmatisch eingebettet in die Programmatik des ‚Lebenslangen Lernens'.

In den 90er-Jahren erhielt die Debatte um lebenslanges Lernen eine neue Dynamik, die durch Veröffentlichungen der Europäischen Kommission, durch eine zentrale Publikation der OECD sowie der UNESCO angetrieben wurde. (…)

Von den beiden zuletzt genannten Positionsbestimmungen erkennbar inspiriert, betont auch die Europäische Kommission [1995] in ihrem Weißbuch sowie im Memorandum [2000, 2001] die Bedeutung der aktiven Staatsbürgerschaft, indes bleibt aber im Zentrum des Konzeptes sehr deutlich erkennbar die Anforderung der Employability und damit zugleich auch der dominierende Bezug zu Beschäftigung und Ökonomie in modernen wissensbasierten Gesellschaften. (…)

Während indes bei der OECD sowie auch bei den Papieren der Kommission grosso modo auch weiterhin die ökonomische Zweckbestimmung Bildung bzw. von Lifelong Learning dominiert, findet sich in den Positionsbestimmungen von allen supra- bzw. internationalen Organisationen seit Mitte der 90er-Jahre ein neuer Denkansatz, der inzwischen zu dem eigentlich zentralen Leitmotiv des Lebenslangen Lernens geworden ist. Sowohl die OECD als auch die UNESCO, ebenso die Kommission und das CEDEFOP propagieren seit Mitte der 90-Jahre explizit die Verbindung von formalem, non-formalem und informellem Lernen – einschließlich aller damit verbundenen Herausforderungen wie etwa der Messung, der Akkreditierung und der Anerkennung im Sinne von „more learning, less teaching" erscheint nun informelles Lernen als höchst bedeutsame Basis für erweiterte Lernchancen, die durch das Subjekt im biografischen Kontinuum wahrgenommen werden. Und: Diese subjektorientierten Aneignungsprozesse von Bildung sollen nicht länger ausschließlich im Kontext streng isolierter Bildungsbereiche, -institutionen und -gänge erworben werden, sondern durch den Einbezug des informellen Lernens – sozusagen im Vollzug des bildungsbiografisch sich vollziehenden Kompetenzerwerbs der Subjekte.

Die Einführung des Kompetenzbegriffes sowie (…) der Outcome-Orientierung sind einschließlich der resultierenden Anforderungen (Akkreditierungs-, Anerkennungs- und Messungsprobleme) allenfalls Folgen dieses Paradigmenwechsels zum Lebenslangen Lernen in diesem sehr spezifischen Verständnis der EU. (…)

Und wo bleibt das Pädagogische im EQR?

Vor diesem Hintergrund erinnert die Frage nach der berufs- und wirtschaftspädagogischen Perspektive auf den EQR/DQR an jenes berühmte, aber trotzdem falsche Modell der „Laternensucher“, das davon ausgeht, die Menschen würden verlorene Dinge vorzugsweise unter der Laterne suchen, weil hier die Beleuchtungsvoraussetzungen am besten gewährleistet seien. Schließlich ist der DQR erklärtermaßen zunächst einmal nichts weiter als ein formaler Metarahmen ohne inhaltliche Implikationen. (…) Wäre der EQR politisch und konzeptionell mehr als ein formaler Metarahmen, verstieße er gegen grundlegende politische Interessen, nämlich die Souveränitätsinteressen der Mitgliedstaaten und auch gegen grundlegende europarechtlich verankerte Prinzipien, allen voran das im acquis comunautaire verankerte Subsidiaritätsprinzip. Wäre er aber genau dies und in keiner Hinsicht mehr, also ein rein formaler Rahmen ohne impliziten Sinn, wäre es mindestens fragwürdig, bestehende Strukturen eines Bildungssystems in einen solchen Rahmen einzupassen.

Genau hier liegt daher ein zentrales Problem der Pädagogik: Auch ein formaler Rahmen mit der „bloßen“ Funktion eines operativen Instruments fußt auf einem Konzept, auf einer systematischen Struktur oder einem irgendwie anders gearteten Begründungszusammenhang – sei es explizit oder sei es implizit.

Ein solcher Rahmen und übergeordneter Begründungszusammenhang ist seitens der EU mit der Agenda von Lissabon und dem Programm des Lebenslangen Lernens im europäischen Bildungsraum mindestens umrissen. Das konzeptionelle Korsett ist (…) mit dem Programm des Lebenslangen Lernens, mit der Kompetenz- und Outcome-Orientierung, mit der Integration von formalem, informellem und non-formalem Lernen sowie nicht zuletzt mit der Öffnung der Binnengrenzen zwischen den Bildungsbereichen und Bildungsgängen mindestens sichtbar. Die Implikationen dieses Rahmens für die nationalstaatlichen Umsetzungsversuche auf der institutionalisierten Systemebene, ferner auch auf der didaktisch-curricularen Ebene sind deutlich, harren aber hierzulande – besonders angesichts unseres spezifischen bildungstheoretischen Anspruches – nach wie vor einer umfassenden und (bildungs-)theoretisch befriedigenden Antwort, weil es sozusagen immer ums Ganze, d. h.: um Bildung und Erziehung, um das Verhältnis von Subjekt, Gesellschaft und Ökonomie, also pädagogisch gesprochen: um die Entfaltungsinteressen des Subjektes geht.

Diese pädagogische Herausforderung findet sich im DQR-Vorschlag in der Fassung von 2011 zumindest wieder; unter anderem heißt es dort: „Die acht Niveaus des DQR beschreiben jeweils die Kompetenzen, die für die Erlangung einer Qualifikation erforderlich sind. Diese bilden jedoch nicht individuelle Lern- und Berufsbiografien ab. Der Kompetenzbegriff, der im Zentrum des DQR steht, bezeichnet die Fähigkeit und Bereitschaft des Einzelnen, Kenntnisse und Fertigkeiten sowie persönliche, soziale und methodische Fähigkeiten zu nutzen und sich durchdacht sowie individuell und sozial verantwortlich zu verhalten. Kompetenz wird in diesem Sinne als umfassende

Handlungskompetenz verstanden. Dem DQR liegt entsprechend dem deutschen Bildungsverständnis ein weiter Bildungsbegriff zugrunde, auch wenn sich der DQR wie der EQR ausdrücklich nur auf ausgewählte Merkmale konzentriert. Gleichwohl sind beispielsweise Zuverlässigkeit, Genauigkeit, Ausdauer und Aufmerksamkeit, aber auch interkulturelle und interreligiöse Kompetenz, gelebte Toleranz und demokratische Verhaltensweisen sowie normative, ethische und religiöse Reflexivität konstitutiv für die Entwicklung von Handlungskompetenz. Der DQR unterscheidet zwei Kompetenzkategorien: „Fachkompetenz", unterteilt in „Wissen" und „Fertigkeiten"", und „Personale Kompetenz", unterteilt in „Sozialkompetenz und Selbstständigkeit" („Vier-Säulen-Struktur"). (…)

Aus den Formulierungen wird der Zwang zum Konsens der bundesdeutschen Akteure deutlich; deutlich wird aber auch, dass die hier formulierten Eckwerte wissenschaftlichen Standards kaum genügen, was ja durchaus auch nicht der Sinn eines solchen bildungspolitisch motivierten Papiers sein kann; deutlich wird aber auch, dass mit Bezug auf das umfassende Gesamtkonzept (Lebenslanges Lernen) die pädagogisch zentralen Probleme im Kern weithin ungelöst bleiben:

- Es ist kein Zufall, dass zentrale Begrifflichkeiten in der Diskussion – vorsichtig formuliert – unterdefiniert sind (Lebenslanges Lernen, Kompetenz) bzw. mindestens wissenschaftlich nicht zweifelsfrei abgesichert und theoretisch fundiert sind.
- Es ist ebenfalls kein Zufall, dass trotz der zentralen Ziele der Kompetenz- und Outcome-Orientierung sowohl seitens der KMK [Kultusministerkonferenz] als auch im DQR-Arbeitskreis des BMBF [Bundesministerium für Bildung und Forschung] die Umsetzung in die Matrix des EQR in der Weise geschieht, dass bestehende institutionelle Strukturen und Abgrenzungen des bundesdeutschen Bildungssystems schlicht den Niveaustufen zugeordnet werden. Zwar widerspricht dies sehr deutlich dem Konzept des Lebenslangen Lernens, ferner auch der Kompetenzorientierung, aber es „funktioniert", wenn auch lediglich auf formal-operativer Ebene.
- Es ist kein Zufall, dass der pädagogisch relevante Rahmen, nämlich das Konzept des Lebenslangen Lernens, im DQR bislang noch keine konsensfähige Antwort gefunden hat, dass also die größte pädagogische Herausforderung der Umsetzung des Gesamtkonzeptes (…) bisher unbewältigt und in der Agenda vertagt ist.

Der Umfang der hier deutlich werdenden bildungspolitischen, aber eben auch pädagogischen Herausforderung wird sichtbar, wenn dieser Diskussionsstand mit jenem des älteren Bologna-Prozesses für das bundesdeutsche Hochschulwesen konfrontiert wird; (…) Gerade in der Frage der Öffnung der Hochschulen durch Zugangsberechtigungen für berufsbildende Abschlüsse sowie – damit verbunden – für die Anerkennung non-formal erworbener Kompetenzen konstatiert das Entwurfspapier der KMK, dass der DQR „aufbauend auf dieser ersten grundlegenden Systematik (...) für andere Bereiche des Bildungssystems (vor allem Berufsbildung, Weiterbildender Bereich) in den nächsten Jahren weiterentwickelt werden" soll.

Fazit

Wenn Reinisch mit seiner Überlegung recht hat, nach welcher die „pädagogische Perspektive" durch „den Bezug auf das erziehungsbedürftige und lernende Subjekt und dessen Entwicklungsinteressen und -chancen" definiert sei, dann sollte die originäre Aufgabe der Berufs- und Wirtschaftspädagogik als Disziplin darin bestehen, genau nach diesen auf Bildsamkeit gerichteten Interessen und Chancen des Subjektes zu suchen.

Dazu bedarf es sicher eines klar definierten wissenschaftstheoretischen Standortes – gleich, wie dieser auch immer orientiert ist, vermutlich sogar gleich, ob er von den Sozialwissenschaften mit oder ohne disziplinäre Adaptionen übernommen wird oder nicht. Dazu bedarf es ferner sicher auch eines gesicherten methodischen Instrumentariums (...). Der Methodenstreit und die damit verbundene zwangsläufige Entscheidung für die eine oder andere empirische Orientierung spielt dabei insoweit und zumindest dann keine wesentliche Rolle, wenn den wissenschaftlichen (DFG-) Standards Rechnung getragen wird und wenn die Fragestellung die notwendige (pädagogische/erziehungswissenschaftliche) Relevanz besitzt. (...)

Sucht man nach der (berufs- und wirtschafts-)pädagogischen Perspektive, so kann dies nur durch Bezug auf den Objektbereich geschehen. Bezogen auf das Thema der beruflichen Bildung in Europa bieten sich vielfältige thematische Anschlussmöglichkeiten. (...)

Jenseits [des] Arguments des „Utilitarismus" geben auch die im Lebenslangen Lernen implementierten Logiken der Selbststeuerung Ansatzpunkte zu pädagogisch interessierter Kritik. Denn hier werden Risiken individualisiert, indem die Verantwortung zum lebenslangen Lernen als Gestaltungsaufgabe allein der Subjekte definiert wird. Kritisch nachdenken kann man (...) ferner über neoliberale Steuerungslogiken und die resultierende neoliberale Umstrukturierung von Bildungssystemen sowie über die Effekte des damit zusammenhängenden „New Public Management". Zentraler Ansatzpunkt bleibt zudem auch weiterhin die (berufs-)pädagogisch zu analysierende Relation des Konstrukts von „Beruf" als konstituierendem Konzept gesellschaftlich und beruflich verfasster Arbeit und des – zumindest seitens der EU – nicht hinreichend definierten Konzepts der Employability.

Immerhin: Entgegen den (...) pessimistischen Einschätzungen (...) zeigt ein Blick auf den Forschungsstand, dass die Berufs- und Wirtschaftspädagogik durchaus grundlegende, theoretisch interessierte und inspirierte Forschungsarbeiten zu bieten hat. Insoweit sind auch die alten und neuen Klagen über den traurigen (theorielosen) Allgemeinzustand der Disziplin am Ende doch zu relativieren.

Indes, bei einem Blick auf den europabezogenen disziplinären Forschungsstand stechen zwei bemerkenswerte Phänomene ins Auge: Erstens sind die Kritiker mit dezidiert „pädagogischem" Impetus insbesondere in den allgemeinen Erziehungswissenschaften und da vor allem im Bereich der Weiterbildung erkennbar zahlreicher als jene in der Berufs- und Wirtschaftspädagogik. Und zweitens – dies ist wissenssoziologisch interessant – scheint es innerhalb der [BWP] insbesondere die ältere Generation scheidender oder bereits ausgeschiedener Kolleginnen und Kollegen zu sein, die sich vor dem Hintergrund einer pädagogischen Perspektive kritisch äußern – kritische Beiträge jüngerer Kolleginnen und Kollegen (...) bilden deutlich die Minderheit. (...)

Der Forschungskontext nicht nur der Berufs- und Wirtschaftspädagogik findet sich wieder in einer Universität, in der sich im Rahmen neoliberalistischer Reformprozesse und des ‚New Public Management' traditionelle Strukturen radikal verändert haben, in einer Universität schließlich, die durch ökonomische Zwänge (wie etwa durch das Instrument der zur Drittmittelakquise verpflichtenden Zielvereinbarung) massiven Einfluss auf die Formulierung von Forschungsstrategien und Forschungsschwerpunkten nimmt, ferner auch in einer Universität, die von obligatorisch ‚berufsorientierenden' gestuften BA-/MA-Studiengängen geprägt ist. (...)

Dies alles ist sicher nicht allein eine Folge des Bologna-Prozesses. Aber viele der Probleme der modern(isiert)en Universität lassen sich besser verstehen, wenn man Bologna als Hintergrundrauschen im Gefüge der sich fortentwickelnden (Bildungs-) Institution Universität in den Blick nimmt. Aus der Umsetzungsgeschichte und aus den Ergebnissen des Bologna-Prozesses kann man mindestens lernen, dass es sich (...) lohnt, a prima vista rein formale und technische Umsetzungsanweisungen mit einer kritischen, und das heißt in unserem Fall: mit einer auf Genese und Entfaltung von Bildungsprozessen bezogenen und also auf das Subjekt orientierten Perspektive zu durchleuchten. Bezogen auf Bologna haben wir dies – weitgehend – versäumt; für das europäische Thema des Lebenslangen Lernens besteht dazu indes noch die Chance. Auch dies ist ein wissenschaftlich reizvolles und pädagogisch anspruchsvolles Forschungsprogramm!

Kapitel 4
Unterrichtsmethodischer und didaktischer Diskurs

Fächerung des Unterrichts der gewerblichen Berufsschule

JÜRGEN A. WISSING

Betrachtet man die drei Unterrichtsphasen zusammenhängend, so zeigt sich, daß der Lehrer nur in der Phase Ia, der *Phase der allgemeinen Klärung* des grundsätzlich Neuen, stärker in Erscheinung tritt. In den übrigen Phasen überwiegt beim Vorhandensein von Arbeits- und Aufgabenblättern bei weitem die *Aktivität der Schüler*. Das bedeutet für den Lehrer eine so außerordentliche Entlastung, daß es ihm in Klassen, die nicht nur gemischtberuflich sind, sondern auch mehrere *Lehrjahrgänge* umfassen (d.h. mehrstufig sind), keine Schwierigkeiten bereitet, jeden Jahrgang getrennt zu behandeln, soweit dies unerläßlich ist. Am einfachsten löst sich diese Frage, wenn es dem Lehrer gelingt, die *Anschauungsphase* (I) einer Stoffgruppe des einen Jahrganges zu einer Zeit zu behandeln, in der die anderen Jahrgänge bei den geringe Lehrerarbeit erfordernden Phasen II oder III *(Vergeistigungsphase* oder *Anwendungsphase)* ihrer Stoffgruppen angekommen sind.

Um den Unterricht in einer gemischtberuflichen Klasse für alle Beteiligten erfreulich gestalten zu können, ist es unerläßlich, daß die Schüler mit zweckentsprechenden *Arbeits- und Aufgabenblättchen* oder ähnlichen Unterrichtsmitteln ausgerüstet sind. Wenn die Arbeits- und Aufgabenblätter des Fachzeichnens in ausgiebiger Weise auch *fachrechnerische* und *fachkundliche* Fragen, die mit den zeichnerisch zu lösenden Beispielen und Aufgaben zusammenhängen, eingehend bringen, so läßt sich auch für gemischtberufliche Klassen die erstrebenswerte Zusammenfassung der drei fachlichen Fächer zu einer *Werkkunde* für größere Strecken der Schulzeit erreichen.

Ausbildungsgang der Lehrbetriebe und der Unterrichtsablauf der Berufsschule

Die im Rahmen der Lehrlingsausbildung im Vordergrund stehende Aufgabe der Lehrbetriebe ist die Schulung in den beruflichen Fertigkeiten, wie z.B. Meißeln, Sägen, Feilen, Messen, Anreißen usw. Im Anfang der Lehre handelt es sich hierbei in erster

Linie um Fertigkeiten manueller Natur. Wenn die Betriebe diese Aufgabe nicht erfüllen, so kann es nicht Sache der Berufsschule sein, ausgleichend einzugreifen. Tut sie es dennoch, so begibt sie sich auf ein ihr nicht gemäßes Gebiet. Die Übernahme auch nur eines Teiles der Fertigkeitsschulung durch die Berufsschule führt zu einer Verschleierung der Verantwortung, die sich auf die Dauer ungünstig auf die Weiterentwicklung der Betriebsausbildung auswirkt. Mängel der Betriebsausbildung müssen eindeutig zutage treten, damit sie von den verantwortlichen Stellen erkannt und abgestellt werden können.

Wenn die einzelnen Betriebe auf Grund der gegebenen Situation nicht in der Lage sind, eine einwandfreie Einführung in die berufsnotwendigen Fertigkeiten durchzuführen, müssen Gemeinschaftseinrichtungen der Betriebe organisiert werden, die größere oder kleinere Abschnitte der Ausbildung an Stelle der Lehrbetriebe übernehmen. Daß die Berufsschule bei derartigen Veranstaltungen mitwirken kann und soll, bedarf nicht der Diskussion. (…)

Trotzdem benötigt die Berufsschule Räume und Einrichtungen, die auf den außenstehenden Laien freilich u. U. den Eindruck einer Werkstatt machen, ohne jedoch Werkstätten im eigentlichen Sinne zu sein. In einer modernen Gewerblichen Berufsschule müssen selbstverständlich Möglichkeiten vorhanden sein, Demonstrationen, die zum vollen Verständnis von Arbeitsvorgängen und Werkstoffeigenarten sowie der diesen zugrunde liegenden physikalischen, chemischen und ggf. biologischen Gesetzmäßigkeiten nötig sind, durchzuführen und Versuchsreihen verschiedener Art durch die Schüler ausführen zu lassen. Die hierfür erforderlichen *Räume und Einrichtungen* müssen aber den Charakter eines *Versuchsraumes und nicht einer Werkstatt* haben. Insbesondere muß auch die Möglichkeit der Durchführung *naturwissenschaftlicher Schülerversuche* vorhanden sein.

In der Berufsschule sind die Berufserfahrung und die Erscheinungen der Berufsumwelt Ausgangspunkt aller Erörterungen. Es wird noch vielfach die Meinung vertreten, daß der Betrieb sich mit dem „Wie“ und die Berufsschule sich mit dem „Warum“ im Rahmen der berufsüblichen Arbeitsvorgänge und Werkstoffe zu befassen habe. Diese Auffassung muß als zu eng abgelehnt werden. Einerseits wird und soll auch im Lehrbetrieb dem Lehrling viel erklärt werden können, andererseits wird die Berufsschule meist nicht darauf verzichten können, erst das „Wie“ herauszuarbeiten und u. U. zu demonstrieren, bevor auf das „Warum“ überhaupt eingegangen werden kann. Die Berufsschule hat jedoch das „Warum“ stärker und insbesondere systematischer zu betonen und dem Lehrling die Möglichkeit zu geben, Regeln und Gesetze aus einer Summe von Einzelerfahrungen abzuleiten und zu verstehen, verdeckte Vorgänge zu erkennen und die größeren Zusammenhänge zu erfassen. (…)

Für die deutsche Gewerbliche Berufsschule ist es kennzeichnend, daß bei Diskussionen über Aufgabenstellung, Organisation und Bildungsplan stets vorausgesetzt wurde und wird, daß die Betriebe und die Berufsgemeinschaften die sich aus dem Lehrverhältnis ergebenden Verpflichtungen erfüllen. Solange dies der Fall ist, kann die Berufsschule in ihrer heutigen, organisch gewachsenen Form ihrer Aufgabe voll gerecht werden.

Sämtliche *berufsbezogene Gemeinschaften,* denen der Jugendliche angehört, sind *Organe der Berufserziehung.* Wenn man die Dauer der Zeit, die der Jugendliche während der Lehre in den einzelnen Gemeinschaften verbringt, als Maßstab anlegt, so steht der Lehrbetrieb an erster Stelle und daneben an zweiter Stelle die Berufsschule. (...) Es besteht kein Zweifel darüber, daß die Berufsschule auf der Berufserfahrung und den Erscheinungen der Berufsumwelt ihrer Schüler aufbauen muß, wenn sie *Berufsbildung* im Sinne von Kerschensteiner, Spranger, A. Fischer und Litt als ihre wesentliche Aufgabe ansieht. *Fraglich* erscheint jedoch demgegenüber sowohl die *Möglichkeit a*ls auch die Notwendigkeit eines absoluten Gleichlaufs zwischen Betriebsausbildung und Berufsschulunterricht.

In Berufsschulklassen werden normalerweise Lehrlinge *verschiedener* Betriebe gemeinsam unterrichtet. Voraussetzung für die praktische Durchführung eines Gleichlaufs der Ausbildungsmaßnahmen der Betriebe einerseits und der unterrichtlichen Veranstaltungen der Berufsschule andererseits wäre deshalb mindestens ein Gleichzeitig im Ausbildungsgang der verschiedenen Betriebe, denen die gemeinsam zu unterrichtenden Lehrlinge entstammen. Trotz aller Bemühungen ist es jedoch in der *Vergangenheit nicht gelungen, die Einheit der Ausbildungsmaßnahmen der Betriebe* bezüglich ihres zeitlichen Ablaufs zu erreichen. (...) *Sie werden erst sinnvoll, wenn der Gleichlauf der betrieblichen Ausbildungsmaßnahmen erreicht ist,* wobei offen bleibt, ob er überhaupt erreichbar oder gar nötig ist. (...)[1]

Eine nähere Betrachtung des Problems zeigt, daß es nicht einmal innerhalb des gleichen Betriebes möglich ist, die Ausbildung aller Lehrlinge desselben Ausbildungsjahrganges nach dem gleichen Zeitplan durchzuführen. Das gilt sowohl für handwerkliche als auch für industrielle Betriebe. Eine kurze Beobachtung von Betrieben mit und ohne Lehrwerkstatt ergibt, daß ein Einheitstempo des Ablaufs des Ausbildungsprogramms aller Lehrlinge nicht einhaltbar ist. Die körperliche und die geistige Leistungsfähigkeit sowie der Fleiß und die Willenskraft des einzelnen Lehrlings beeinflussen das Tempo naturgemäß maßgeblich. (...)

Aus vorstehendem ergibt sich, daß ein *absoluter Gleichlauf der Betriebsausbildungen* der in einer Berufsschulklasse gemeinsam zu unterrichtenden Lehrlinge *normalerweise nicht vorhanden* sein kann und daß deshalb ein solcher von Betriebsausbildung und Berufsschulunterricht erst recht praktisch entfällt. Dies entbindet aber den Berufsschullehrer nicht davon, die von Handwerk und Industrie ergriffenen Maßnahmen zur Organisation der Lehrlingsausbildung zu beeinflussen und deren Auswirkung zu verfolgen, um sie zu gegebener Zeit bei der Entwicklung von Bildungsplänen berücksichtigen zu können. Es bleibt jetzt noch zu überlegen, ob der Gleichlauf von Betriebsausbildung und Berufsschulunterricht nötig ist, damit die Berufsschule ihre Aufgabe erfüllen kann.

---

1 Siehe dazu den Beitrag von *Lipsmeier* (Text 17) im vorliegenden Band.

Der Lehrbetrieb bemüht sich insbesondere um die Vermittlung und Übung berufsnotwendiger manueller Fertigkeiten (...). Die Erreichung einer einwandfreien Leistung ist bei vielen dieser Fertigkeiten abhängig von der *körperlichen* Entwicklung des Lehrlings. Bei allen gewerblichen Berufen gibt es einfache Fertigkeiten, die erst im weiteren Verlauf und in manchen Fällen erst gegen Ende der Lehrzeit *manuell* beherrscht werden können, weil die Körperkräfte des Lehrlings vorher nicht genügend entwickelt sind, um eine sichere Handhabung des Werkzeugs zu ermöglichen. Die Erfüllung der Anforderungen der Schule ist demgegenüber abhängig von der geistigen Entwicklung des Schülers. Diese verläuft aber in einem anderen Rhythmus als die körperliche Entwicklung.

In diesem Zusammenhang ist auch zu beachten, daß bei der Schulung von Werkstattfertigkeiten andere Seiten des Tuns und Denkens angesprochen werden als bei der geistigen Durchdringung von Werkstattvorgängen und daß die Fertigkeitsschulung anderen Gesetzen unterliegt als die Entfaltung der Erkenntnisse. (...)

Aus vorstehenden Gründen muß gesagt werden, daß ein *Gleichlauf der Betriebsausbildung und des Berufsschulunterrichts nicht als pädagogisch sinnvoll* angesehen werden und *deshalb auch nicht* für die Erfüllung der Aufgabe der Berufsschule *nötig* sein kann. Worauf es ankommt, ist etwas ganz anderes. Wenn in der Berufsschule in der zur Verfügung stehenden kurzen Zeit etwas erreicht werden soll, ist es von grundsätzlicher Bedeutung, daß der Lehrling ein anstehendes Problem vorher im Betrieb nicht nur einmal, sondern in möglichst vielen Variationen erlebt und seine diesbezüglichen guten und schlechten Erfahrungen bereits hinter sich hat, bevor es in der Berufsschule erörtert wird. Es muß mit anderen Worten zwischen dem erstmaligen Auftreten von etwas Neuem in den Betrieben und der Behandlung desselben in der Berufsschule ein Zeitraum liegen, der eine vorhergehende, ausreichende, mehrfache, gründliche Wiederholung in den Betrieben garantiert. (...)

Was demnach *anzustreben* ist, ist ein *bewußtes „Nachher“* der Schule, wobei es eigentlich nie ein „Zuspät“ und nur ein „Zufrüh“ geben kann. Wie groß die Zeitspanne zwischen dem ersten Auftreten eines Berufsproblems im Betrieb und dessen Behandlung in der Schule sein soll, läßt sich naturgemäß nicht allgemeingültig sagen. Bei der Gestaltung von Berufsschulbildungsplänen muß aber unter allen Umständen erreicht werden, daß eine *berufspädagogische Verfrühung* vermieden wird. (...)

Die daraus zu ziehende Schlußfolgerung wäre, daß in der Berufsschule die Behandlung von Fertigkeiten (...) nicht sofort in der ersten Zeit der Lehre und auch nicht in dem Augenblick, in dem eine Fertigkeit zuerst im Betrieb auftritt, beginnen darf. Betriebliche Fertigkeiten sollten in der Berufsschule frühestens von der zweiten Hälfte des ersten Lehrjahres ab eingehender erörtert werden. Das würde auch zur Folge haben, daß die in den Betrieben übliche Reihenfolge der Einführung in die Fertigkeiten für die Berufsschule ihre bisherige Bedeutung verlöre und daß die Berufsschule für ihre Bildungspläne diejenige Reihenfolge wählen könnte, die für die schulische Behandlung der Probleme als richtig angesehen wird. (...)

Das gesicherte „Nachher" der Gewerblichen Berufsschule ist nur erreichbar, wenn eine genaue Kenntnis des tatsächlichen und nicht nur des geplanten Ablaufs der Lehre vorhanden ist. (...) Für die Arbeit der Berufsschullehrer an den Bildungsplänen wäre es bedeutungsvoll, wenn auf breiter Grundlage für möglichst viele Berufe Untersuchungen *über den tatsächlichen und nicht nur* (...) *über den geplanten Ablauf* des Ausbildungsganges der Betriebe durchgeführt würden.

Grundsätze für die Gestaltung der werkkundlichen Bildungspläne

Die Gestaltung des werkkundlichen Unterrichts in den Berufsschulklassen der gelernten gewerblichen Berufe unterliegt trotz der Verschiedenartigkeit der Berufsinhalte und der Berufsanforderungen, wenn auch nicht absolut gleichen, so doch ähnlichen Gesetzmäßigkeiten. Für alle gewerblichen Berufe sind die Probleme der Werkgestaltung (...) letztlich Probleme der Mathematik, der Naturwissenschaften und zum Teil auch der Ästhetik. Es ist deshalb möglich und sinnvoll, im Gegensatz zu den üblichen Gepflogenheiten, bei der Entwicklung von Bildungsplänen das den verschiedenen gewerblichen Berufen Gemeinsame stärker als das Besondere der einzelnen Berufe zu beachten.

Es zeigt sich immer wieder, daß die durchschnittliche Qualität der Berufsschulklassen und auch ihre berufliche Zusammensetzung mehr oder weniger starken Schwankungen unterworfen sind. Eine starre Aufteilung des Bildungsgutes in der üblichen Weise auf Unter-, Mittel- und Oberstufe erscheint deshalb wenig sinnvoll. Mit den üblichen Minimal- oder Maximalplänen für die einzelnen Stufen kann den Schwierigkeiten nicht ernsthaft begegnet werden. Es ist erforderlich, die Grundlagen vollständig zu vermitteln, ohne Rücksicht darauf, ob sich dies nun z. B. im Rahmen der Unterstufe durchführen läßt oder ob auf Grund der durch die Zusammensetzung einer Klasse gegebenen Notwendigkeiten dafür ein längerer Zeitabschnitt erforderlich ist.

Wie bereits mehrfach betont, erscheint es wesentlich, daß in Zukunft *Fachkunde, Fachrechnen* und *Fachzeichnen* soweit als möglich zu *einer echten Vereinigung* im Rahmen einer *Werkkunde* gebracht werden. (...)

Bei der Aufstellung von *Rahmenbildungsplänen* für den *werkkundlichen* Unterricht dürften des Weiteren nachstehende Forderungen zu beachten sein:

a) Sie müssen elastisch sein, die Entwicklung von *erweiterten Rahmenplänen,* die den örtlich und zeitlich variierenden Umständen angepaßt sind, gestatten und dem Lehrer die Freiheit und die Möglichkeit *geben, einen* seiner besonderen Situation gemäßen spezifizierten *Stoffverteilungsplan* einzurichten.

b) Sie dürfen als *Elemente* nicht Einzelwerkstücke, Einzelarbeiten oder Teilprobleme enthalten, sondern müssen aus *Stoffgruppen* bzw. *Problemgruppen* aufgebaut werden.

c) Sie dürfen nicht nur für *Einberufsklassen* (...) geeignet sein, sondern müssen auch in *Mehrberufsklassen* (...) und in *Berufsgruppenklassen* (...) *einen* hochwertigen, berufsgebundenen Unterricht bei gleichmäßigem Klassenfortschritt bezüglich der Stoffgruppen ermöglichen.

d) Sie müssen *eine* Schulorganisation möglich machen, bei der es nicht erforderlich ist, Schüler *der Unterstufe* mit solchen der *Mittel-* oder auch *Oberstufe* zusammenzufassen, um die erforderliche Klassenfrequenz zu erhalten.

e) Sie müssen *auch bei Zusammenfassung von Mittel- und Oberstufe einen* gleichmäßigen Klassenfortschritt bezüglich der Stoffgruppen gewährleisten und *einen* nach Abteilungen getrennten Unterricht der beiden Stufen unnötig machen.

f) Sie müssen *einen Berufswechsel* im ersten Lehrjahr in einem gewissen Rahmen ohne wesentliche Behinderung des Unterrichtserfolges gestatten.

g) Sie müssen berücksichtigen, daß der Lehrling bzw. Berufsschüler in der ersten Zeit der Lehre erst langsam in ein *berufsgebundenes Denken* hineinwächst, sein *Berufsinteresse* noch nicht voll erwacht ist und ihm *abstraktes Denken* nur in geringem Maße möglich ist.

h) Sie müssen unter *Verzicht* auf ein absolutes *Gleichzeitig* zwischen *Berufsschule* und *Werkstatt* bzw. *Betrieb dennoch* auf den Gang der Betriebsausbildung *abgestimmt* sein.

Diese Forderungen sprechen im Großen und Ganzen für sich. Nur die Frage der Abstimmung von Berufsschulbildungsplan und Betriebsausbildungsplan bedarf der Erläuterung.

Ein *absolutes* Gleichzeitig zwischen Berufsschulunterricht und Betriebsausbildung (…) erscheint höchstens in denjenigen Fällen möglich, in denen sämtliche Schüler einer Klasse genau der gleichen Werkstatt und der gleichen Werkstattausbildungsstufe angehören. Es ist deshalb zwecklos, diese mehr theoretische Möglichkeit als Ausgangspunkt für Überlegungen, die sich schulpraktisch auswirken sollen, anzunehmen. (…) Von grundsätzlicher Bedeutung ist demgegenüber, daß sie erst dann in der Schule erörtert werden, wenn sie dem Schüler in der Praxis auf Grund möglichst ausgedehnter Erfahrungen *bereits zum Problem geworden sind.* Eine sichere Vermeidung *einer* pädagogischen Verfrühung und zwar in diesem Falle der typischen *berufsschulpädagogischen Verfrühung* ist wesentlich wichtiger als ein Eingehen auf die Fiktion eines absoluten Gleichlaufs. (…)

Bildungspläne: Zweiteilung in Unter- und Oberbau[2]

Um die vielseitigen oben genannten Forderungen erfüllen zu können, sind *Botsch–Wissing* dazu übergegangen, Bildungspläne der Werkkunde zu schaffen, die *nicht mehr Unter-, Mittel- und Oberstufe* unterscheiden, sondern eine *Zweiteilung in einen Unterbau*

2 Zwischenüberschrift dem Text entnommen, in Original nicht vorhanden.

und einen Oberbau aufweisen, wobei der Übergang vom ersten zum zweiten Abschnitt sich nach der qualitativen und der beruflichen Zusammensetzung der Klasse richtet und in der Regel frühesten gegen Ende der Unterstufe möglich ist.

Was gemeint ist, sei nachstehend beispielhaft gezeigt an einem *Grund-Rahmenplan des Unterbaus* (Abb. 1) – der für die Werkkunde vieler Berufe Gültigkeit hat – und an einigen Stoffgruppen- bzw. Problemreihen von *Rahmenplänen des Oberbaus der Werkkunde für bestimmte Berufe* (Maurer, Zimmerer, Steinmetzen, Schornsteinfeger, Tischler, Bauschlosser, Schmiede, Kraftfahrzeughandwerker) und für drei Berufsgruppen (Baugewerbe, schmückende Berufe, Elektrogewerbe) anschließt. (…)

	Werkkunde	
Fachzeichnen	Fachkunde	Fachrechnen
1. Ansichten flacher Werkstücke 2. Ansichten prismatischer und zylindrischer Werkstücke 3. Ansichten pyramiden- und kegelförmiger Werkstücke 4. Schnitte von Werkstücken 5. Ansichten und Schnitte von Werkstücken mit Durchdringungen, geschweiften Formen und Gehrungen 6. Abwicklung, Umklappungen und Austragungen von Werkstücken	1. Berufseinführung 2. Physik, Grundbegriffe a) Allgemeine Eigenschaften der Körper b) Kräfte c) Hebel, Rolle Wellrad d) Schiefe Ebene, Schraube, Keil e) Wärme f) U. dgl. 3. Chemie, Grundbegriffe a) Elemente, Gemenge, Verbindungen b) Luft, Wasser, Säuren, Laugen, Salze c) Verbrennung, Oxydation d) U. dgl.	1. Längen 2. Winkel 3. Flächen 4. Körper 5. Gewichte 6. Grundlagen des Buchstabenrechnens (falls und soweit erforderlich oder bereits fortlaufend in Verbindung mit den Stoffgruppen 1–5) Fortlaufend Rechnen im Zusammenhang mit den Stoffgruppen des Fachzeichnens und der Fachkunde

Abb. 1 Grund-Rahmenlehrplan für den Unterbau der Werkkunde (gültig für viele gewerbliche Berufe (Wissing 1954, S. 32)

Sowohl die Aufbauprinzipien als auch die Zielsetzung weisen für den *Unterbau* und den *Oberbau* grundsätzliche Unterschiede auf:

1. Der *Unterbau* ist abgestellt:
   a) im *Fachzeichnen* auf die Schulung der Darstellung und Erfassung dargestellter Werkstückformen, d. h. auf die Erlernung einer berufsgebundenen Zeichnungssprache,
   b) in der *Fachkunde* in erster Linie auf die Erfassung derjenigen naturwissenschaftlichen Grundgesetze, welche für ein fundiertes Verständnis der Probleme der Arbeits- und Werkstoffkunde von grundlegender Bedeutung sind,
   c) im *Fachrechnen* auf die Klärung der Grundlagen eines berufsgebundenen Rechnens.

2. Im *Oberbau* werden werkgestalterische Problemgruppen möglichst ohne die übliche Fächerung als geschlossene Unterrichtseinheiten behandelt, und zwar:
   a) *fachzeichnerisch,* soweit dies mittels der Zeichnungssprache,
   b) *fachkundlich,* soweit dies mit Worten, Demonstrationen, Versuchen, schriftlichen Ausarbeitungen, Besichtigungen u. dgl.,
   c) *fachrechnerisch,* soweit dies mit Hilfe von Zahlenoperationen sinnvoll möglich ist. (...)

Der *Unterbau* ist in seiner Problematik *überberuflicher Natur.* Trotzdem sind die für ihn genannten Stoffgruppen bzw. Problemgruppen auf der Grundlage einwandfreier *beruflicher Objekte* und Probleme der jeweilig in einer Klasse vertretenen Berufe behandelbar. In welcher Weise z. B. die allgemein gehaltenen Stoffgruppenbezeichnungen in die Sprache eines bestimmten Berufes zu übersetzen sind, sei für das Fachzeichnen der *Maschinenschlosser* durch *Modellbeispiele* in den [nachfolgenden] Abbildungen (Abb. 2) (...) gezeigt. (...)

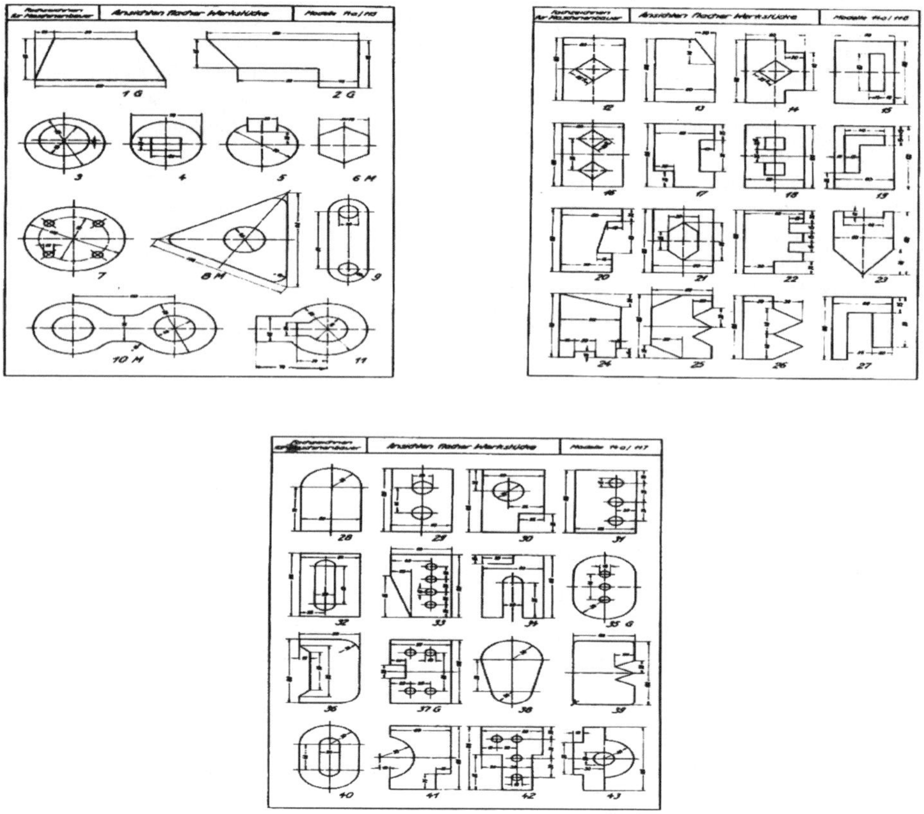

Abb. 2 Stoffgruppe: Ansichten flacher Werkstücke.
Formproblem: Flächen (Wissing 1954, S. 115 ff.)

Die Sprache der Technik, die Zeichnungssprache, wird heute in der Berufsschule und im praktischen Leben allgemein benutzt, um berufliche, technische Probleme (...) zu erklären oder unterrichtlich zu behandeln. (...)

Ebenso wie es sich hier im *Unterbau* im *Fachzeichnen* um ein *fachliches Zeichnen* und *nicht* um eine *darstellende Geometrie* handelt (...), handelt es sich in der *Fachkunde* im *Unterbau nicht* um eine Behandlung naturwissenschaftlicher Probleme im Sinne des Unterrichts der allgemeinbildenden Schulen, *sondern* um *eine Fachkunde* im überlieferten Sinne, bei der *jedoch Auswahl und Reihung des Unterrichtestoffes* nicht nach der fachlichen, sondern nach der fast allen fachkundlichen Fragen zugrunde liegenden *naturwissenschaftlichen Problematik* erfolgen.

Die *erste Stoffgruppe der Fachkunde*: „Berufseinführung" bzw. „Einführung in die ersten Lehrlingsarbeiten und in die Werkstatt und Berufsgefahren" soll nur einer kurzen Einführung in die typischen Anfangslehrlingsarbeiten (...) und in die für jeden Beruf verschiedenen, aber stets typischen Gefahrenquellen für den Anfänger (...) dienen.

Was im Einzelnen in den *Stoffgruppen 2 und 3 der Fachkunde* zu behandeln ist, richtet sich nach den Erfordernissen der jeweilig zu unterrichtenden Berufe und läßt sich nur von Fall zu Fall genau um reißen. (...)

Der *Unterbau* ist möglichst in der Unterstufe zu erledigen. Wann der Übergang zum *Oberbau* erfolgt, richtet sich nach Art und Qualität der Klasse sowie nach beruflichen, zeitlichen und örtlichen Gegebenheiten. Er ist nicht einheitlich und gleichbleibend festlegbar. Die Stoffgruppen des *Unterbaus* sind unter Anpassung an die wachsende Fassungskraft und die menschliche und berufliche Reifung des Schülers entwickelt worden. Ihre Reihenfolge ist deshalb nur in geringem Maße änderbar.

Die *Stoffgruppen* des *Oberbaus* umfassen demgegenüber in erster Linie in sich geschlossene Berufsproblemgruppen. Ihre Reihung kann deshalb elastisch gehandhabt und den örtlichen Notwendigkeiten und den besonderen Auffassungen des Lehrers entsprechend von Fall zu Fall angepaßt werden. Der *Oberbau* stellt für den Normalfall in etwa den Plan für Mittel- und Oberstufen dar. An welcher Stelle der Übergang von der Mittel- zur Oberstufe liegt, richtet sich ebenso wie der Übergang vom Unterbau zum Oberbau nach den jeweiligen Schulverhältnissen. (...)

Bei einer entsprechenden Plangestaltung spricht nichts dagegen, daß in der *Unterstufe verwandte Berufe gemeinsam* unterrichtet werden und das gleiche und auch nahe verwandte Berufe in den *Mittel- und Oberstufen in einer Klasse* zusammengefaßt werden. *Dies ist für die Organisation der Berufsschulen von grundsätzlicher Bedeutung.*

Die für die vorgeschlagene Zweiteilung des Bildungsplanes in einen *Unterbau* und in einen *Oberbau* sprechenden Gründe sind in erster Linie folgende:

1. In *Einberufsklassen* ermöglicht die Zweiteilung für den wesentlichen Abschnitt der Schulzeit die organische *Zusammenfassung* von Fachzeichnen, Fachkunde und Fachrechnen zu einer Einheit und zwar von einem Zeitpunkt an, in dem der Berufsschüler in der Regel den inneren Anschluß an seinen Beruf gefunden hat und sein anfänglich verteiltes Interesse sich zu einem echten

Berufsinteresse entwickelt hat. Diese Zusammenfassung erhält dadurch ihre besondere Bedeutung, daß sie etwa in dem Zeitpunkt beginnt, von dem ab der Lehrling in der Lage ist, von sich aus zu Berufsfragen auf Grund der gewonnenen Erfahrungen objektiv-kritisch Stellung zu nehmen und seine allgemeine Entwicklung einen Grad erreicht, der ihm eine aufgeschlossene und reflektierende Betrachtung des unterrichtlich Gebotenen gestattet.

2. In *Berufsgruppenklassen* wird es durch die Zweiteilung möglich, für den größten Teil des Unterrichts einen gleichmäßigen Klassenfortschritt bezüglich der Stoffgruppen zu erreichen und für sämtliche Berufe der Klasse die gleichen Grundprobleme in den Mittelpunkt des Unterrichts zu stellen.
3. Für *gemischtberufliche* Klassen erscheint die Zweiteilung unerläßlich, um überhaupt für Unter- und Mittelstufe einen gleichmäßigen Klassenfortschritt bezüglich der zu behandelnden Probleme möglich zu machen und die Grundlagen zu schaffen für einen fruchtbaren Gruppen- und Einzelunterricht in der Oberstufe.

Eine nähere Betrachtung des gewonnenen Standpunktes ergibt, daß die Zweiteilung des Bildungsplanes außer den genannten noch eine Reihe weiterer Vorzüge enthält.

Abgesehen von der klaren Gliederung, die auch in ihren Prinzipien trotz des Wechsels des Gliederungsgrundsatzes beim Übergang vom Unterbau zum Oberbau eindeutig bleibt, ergibt sich für den Lehrer durch die Weite des Rahmens der einzelnen Stoffgruppen die Möglichkeit, ohne Schwierigkeit und ohne Abweichung vom Grundsätzlichen seinen Unterricht den örtlichen und zeitlichen Notwendigkeiten anzupassen. (…)

Vom Schüler aus gesehen, erscheint es wesentlich, daß im *Unterbau* von Stoffgruppe zu Stoffgruppe eine gleichmäßige und klare Steigerung der vom Schüler zu überwindenden Schwierigkeiten erfolgt und daß der Unterbau in erster Linie unter Berücksichtigung dieser Schwierigkeiten und somit *psychologisch* aufgebaut ist. Erst in einem Zeitpunkt, in dem die erreichte Reife dem Schüler ermöglicht, in größeren beruflichen Zusammenhängen zu denken, beginnt der *Oberbau*. Dieser erhält seine Gliederung auf Grund der sachlichen Berufsinhalte, also auf *sachlogischer* Grundlage.[3] (…)

Abschließend ist zu sagen, daß die *dargelegten* Grundsätze *für* die *Aufstellung von Bildungsplänen für die Werkkunde* helfen können, in den überaus zahlreichen Schulen der Mittel- und Kleinstädte, *aber* auch in den Großstadtschulen einen größeren *Wirkungsgrad zu erreichen. Insbesondere für die Pläne der Unterstufe der konstruierenden Berufe sollte mehr als bisher das den Berufen Gemeinsame stärker betont* werden als das Spezielle des einzelnen Berufes, und es würde sich empfehlen, *Rahmenbildungspläne anzustreben, die einen gemeinsamen Planunterbau für möglichst alle konstruierenden Beruf*

---

3 Siehe dazu den Beitrag von Rauner (Text 16) im vorliegenden Band.

gestatten. Hierdurch soll ein *Gesamtunterricht* für die Behandlung der werkkundlichen Probleme während des wesentlichsten Abschnittes der Berufsschulzeit ermöglicht werden, der für den *Unterrichtserfolg* der *gewerblichen Berufsschule* von grundsätzlicher Bedeutung zu sein scheint.

Verbindung von Abitur und Berufsausbildung

HERWIG BLANKERTZ

Problemstellung[1]

Abitur und Berufsausbildung miteinander zu verbinden, ist als Forderung ebenso trivial wie problematisch: trivial, weil durch den Sachverhalt der Erziehung selbst als eines Versprechens auf die Zukunft schon gesetzt ist, daß Belehrung, Unterricht und Ausbildung auf Leben und Beruf vorbereiten. Bildungsgänge, die mit dem Abitur abschließen und im Gesamtzusammenhang der öffentlichen Erziehung in besonderer Weise hervorgehoben sind durch die Zumutung an intellektuellem Anspruch und gesellschaftlichem Ansehen, sind davon nicht ausgenommen. Im Gegenteil, gerade sie belegen, daß Berufsbezogenheit und allgemeine menschliche Bildung sich nicht ausschließen, vielmehr bedingen. Aber der so angesprochene Berufsbezug war bisher kein direkter, war nicht durch spezifische Qualifikationsmerkmale bestimmt, war auch in seiner wissenschaftspropädeutischen Funktion nicht auf einzelne Fächer gerichtet, sondern auf den Typus der akademischen Studien überhaupt. Nicht das einzelne Unterrichtsfach bereitete auf die ihm korrespondierende Wissenschaft vor, sondern der Kanon der gymnasialen Fächer insgesamt repräsentierte als Inbegriff der gelehrten Bildung die Propädeutik auf akademische Berufe. (…) Heute, acht Jahrzehnte später, ist der inhaltliche Umkreis der Gymnasialbildung und seiner berufsvorbereitenden Funktionen sehr viel weiter bestimmt (…). Die Verbindung von Abitur und Berufsausbildung erscheint aber nicht nur als eine an sich selbstverständliche, sondern auch als höchst problematische Forderung, dann nämlich, wenn die nicht-akademische Berufsausbildung, die unmittelbare Vorbereitung auf berufliche Tätigkeiten im ökonomischen, industriell-technischen, handwerklichen und sozialpflegerischen Bereich gemeint ist.

---

1 Die Überschriften entsprechen nicht dem Original. Sie wurden redaktionell unter Auslassung von Artikel und Untertiteln gekürzt.

Die Formel von Abitur und Berufsausbildung ist dann auch sofort unzureichend, sie muß präzisiert werden zu einer Verbindung von Abitur und *berufsqualifizierenden Abschlußprüfungen*. Diese Forderung aber erscheint geradezu widersinnig, wenn von der in einem vertikal gegliederten Bildungssystem den einzelnen Ausbildungseinrichtungen zugewiesenen Funktionen her gedacht wird, wenn also Kinder und Jugendliche der gleichen Altersstufe in getrennten, im Gesamtsystem nebeneinander stehenden Schulen mit differierender Besuchsdauer, unterschiedlichen Abschlüssen, Berechtigungen, beruflichen Perspektiven und gesellschaftlichen Einschätzungen lernen und lernen sollen. Denn in der Sekundarstufe II ist der Gegensatz zwischen den beiden hier zunächst abstrakt subsumierten Teilsystemen – gymnasiale Oberstufe und Einrichtungen der Berufsausbildung – schärfer und prinzipieller als in den vorausliegenden Schulstufen, ja geradezu auf die Spitze getrieben. Die Voraussetzungen, die für die vertikale Gliederung beansprucht werden müssen (Begabung, Leistungsfähigkeit, Lernmotivation und die Rolle der Bildung als Verteilungsschlüssel sozialer Chancen) wirken sich als gesellschaftliche Optionen natürlich auf das gesamte Bildungswesen und damit auf alle Stufen aus. Aber für die Unter- und Mittelstufe des Unterrichtswesens haben sie die Herausbildung einer gemeinsamen Zielstellung nicht verhindert: eine auf die Kulturlage bezogene Allgemeinbildung, die ungeachtet aller gesellschaftlicher Differenzierung und Arbeitsteilung die Grundlagen des gemeinsamen Lebens repräsentiert. Und nicht allein diese Zielsetzung ist unstrittig, sondern in großen Zügen auch der Kern eines Ensembles von Unterrichtsfächern, die das Ziel befördern sollen. In dem Maß, in dem der traditionelle Gegensatz in der Auslegung dieser Fächer auf eine volkstümliche, eine mittlere und eine höhere Bildung dahinschwindet zugunsten durchgehender Wissenschaftsorientierung, vergrößern sich die Möglichkeiten für den Übergang vom vertikal gegliederten allgemeinbildenden Unterrichtswesen zur horizontal gegliederten Stufenschule. Das gilt aber nicht, jedenfalls nicht ohne weiteres auch für die Sekundarstufe II. Denn zu den übrigen, die Separation der Bildungsgänge begünstigenden Faktoren tritt hier ein weiteres Moment, welches einer gemeinsamen Zielstellung zu widersprechen scheint: der didaktische Gegensatz zwischen einem inhaltlichen Kanon der an reinen Wissenschaften orientierten Gymnasialfächer und dem berufspragmatisch differenzierten Fächerspektrum anwendungsbezogener Technologien und Kunstlehren akkumulierter Umgangserfahrung.

Verbindung von Abitur und Berufsausbildung setzt also eine didaktisch-curriculare Integration in der Sekundarstufe II voraus, wie sie in der Sekundarstufe I auch in den separierten Schulen des vertikalen Systems längst gegeben ist. Eine solche curriculare Integration der Sekundarstufe II aber ist überhaupt nicht vorstellbar, wenn studienbezogene und unmittelbar berufsqualifizierende Bildungsgänge prinzipiell unterschiedliche Inhalte haben müßten oder gar durch diese definiert wären. Eine auf Integration der Sekundarstufe II zielende Curriculumentwicklung müßte also einen neuen Ansatz verfolgen. Sie müßte zeigen, daß und warum die in anwendungsbezogenen, berufsorientierten Bildungsgängen erbrachten Lernleistungen für die Vorbereitung auf wissenschaftliche Studien ebenso relevant sein können wie umgekehrt, daß die studienbezogenen Bildungsgänge ohne Niveauverlust mit einer spezifischen Berufsausbildung kombinierbar sind. (…)

Auftrag des Modellversuchs Kollegstufe NW

Die erste Planungsempfehlung des Versuchs der nordrhein-westfälischen Kollegstufe von 1972 war entstanden in einer Phase bundesdeutscher Bildungspolitik, die man rückblickend mit Fug und Recht als eine euphorische bezeichnen darf: Vision einer demokratischen Bildungsreform von der Vorschulerziehung bis zur Gesamthochschule, die in der Lage wäre, nicht nur formale, sondern auch materiale Chancengleichheit herzustellen und zugleich die Jugend einzuüben in den Versuch, mehr Demokratie zu wagen. (…) In diesem Zusammenhang hatte das Kollegschulkonzept die Aufgabe, die Integration der Sekundarstufe II vorzubereiten. Integration hieß hier aus Gründen, die ich eben schon berührte, vor allen organisatorischen Fragen die *curriculare* Integration. Integration kann aber auch noch etwas anderes heißen, nämlich die Einfügung des heranwachsenden Menschen in die gesellschaftlichen Ordnungsstrukturen. Diese Aufgabe fällt der Erziehung notwendigerweise zu, wenn sie qualifizierende Funktionen wahrnimmt und für unterschiedliche Qualifikationen selektieren muß. (…)

Krise des gymnasialen Oberstufenkanons

Ich kehre darum mit meinen Überlegungen noch einmal zur gymnasialen Oberstufe zurück, deren Ziele seit der Humboldt'schen Reform von 1810/12 definiert sind durch Vorbereitung auf wissenschaftliche Studien und gelehrte Bildung. Dafür waren im neuhumanistischen Konzept im Grunde nur vier Fächer vorgesehen: Griechisch, Latein, Deutsch und Mathematik. Diese Konzentration galt beiden Aufgaben als angemessen: Die Altertumskunde verkörperte einerseits eine Spitze der Wissenschaftsentwicklung, andererseits auch eine hohe Pädagogie, für die die Herausbildung der klassischen deutschen Literatur ein Exempel war. Schließlich schienen Sprachen mit entwickelter Flexion und Syntax in Verbindung mit Mathematik ein Prärogativ an logischer Disziplin zu besitzen. Dieses Curriculum aber ließ sich in der Schulwirklichkeit nicht halten. Der Siegeszug der „Großen Industrie“ zwang dem Gymnasium im Lauf des 19. Jahrhunderts gleichberechtigte Konkurrenten mit didaktischer Orientierung bei den Naturwissenschaften und den modernen Sprachen auf, ein Prozeß, der im Jahre 1900 beendet war (…). Daraus entwickelten sich dann im 20. Jahrhundert die Oberstufentypen der nun allgemein als „Gymnasien“ bezeichneten Höheren Schule. (…)

So eindrucksvoll die gymnasiale Tradition auch ist, so nötigte doch gerade die Substanz dieser Tradition schließlich dazu, von den Strukturen abzugehen, die eben diese Tradition zu verbürgen schienen, vom Kernkanon und von den Lehrplänen der Einzelfächer. Sowohl Wissenschaftspropädeutik als auch die für die Bildung unerläßliche Lernmotivation verlangen in der zweiten Hälfte des 20. Jahrhunderts didaktische Konzeptionen, in denen die spezialisierten Wissenschaften im Blick auf technisch-ökonomische Verwertung zur Sprache gebracht werden. Genau das aber war der gymnasialen Tradition fremd. Denn die Vorbereitung auf wissenschaftliche Studien erfolgte nie speziell und auf bestimmte Disziplinen bezogen, sondern allgemein in Form der „gelehrten" Bildung (im Unterschied zur „volkstümlichen" Bildung). Unter diesem Gesichtspunkt konnte der Anspruch einer „allgemeinen Hochschulreife", d. h. der Vorbereitung auf alle wissenschaftlichen Studien, auch derjenigen, die gar keine Entsprechung als Schulfach hatten, erhoben werden, ja noch weitergehend, daß der Abiturient nicht nur auf alle Studien vorbereitet sei, sondern auf die gebildete Existenz schlechthin. In diesem Anspruch lag das öffentliche Ansehen des Gymnasiums begründet. Der gymnasiale Unterricht, insbesondere der der Oberstufe, hatte seine Legitimation im gesellschaftlichen Bewußtsein, weil der durch diese Inhalte umrissene Horizont von Wissen und Urteil die Gebildetheit der Person markierte.

Die so begründete Legitimationskraft ist aber geschwunden. Nicht mehr der Kanon, sondern die Differenzierungen repräsentieren mehr und mehr den propädeutischen Bezug auf die Wissenschaften und zwar in dem Maße, in dem die gymnasiale Oberstufe in einen Wettlauf mit dem Fortschritt der Einzelwissenschaften eingetreten ist. (…)

Curriculumrevision für die gymnasiale Oberstufe

Diese Sachlage erzwang Konsequenzen. Eine kurzfristig realisierbare Lösung, die die Kultusministerkonferenz [KMK] im Jahre 1972 für alle Gymnasien in der Bundesrepublik vereinbarte und die in den letzten zwei Jahren auch tatsächlich überall durchgeführt wurde, hieß: Preisgabe des ohnehin längst in zahlreichen Oberstufentypen aufgelösten Kanons von Fächern. Dann: Vermehrung der von der Schule angebotenen Fächer, im Prinzip auf alle Wissenschaften überhaupt, weil nach dem Verlust des Kanons nicht mehr sinnvoll begründbar schien, inwiefern einigen Disziplinen mehr als allen anderen und in ihrer Komposition besondere bildende Kraft zugesprochen werden dürfte. Schließlich hieß diese Lösung für den Schüler: Konzentration auf nur wenige Fächer. Jeder Schüler sollte also die Möglichkeit haben, aus einem größeren Angebot von Disziplinen einige als den ihm angemessenen Schwerpunkt zusammenstellen zu können. (…)

Für diese Oberstufenreform war nun entscheidend, daß die Konzentration des Lernens durch Schwerpunktbildung nicht durch Fächerzusammenstellungen und Gewichtungen für die Bildungsgänge curricular strukturiert wurde, (…) sondern dem Schüler überlassen blieb. Denn aufgrund dieses Arrangements war die Curriculumentwicklung aus der schwierigen Lage entlassen, neue Verbindlichkeiten für einen Zusammenhang des Lernens namhaft zu machen. (…)

Das Modell der KMK-Reform der gymnasialen Oberstufe ist, noch bevor es Zeit zur Konsolidierung hatte, durch den *Numerus clausus* und die Normenbücher in die Nähe der eigenen Karikatur gerückt worden. Denn die individuellen Präferenzen der Schüler, über die die Schwerpunktbildung sich selber steuern sollte, deformieren sich zunehmend zu strategischen Überlegungen im Kampf um Notendurchschnitte. Obschon diese Kausalität unbestreitbar ist, muß doch gefragt werden, ob das KMK-Modell nicht auch unabhängig vom *Numerus-clausus*-Druck einen schweren strukturellen Mangel hatte, nämlich die Einzelfächer zu selbständigen Größen und definitiven Ansprüchen werden zu lassen, für den Zusammenhang des Lernens aber keine Verbindlichkeiten zu setzen, keine Haftung für Sinn und Struktur des Curriculums zu übernehmen (…).

Es gibt daneben eine zweite, komplexere, mehr nur erwogene als realisierte Möglichkeit curricularer Entwicklung für die gymnasiale Oberstufe, die die Schwerpunktbildung nicht allein den individuellen Präferenzen der Schüler überlassen würde. Die Schwerpunkte wären hier vielmehr in ihrer Fächer- und Kursfolge an sachlogischen Strukturen orientiert. (…) Für die Curriculumentwicklung wäre das eine schwierigere Aufgabe als bei der ersten Möglichkeit. Zwar dominierte auch hier eine fachdidaktische Orientierung, aber nicht im Sinne einer Freigabe der Fächer zu autonomer Entwicklung, sondern gerade umgekehrt als eine noch strengere Befragung ihrer pädagogisch-didaktischen Leistungsfähigkeit als im alten Kanon, nämlich als ihre Auslegung auf Qualifikationsmerkmale von Schwerpunkten und Schwerpunktprofilen.

Die Motive für diese zweite Möglichkeit sind auf der Folie der ersteren schnell bezeichnet. Gemeinsamkeit besteht in der Einsicht, daß Konzentration des Lernens und zugleich Wahlmöglichkeiten eröffnet werden müssen (= Schwerpunktbildung), weiterhin, daß innerhalb des wissenschaftspropädeutischen Unterrichts die ökonomisch-technologische Verwertung von Wissenschaft didaktisch einzuholen ist. Die Unterschiede aber ergeben sich aus dem bildungspolitischen Kontext. Die erste Möglichkeit setzt unbefragt voraus, daß durch die angezeigten curricularen Veränderungen die gymnasiale Oberstufe wieder voll funktionsfähig gemacht werden könne im Sinne ihrer traditionellen Aufgabe: elitäre Bildungsanstalt für die Minorität der Jugend, die ihre Berufsvorbereitung durch wissenschaftliche Studien erhält. Diese Voraussetzung ist aber schwerlich haltbar. Dafür sind im Wesentlichen zwei Gründe namhaft zu machen. Der erste Grund ergibt sich aus dem Ansatz der KMK-Reform selber: Nach der Preisgabe des traditionellen Kanons ist der bisherige Legitimationsmodus für die Hochschulreife nicht mehr vertretbar. Entweder müßte nun die Schwerpunktbildung auf Studiengänge bezogen werden, d.h. daß die Hochschulreife auf Fachrichtungen zu begrenzen wäre nach Maßgabe der Leistungsfächer, die der Schüler für die Abiturprüfung wählt, eine Lösung, die der Deutsche Bildungsrat vorgeschlagen hat, oder aber daß sich die „allgemeine" Hochschulreife durch den Transfereffekt begründe, der vom wissenschaftspropädeutischen Unterricht in beliebigen Disziplinen erwartet werden könne. In beiden Fällen ist die Exklusivität der Gymnasialbildung dahin: Für jeden fachspezifisch konzentrierten, auf einem wissenschaftspropädeutischen Niveau liegenden Bildungsgang, auch innerhalb der beruflichen Ausbildung, müßte von nun an der gleiche Anspruch erhoben werden dürfen.

Noch wichtiger aber scheint ein zweiter, gleichsam externer Grund zu sein: Der relative Schulbesuch des Gymnasiums steigt stetig an. (...)

Damit aber wird folgendes sichtbar: Obschon hier die komplexere Möglichkeit der Curriculumrevision für die Oberstufe allein aus den Bedingungen des Gymnasiums erläutert wurde, weist das Ergebnis über diese Grenzen hinaus. Denn die Verbindung von Studienvorbereitung mit beruflichen Qualifikationen kann die gymnasiale Oberstufe nicht aus eigener Kraft und nur aufgrund einer systemimmanenten Curriculumrevision erreichen. Dazu bedarf es vielmehr der vollen organisatorischen und didaktischen Zusammenarbeit mit den Einrichtungen der Berufsausbildung.

Entwicklungstendenzen in der Berufsausbildung

Die Berufsausbildung ist gegenüber der gymnasialen Oberstufe der differenziertere Teil der Sekundarstufe II. Eine Schulform dieses Bereichs, die quantitativ den größten Anteil ausmachende Berufsschule, bildet mit der außerschulischen, betriebsgebundenen Lehrlingsausbildung das „duale System", steht aber andererseits mit den übrigen beruflichen Schulen in einem eng organisatorischen Zusammenhang.[2] Trotz dieser unübersichtlichen und vielgestaltigen Situation lassen sich doch die Entwicklungstendenzen in drei kurzen Punkten benennen:

(1) Berufsausbildung steht seit Beginn der Industrialisierung unter dem Druck sich verändernder berufsstruktureller Anforderungen. Diese Sachlage hat sich insofern verschärft, als die Veränderungen in vielen Bereichen schneller vor sich zu gehen beginnen als der Generationenwechsel. Unter diesen Bedingungen tendiert Berufsausbildung dazu, sich in ihrem praktischen Bereich, also dem der Vermittlung von Handfertigkeiten und Übernahme von akkumulierter beruflicher Umgangserfahrung relativ zu entspezialisieren (...). Demzufolge orientiert sich die Ausbildung stärker an Wissenschaften und wird zugleich lehrgangsgebundener und systematischer. Die technologischen Disziplinen sind zwar sehr differenzierte und spezialisierte Wissenschaften, aber als Wissenschaften haben sie einen Abstraktionsgrad, der mit der Spezialisierung von Handfertigkeiten und Umgangserfahrungen nicht viel gemein hat. Von daher tendiert die neuere Curriculumentwicklung gegenläufig zum traditionellen, an Handfertigkeiten und an der Ladenperspektive orientierten Berufsschulunterricht.

---

2 Siehe auch den Beitrag von *Greinert* (Text 11) im vorliegenden Band.

(2) Die Höherqualifizierung der Ausbildung über Verwissenschaftlichung und Theoretisierung ist allerdings nicht durchgängig. Gegenläufige Tendenzen sind mindestens ebenso häufig. Aber auch an den Stellen, an denen der technische Fortschritt zur De-Qualifizierung von Arbeitsplätzen führt, muß, wenn nicht ein rigider *Manpower*-Ansatz der berufspädagogischen Weisheit letzter Schluß sein soll, die Ausbildung wissenschaftlicher werden. Denn der Typus von Wissenschaft, der den traditionellen gymnasialen Oberstufenkanon desavouiert und der die Berufsausbildung in ihren fortgeschrittenen Formen zur Theoretisierung zwingt, ist der gleiche, der die De-Qualifizierung von Arbeitsplätzen bewirkt: Er ist der Schlüssel zum Verständnis der technischen Zivilisation. Sofern und soweit diese Zivilisation ihr Bewegungsmoment unter Umgehung des Bewußtseins der handelnden Menschen durchsetzt, tendiert sie dazu, den Bürger (…) politisch zu entmündigen. Das aber widerspricht dem Selbstverständnis einer demokratischen Gesellschaft.

(3) Die traditionellen, wissenschaftsfernen Formen der Berufsausbildung die unter Umgehung des Bewußtseins der Lernenden auf Anpassung, Gewöhnung, Nachahmung und Gehorsam abgestellt waren, werden nicht mehr als selbstverständlich hingenommen. Wissenschaftsorientierung und politische Reflexivität sind durchgreifende und allgemein anerkannte Gesichtspunkte für die Reform der Berufsausbildung in Schulen und Betrieben.

Diese drei angedeuteten Entwicklungslinien sind freilich nur vermittels eines stark nivellierenden Abstraktionsprozesses bestimmbar. Die realen Bedingungen der Curriculumrevision für Einrichtungen der Berufsausbildung sind in den verschiedenen Fachrichtungen und Branchen, den drei Lernorten Schule, Betrieb und Lehrwerkstatt, auf den differenzierten Niveaustufen für Abschlüsse in den verschiedenen Formen berufsbildender Schulen (Berufsschule, Berufsfachschule, Fachschule, Einrichtungen des zweiten Bildungsweges) von einer Fülle weiterer Faktoren beeinflußt. (…) Das Prinzip der Schwerpunktbildung, dem die Entwicklung in der gymnasialen Oberstufe tastend zustrebt, ist recht eigentlich das Prinzip der berufspädagogischen Curriculumentwicklung.

Schwerpunktbildung für die integrierte Sekundarstufe II

Die relative Konvergenz der unabhängig voneinander in Gang gesetzten Entwicklungen in der gymnasialen Oberstufe und in den Einrichtungen der Berufsausbildung ist die objektive Voraussetzung dafür, daß Modellversuche für die integrierte Sekundarstufe II keinem abstrakten Konstruktivismus folgen müssen, sondern aus dem Regelsystem hervorwachsen und zugleich ein qualitativ höheres Ziel als bewegendes Motiv verfolgen können. Dieses Motiv ist der Versuch, [a] die durch das gegenwärtige Regelsystem selbst gesetzte Diskriminierung der Berufsausbildung zu überwinden; [b] die Privilegierung der studienbezogenen Gymnasialbildung, soweit sie die Fortsetzung expansiver Bildungspolitik behindert, abzuschwächen; [c] die pädagogische Haftung der Schule für den Gesamtzusammenhang dessen, was dem einzelnen an Lernleistung abverlangt wird, wiederherzustellen; [d] und schließlich durch die Verbindung von studien- und berufsqualifizierender Ausbildung Wissenschaft und Technik auch als Instrumente gesellschaftlicher Herrschaft im Oberstufencurriculum thematisch zu machen.

Die Modelle für eine integrierte Sekundarstufe II sehen ein dreifach gegliedertes Unterrichtsangebot vor: einen obligatorischen Lernbereich, der allen Schülern der Sekundarstufe II gleiche Lerninhalte vorschreibt, im wesentlichen Gesellschaftslehre und Deutsch, dann einen Wahlbereich, der die Möglichkeiten von Kompetenzerweiterungen nach individuellen Interessen eröffnet, und – als Kernstück der curricularen Struktur – den Schwerpunktbereich. Dieser Schwerpunktbereich ist ausschlaggebend für das Gelingen oder Scheitern der Integration, damit auch für Gelingen oder Scheitern einer Verbindung von Abitur und Berufsausbildung. Denn nur über diesen auch quantitativ den Hauptteil des Unterrichtsangebots ausmachenden Lernbereich kann der bisherige Gegensatz in der Substanz abgebaut werden. Gelungene Schwerpunktbildung hieße dann, daß Vorbereitung auf wissenschaftliche Studien und auf unmittelbare Berufsausübung curricular identisch sind.

Demzufolge wäre unter einem „curricularen Schwerpunkt“ zu verstehen die Auslegung derjenigen Bildungsgänge, die durch die gleiche Leitdisziplin und einen systematisch verbundenen Funktionszusammenhang bestimmbar sind. Jeder dieser Schwerpunkte enthält eine größere Zahl miteinander verwandter, curricular verbundener und abschlußbezogener Schwerpunktprofile. Der Schüler wählt sein Profil – das Profil selbst ist vorstrukturiert. In der Kombination von studienvorbereitenden und berufsqualifizierenden Zielen und vermittelt über eine Didaktik der Wissenschaftspropädeutik kann es so zu einem System doppeltqualifizierender Abschlüsse kommen, d. h. die Bildungsgänge führen zu Abschlußprüfungen, die mehrere Qualifikationen gleichzeitig enthalten. (…)

„Technologie“ in der curricularen Schwerpunktbildung[3]

Die KMK-Vereinbarung zur gymnasialen Oberstufe nennt als eines der drei für das Unterrichtsangebot maßgeblichen Aufgabenfelder das „mathematisch-naturwissenschaftlich-technische“ Feld. In diesem Aufgabenfeld wird ein dem bisherigen Gymnasialunterricht durchaus fremdes Fach „Technologie“ genannt (…). Die Vorbereitungen für die Einführung dieses Gymnasialfachs verlaufen in den Bundesländern sehr unterschiedlich, doch ist der von der KMK eingesetzte vorbereitende Ausschuß für

3 Siehe auch den Beitrag von *Lipsmeier* (Text 17) im vorliegenden Band.

die Erstellung einheitlicher Richtlinien zur Abiturprüfung zu dem Ergebnis gekommen, daß die Erarbeitung eines Normenbuchs „Technik" möglich sei. Selbstverständlich ergeben sich von hier aus gewisse Anknüpfungspunkte für berufsqualifizierende Bildungsgänge des technischen Bereichs. (...) Doppeltqualifizierende Bildungsgänge aber können nicht mit einem Gymnasialfach „Technik" aufgebaut werden, weil berufliche Qualifikationen didaktisch nur über eine Kombination von Inhalten verschiedener Disziplinen und unter regulierenden berufspragmatischen Gesichtspunkten vermittelt werden, niemals von einem einzelnen Fach her. Die Erfahrungen des zweiten Bildungswegs haben das deutlich genug gezeigt. (...)

Von da aus ist nun noch eine zweite, wichtigere Rückfrage an die Orientierungspunkte für die curriculare Entwicklung von technologischen Schwerpunkten zu stellen. Denn die Einführung von „Technik" in das gymnasiale Fächerangebot ist ja nicht davon motiviert, daß etwa eine Propädeutik für technische Studien in der gymnasialen Oberstufe unbedingt nötig wäre. Das Motiv für die Einführung dieses Fachs liegt vielmehr bei der Einsicht, daß Wissenschaft überhaupt in der technischen Zivilisation nicht angemessen begreifbar ist ohne den gesellschaftlichen Verwertungszusammenhang, in dem Wissenschaft steht und durch den ihre Entwicklung angetrieben wird. Ist dieses Motiv objektiv richtig, dann gilt seine didaktische Konsequenz natürlich nicht nur für die gymnasiale Oberstufe, sondern auch für die Berufsausbildung. Mit dieser Einsicht schwindet indessen auch die auf den ersten Blick so einleuchtende Unterscheidung von technologischen und nicht-technologischen Schwerpunkten in der curricularen Entwicklung für die kommende integrierte Sekundarstufe II dahin. (...)

In dieser Spannweite liegt die didaktisch-curricular aufzunehmende Problematik: Sozialtechnologie verweist einerseits mit ihrem Charakter als Technologie zwingend auf die Thematik technologischer Schwerpunkte, ist also einzuordnen in einen an ingenieurwissenschaftlichen Disziplinen orientierten Unterricht. Andererseits aber ist sie als eine auf das gesellschaftliche Leben angewandte Technologie den sog. nicht-technologischen Schwerpunkten aufgegeben, und daß heißt, daß Technik in jedem curricularen Schwerpunkt der Sekundarschule II thematisch werden muß, auch da, wo Naturwissenschaften, Sprache, Wirtschafts- und Sozialwissenschaften oder Kunst die leitenden Disziplinen abgeben: Propädeutik für eine Wissenschaft, die ihre politische Funktion nicht verleugnet, ebenso wenig aber dem eigenen Anspruch durch Zuflucht zum Dogmatismus entsagt.

Motive für den Fortgang der Reform

Wenn ich gefragt werde, ob nach meiner Einschätzung die Kollegstufe realisiert werden wird, kann ich darauf ehrlicherweis nur sagen: Es besteht die Möglichkeit. Wird sie realisiert, so wird das Motiv der Erprobung aber nicht in der möglichen pädagogischen Verbesserung liegen, sondern in dem Interesse des Staates, seine Planungs- und

Eingriffsmöglichkeiten im Ausbildungssektor zu erweitern. *Numerus clausus*, Lehrstellenknappheit und Jugendarbeitslosigkeit setzen die Bildungspolitik unter Legitimationsdruck. (...) Unsere Republik ist (...) auf ein Bildungswesen angewiesen, welches ein sehr viel flexibleres Intervenieren des Staates als bisher erlaubt: horizontale und vertikale Durchlässigkeit, zuverlässige Prognosen über Zahl und Art der zu erwartenden Abschlüsse, unmittelbar wirksame Lenkung der Schülerströme auf bestimmte Schwerpunkte und Qualifikationsmerkmale (...).

Innerhalb eines entsprechend reformierten Bildungswesens dürfte die Kollegstufe als Modell für eine integrierte Sekundarstufe II dann auch als eine pädagogische Verbesserung angesehen werden. Im Status der Möglichkeit aber verbleibt diese Aussage, weil im Unterschied zu den anderen Funktionen des Bildungswesens diese Verbesserung an nichts anderem ablesbar ist als an der Bewertung des Menschen vor dem Anruf der konkreten Situation. (...) Die Theorie der Bildung gibt der Pädagogik Kraft und Legitimation, ihr Erkenntnisinteresse auszuweiten über alle erfahrungswissenschaftlich gewissen Detailsätze hinaus auf das antizipierte Ganze. In diesem Licht ist die Antwort eindeutig: Die kritische Qualität, durch die ein Bildungswesen sich als pädagogische Einrichtung erweist und behauptet, stellt die Bedingungen der technisch-wissenschaftlichen Zivilisation unter den Anspruch der europäischen Bildungstradition. Nur wenn die Kollegschule diesem Anspruch genügen wird, wird sie nach meinem Urteil auch realisiert sein.

Arbeitsprozesswissens und gestaltungsorientierte Facharbeiterausbildung

FELIX RAUNER

Arbeitsprozesswissen als berufliches Wissen

Arbeitsprozesswissen entspringt der reflektierten Arbeitserfahrung, es ist das in der praktischen Arbeit inkorporierte Wissen. Arbeitsprozesswissen ist eine Form des Wissens, das die praktische Arbeit anleitet. Arbeitsprozesswissen reicht als kontextbezogenes Wissen weit über das kontextfreie theoretische Wissen hinaus. Bereits der Modellversuchsschwerpunkt „Dezentrales Lernen" und „Lernen am Arbeitsplatz" trug dieser Entwicklung durch die Rückverlagerung der Ausbildung in den Arbeitsprozess Rechnung. Die berufspädagogische Diskussion zum „Lernen am Arbeitsplatz" ist seither jedoch dadurch gekennzeichnet, dass Begriffe wie *Arbeitsplatz, Arbeitsprozess, berufliches Handeln, berufliche Tätigkeit* und *Arbeitssituation* wenig trennscharf verwendet werden. Die Redewendung vom „Lernen am Arbeitsplatz" wurde mittlerweile durch die vom „Lernen im Arbeitsprozess" weitgehend verdrängt. Bei aller Unschärfe der Begrifflichkeiten, die die einschlägige Diskussion prägt, trägt die Hinwendung zum Begriff des *Arbeitsprozesses* dem Strukturwandel in der Organisation betrieblicher Arbeits- und Geschäftsprozesse Rechnung: Das Prinzip der funktionsorientierten Organisation wird zunehmend durch das der Orientierung an den betrieblichen Geschäftsprozessen überlagert. Dies hat den Blick für den Prozesscharakter von Arbeit und Organisation bis hin zu einer Technik, die zunehmend erst im Prozess der betrieblichen Implementation und Organisationsentwicklung konkret ausgeformt werden muss, geschärft. Im Folgenden soll daher das Konzept des *Arbeitsprozesswissens im Kontext einer gestaltungsorientierten Berufsbildung* näher untersucht werden. Konkrete berufliche Arbeit lässt sich in Form beruflicher Arbeitsprozesse beschreiben. „Konkret" bedeutet hier, dass es sich um empirische und damit um kontextbezogene Arbeitsprozesse handelt. Erst auf der Basis *beruflicher* Arbeitsprozesse und ihrer *kontextbezogenen Deskription* kann es gelingen, dies in einem Verfahren der Dekontextualisierung als kontextfreie berufliche Arbeitsaufgaben zu beschreiben. Vorausgesetzt wird jedoch in diesem Zusammenhang, dass kontextfreie formulierte Arbeitsaufgaben übernommen werden, insofern einen übergeordneten Kontextbezug behalten, als sie auf berufliche Arbeitsprozesse verweise. Berufsförmig organisierte Arbeit bettet die Inhalte und Formen der Arbeit in den spezifischen Kontext *beruflicher Arbeit* ein. Der Kontextbezug, wenn auch in allgemeiner Form, ist durch die Berufsbilder und die darin eingeschlossenen spezifischen Arbeitszusammenhänge gegeben.

Berufe werden zugleich normativ und empirisch als *Berufsbilder* und darauf bezogene berufliche Curricula begründet. Sie weisen aus, welche beruflichen Aufgaben der Beruf umfasst und welche Kompetenzen vom beruflich Gebildeten erwartet werden. Die berufsförmig organisierte Arbeit legt Form und Inhalt der beruflichen Aufgaben weitgehend fest und begrenzt insofern das Spektrum der von den beruflichen Rollenträgern auszuführenden Arbeitsaufgaben. Schränkt ein Berufsbild die beruflichen Aufgaben auf eng begrenzte berufliche Tätigkeiten ein, dann impliziert dies meist *unvollständige Arbeitshandlungen*, bei denen der Zusammenhang von Planen, Ausführen und Bewerten aufgelöst wird und der Sinn (im Sinne des übergeordneten Zwecks) der Arbeitshandlung sich für die Beschäftigten nicht mehr erschließt. Legt man – umgekehrt – fest, dass Arbeitsprozesse an Arbeitsaufgaben gebunden sind, die von den Arbeitenden als *Arbeitszusammenhänge* erlebt und wahrgenommen werden, deren Sinn, Funktion und Bedeutung sie im Kontext übergeordneter betrieblicher Geschäftsprozesse verstehen, einordnen und bewerten können, dann handelt es sich um *sinnvermittelte Arbeitszusammenhänge* (...). „Berufe", die abstrakte berufliche Arbeitsverrichtungen wie Drehen und Fräsen zugeordnet sind, sind danach zwar *berufliche Tätigkeiten*, aber eben kaum Berufe, deren konstituierendes Moment sinnvermittelnde Arbeitszusammenhänge sind. *Der Arbeitszusammenhang und das damit korrespondierende Zusammenhangswissen und -verständnis sind damit sowohl konstitutiv für die Identifizierung und Beschreibung von Arbeitsprozessen als auch für die Begründung von Berufen.*

Während ein Berufsbild mit den für einen Beruf charakteristischen beruflichen Arbeitsaufgaben ausdifferenziert wird, betont die Beschreibung der darauf bezogenen Arbeitsprozesse den prozessualen Aspekt der Arbeit. Das Studium und die Untersuchung von Arbeitsaufgaben und Arbeitsprozessen eröffnen den Zugang zum Arbeitsprozesswissen. Die Identifizierung *beruflicher* Arbeitsaufgaben zielt zunächst auf die Begründung von Berufsbildern. *Insofern müssen berufliche Arbeitsaufgaben für einen Beruf charakteristisch und damit repräsentativ sein.* Dieser Widerspruch kann mit dem Konzept der beruflichen Arbeitsaufgaben aufgelöst werden. Sie vermitteln zwischen der konkreten beruflichen Arbeit – der empirischen Basis ihrer Ermittlung – und dem verallgemeinerten Berufsbild als dem Bezugspunkt für ein berufliches Curriculum, das sich auf das Arbeitsprozesswissen stützt und das das handlungsorientierte Lernen im Sinne von „contextual learning" anleitet.

Berufliche Arbeitsaufgabe

Mit einer beruflichen Arbeitsaufgabe wird eine von einem Beschäftigten zu erbringende spezifische Arbeitsleistung *ergebnisbezogen* beschrieben. Diese soll sich auf Arbeitszusammenhänge beziehen, die es den Beschäftigten erlauben, diese in ihrer Funktion und Bedeutung für einen übergeordneten betrieblichen Geschäftsprozess zu verstehen und zu bewerten. Die Strukturierung und Organisation der beruflichen Arbeit nach Arbeitsaufgaben begründet das Konzept der Zusammenhangsverständnis vermittelnden Arbeit. Berufliche Arbeitsaufgaben sind in zweifacher Hinsicht immer auch normativ geprägt. Zunächst sind berufliche Arbeitsaufgaben eingebettet in einen Beruf. Diese aber werden in interessengeleiteten Aushandlungs- und Forschungsprozessen entwickelt (…). Darüber hinaus resultiert die Gestaltung von Arbeitsaufgaben aus miteinander konkurrierenden Konzepten der Organisation gesellschaftlicher Arbeit. Hier kann an die arbeitswissenschaftliche Tradition der Entwicklung und Erprobung humaner (human centred) Arbeitsgestaltung und Arbeitsorganisation angeknüpft werden. (…)

Fazit: Die Identifizierung beruflicher Arbeitsaufgaben und damit auch des beruflichen Arbeitsprozesswissens hat die normative Aspekte der Berufsentwicklung und der Arbeitsgestaltung sowie beides in ihrem Zusammenhang zu berücksichtigen. (…)

Da die berufspädagogische und vor allem die berufswissenschaftliche Diskussion sich häufig auf arbeitswissenschaftliche Theorien, Methoden und Forschungsergebnisse stützt, um die Zusammenhänge zwischen Arbeiten und Lernen aufzuklären und in pädagogischer Perspektive zu gestalten sollen im Folgenden zunächst einige begriffliche Klärungen vorgenommen werden (…).

Berufliche Arbeitsaufgaben (…) lassen sich in *Teilaufgaben* unterteilen. Teilaufgaben zeichnen sich dadurch aus, dass sich ihr Sinn für den Beschäftigten nicht aus den Teilaufgaben selbst erschließt, sondern erst aus dem Kontext der übergeordneten Arbeitsaufgaben. Werden die Teilaufgaben einer übergeordneten Aufgabe an unterschiedliche Personen delegiert, die nicht in einer Arbeitsgruppe zusammenarbeiten, dann verlieren die Beschäftigten den Arbeitszusammenhang aus dem Auge. Die Verantwortung für die Qualität der übergeordneten Aufgaben als Teil betrieblicher Geschäftsprozesse und daraus resultierender und abgeleiteter *Arbeitsaufträge* liegt dann bei der die Aufgabe als Ganzes organisierenden Instanz: bei dem demjenigen also, der die Teilaufgaben definiert, verteilt und das Zusammenfügen der Teilergebnisse organisiert und verantwortet. Nach diesem Organisationsmodell lösen die Teilaufgaben den Arbeitszusammenhang nicht nur organisatorisch, sondern ebenso in der subjektiven Wahrnehmung (als Zusammenhangsverständnis) und im subjektiven Erleben der Beschäftigten auf. (…)

In den Arbeitswissenschaften geht es in diesem Zusammenhang primär um Fragen der Auftrags- und Bedingungsanalyse, der Mensch-Maschine-Funktionsteilung sowie vor allem um Fragen der Belastung und nicht um den Aspekt der berufsförmig organisierten Arbeit als Bezugspunkt für Bildungsprozesse. Daher ist bei der Durchführung empirischer Arbeitsanalysen eine möglichst detaillierte Untergliederung von Arbeitsaufgaben in Teilaufgaben, Arbeitshandlungen und gelegentlich darüber hinaus in Operationen in arbeitswissenschaftlichen Analysen durchaus angemessen, in berufswissenschaftlichen und berufspädagogischen Analysen dagegen problematisch (...).

Das arbeitswissenschaftliche Interesse an der Arbeitshandlung richtet sich darüber hinaus auf die *Struktur* der vollständigen Arbeitshandlung. Das berufspädagogische und berufswissenschaftliche Interesse an diesem arbeitswissenschaftlichen Konzept liegt in seiner normativen Interpretation durch die gestaltungsorientierte Arbeitswissenschaft begründet: Beschäftigte *sollen* ihre Arbeitshandlungen planen, ausführen und bewerten. Danach ist eine nur *ausführende* berufliche Tätigkeit eine unvollständige Arbeitshandlung. Als eine pädagogische Kategorie eignet sich der Begriff der vollständigen Arbeitshandlung jedoch nur sehr eingeschränkt, da der Bedeutungs- bzw. Inhaltsaspekt der Arbeitshandlung ausgeklammert bleibt. Darauf kommt es im beruflichen Bildungsprozess aber gerade an. (...)

Berufliche Kompetenz ist an je berufsspezifische Fähigkeiten gebunden, auch dann, wenn *allgemeine* berufliche Kompetenzen, etwa im Umgang mit sozialen Situationen oder bei der Nutzung berufsunspezifischer computergestützter Werkzeuge an Bedeutung zugenommen haben. Die berufsfachliche *Kompetenz* ist die die berufliche Identität und Professionalität konstituierende Kompetenz. Sie ist an eine fachspezifische Kompetenz gebunden, die zur Ausübung einer *Fach*-Arbeit befähigt. Der Begriff der Handlung verweis als eine Kategorie psychologischer Theorien des Handelns und Lernens lediglich auf die Struktur der Handlung, die es in der konkreten Handlungssituation mit *Inhalt* zu füllen gilt. Die inhaltliche Seite der Arbeitshandlungen aber interessieren handlungstheoretisch allenfalls als Strukturelement, nicht aber in Bezug auf die konkreten Inhalte selbst. Immerhin steht der Begriff der Handlung der Pädagogik näher als der des *Verhaltens,* da für die Handlung handlungstheoretisch ein Handlungs*ziel* vorausgesetzt wird. Die Kategorie der Handlung wird handlungstheoretisch als *zielbewusstes* Handeln interpretiert. (...) Diese pädagogische Leitidee lässt sich mit den Kategorien der Handlungstheorie und der Arbeitswissenschaften nicht formulieren, es sei denn, man löst die Begriff ganz aus ihrem ursprünglichen theoretischen Kontext heraus und versucht sie pädagogische umzudeuten. Damit aber würde allenfalls der unbedachte Umgang mit pädagogisierten Begriffen weiter zunehmen.

Nun hat die berufspädagogische Diskussion den Begriff der *beruflichen Handlungskompetenz* geprägt und damit dem Begriff der Arbeitshandlung eine weit über die arbeitswissenschaftliche Kategorie der vollständigen Arbeitshandlung hinausreichende Bedeutung zugemessen. Implizit wird mit beruflicher Handlungskompetenz unterstellt, dass der Handlungskompetente nicht nur in der Lage ist, berufliche Handlungen *vollständig* auszuführen, sondern die beruflichen Handlungen auch in ihren beruflichen und damit arbeits- und geschäftsbezogenen – und darüber hinaus in ihren gesellschaftlichen – Bedeutungen einordnen und bewerten zu können. Damit vollzieht sich eine berufliche Handlung implizit immer in Arbeitszusammenhängen, die auch subjektiv als solche in ihrer vielfältigen Bedeutung eingesehen und erschlossen werden können. Spätestens hier wird ein grundlegender Widerspruch deutlich, der aus der weit über die ursprüngliche Bedeutung hinausreichenden Verwendung des Handlungsbegriffes resultiert. Handlungskompetenz ist eine inhaltsleere Kategorie, die nicht schon dadurch mit Inhalt gefüllt wird, dass man sie auf Berufe bezieht. (...)

Fazit: Der (Re-)Konstruktion und Analyse beruflicher Arbeitsaufgaben kommt für die Berufsentwicklung und die Entwicklung beruflicher Curricula eine zentrale Bedeutung zu. Bei der Anwendung arbeitswissenschaftlicher Theorien und Forschungskonzepte ist deren Reichweite für die Berufsbildung zu beachten. Die Anwendung arbeitswissenschaftlicher Forschungsmethoden erfordert ihre Anpassung und Weiterentwicklung unter besonderer Berücksichtigung pädagogischer Leitideen und pädagogisch-didaktischer Bildungskonzepte.

Praktisches Wissen als Dimension des Arbeitsprozesswissens

Arbeitsprozesswissen lässt sich in einer ersten Näherung als *der Zusammenhang* von *praktischem* und *theoretischem Wissen* charakterisieren. Nach einer Untersuchung von Hacker kann dem handlungsrelevanten theoretischen Wissen das handlungsbegleitende und das handlungsrechtfertigende explizite Wissen zugeordnet werden. Dieses theoretische Wissen lässt sich zwar besonders effektiv in Formen des kontextuellen Lernens (z. B. in der Form des handlungsorientierten und experimentierenden Lernens) aneignen. Es wird aber erst im Prozess der Dekontextuierung zum wissenschaftlichen Wissen und in dieser Form lehrbar. Als „träges Wissen" wird dieses Wissen dann bezeichnet, wenn es kontextfrei gelehrt und nicht – kontextbezogen – selbstständig angeeignet wird. Ein Segment von Arbeitsprozesswissen stellt dieses Wissen insofern dar, als es sich in Arbeitshandlungen und -aufgaben erklärend und kritisch-reflexiv bezieht. Eine dritte Form des theoretischen Wissens ist als kontextbezogenes, handlungsleitendes Arbeitsprozesswissen zugleich auch praktisches Wissen [s. Abb. 1].

Im Folgenden soll es jedoch nicht um das kontextfreie theoretische Arbeitsprozesswissen, sondern um das praktische Wissen gehen, da dieses sehr viel weniger erforscht und, was sehr viel problematischer ist, bisher kaum Eingang in die Curriculumforschung gefunden hat. Für die berufliche Bildung ist dies besonders gravierend, da es hier unmittelbar um den Zusammenhang von Arbeitserfahrung, Wissen und Können geht.

Berufliche Bildung zeichne ich dadurch aus, dass sie als eine Quelle für die Anhäufung von beruflicher Kompetenz die Arbeitserfahrung nutzt. Berufliches Lernen als fortschreitende und reflektierte Arbeitserfahrung setzt voraus, dass eine neue Arbeitssituation auf einen bereits vorhandenen Erfahrungshintergrund trifft. Jede neue Arbeitserfahrung wird im Lichte vorausgegangener Arbeitserfahrungen bewertet, und

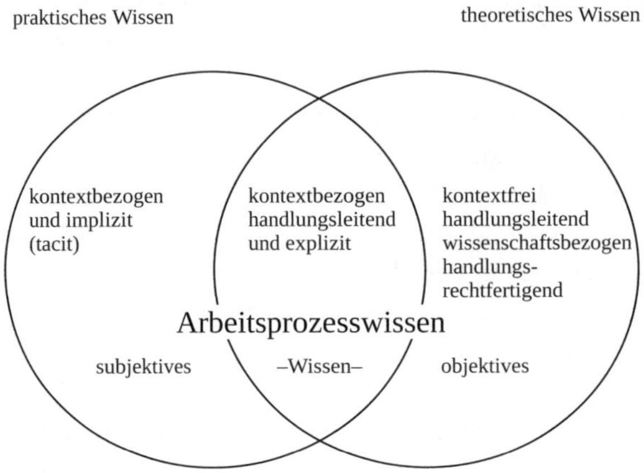

Abb. 1 Arbeitsprozesswissen als der Zusammenhang von praktischem und theoretischem Wissen sowie von subjektivem und objektivem Wissen (Rauner 2001, S. 34)

das Ergebnis dieser Bewertung wird zur alten Erfahrung hinzugefügt. Ist die Divergenz zwischen alter und neuer Arbeitserfahrung zu groß, dann kann subjektiv keine Brücke zur neuen Erfahrung geschlagen werden – es wird nicht gelernt.

Bevorzugt werden Arbeitserfahrungen dann zu dem bestehenden erfahrungsbasierten Wissen hinzugefügt, wenn die neue Erfahrung einigermaßen in die bestehenden Wissensstrukturen hineinpasst. Wissen umfasst hier auch das implizite Wissen. Die je aufs Neue stattfindende subjektive Bewertung der Arbeitserfahrung erfolgt zunächst weitgehend vorbewusst und automatisiert. Sollen aus Arbeitserfahrung berufliches Wissen und berufliche Einsichten erwachsen, dann kommt es ganz entscheidend darauf an, Arbeitserfahrung zu kommunizieren und zu reflektieren. Das Kommunizieren und Reflektieren von Arbeitserfahrung wird in der beruflichen Bildung dadurch erleichtert, dass die Beteiligten derselben Praxisgemeinschaft angehören. Ähnliche Erfahrungskontexte konstituieren kontextuelle Bereiche, innerhalb derer sich die Beteiligten in einem beachtlichen Umfang auch intuitiv verstehen. Neues berufliches Wissen entsteht nur dann, wenn neue Arbeitserfahrung einerseits mit vorhandenen Bedeutungen zusammenpasst, diese quasi zum Schwingen bringt, und andererseits soweit vom vorhandenen Wissen abweicht, dass die neue Erfahrung zu einer Erweiterung und Vertiefung bisheriger Bedeutungen und Bewertungen erlebter Tatsachen beiträgt. Arbeitserfahrungen werden immer dann gemacht, wenn die vorhandenen Vorstellungen, Bedeutungen und Erwartungen durch die neue Realität in Frage gestellt, modifiziert und differenziert werden müssen. Immer dann, wenn eine unmittelbare Beziehung zwischen Arbeitserfahrung und theoretischem Wissen im Sinne wissenschaftlicher Theorie besteht, entsteht eine besondere über die Aneignung praktischen Wissens hinausreichende Lernsituation. Das theoretische Wissen wird dann mit subjektiver Erfahrung vermittelt und in das handlungsleitende Arbeitsprozesswissen integriert. Das praktische Wissen erfährt seine Verallgemeinerung dadurch, dass es sich im Übereinklang mit theoretischem Wissen befindet oder sich praktisch bewährt. Berufliches Arbeitsprozesswissen reicht insofern weit über das einschlägige theoretische Wissen, wie es in Lehrbüchern dokumentiert ist, hinaus.

Das praktische Wissen hat eine ganz eigene Qualität. Es wird immer kontextbezogen angeeignet. Ihm kommt insofern eine besondere handlungsleitende (kontextbezogene) Relevanz zu. Das praktische Wissen entzieht sich in einem beachtlichen Umfang der expliziten Formulierung. (…)

Ein entwicklungslogisches Curriculum für eine gestaltungsorientierte Berufsbildung

Ein entwicklungslogisches Curriculum für eine gestaltungsorientierte Berufsbildung muss zwei übergeordneten Kriterien genügen: Die Inhalte und Bildungsziele müssen entwicklungslogisch angeordnet sein, und die Ausdifferenzierung der Inhalte des Arbeitens und Lernens erfolgt arbeitsprozessbezogen (Abb. 2). Dies setzt voraus, dass die beruflichen Arbeitsaufgaben, auf die im Curriculum Bezug genommen wird, so ermittelt und formuliert werden, dass der Berufsanfänger (in der Ausbildung) die Chance erhält, zunächst mit seinen Vorerfahrungen und Vorkenntnissen den Übergang in die Berufsausbildung so zu vollziehen, dass er an seine bisherigen Kompetenzen, Erwartungen und Orientierungen anknüpfen kann.

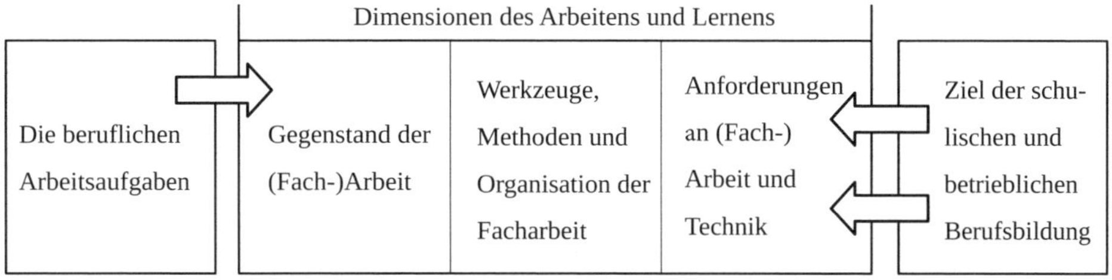

Abb. 2 Identifizierung und Bestimmung der Ausbildungs-Lehrinhalte unter den Aspekten der beruflichen Qualifikationsanforderungen und der Bildungsziele (Rauner 2001, S. 46)

Ein angehender Kfz-Mechaniker, der seine Ausbildung beginnt, verfügt natürlich über umfangreiche Erfahrungen und Kenntnisse im Umgang mit Autos als (Mit-) Fahrer und Nutzer eines Autos und wahrscheinlich auch bei der Ausführung mehr oder weniger einfacher Reparaturen, wie sie oft von fachlich interessierten Nichtfachleuten ausgeführt werden. Es liegt daher nahe, bei dem zu vollziehenden Perspektivwechsel vom fachlich interessierten Nutzer eines Autos zum Kfz-Fachmann, das Auto zunächst von seiner Gebrauchswertseite her zum Gegenstand der Professionalisierung zu machen. (…)

Die Zahl und die inhaltliche Ausgestaltung der Berufsbilder entsprechen den jeweiligen betrieblichen Organisationskonzepten und der damit einhergehenden horizontalen und vertikalen Arbeitsteilung. Insofern reproduziert die Qualifikationsforschung und die arbeitswissenschaftliche Forschung nicht selten vorab definierte Gegebenheiten betrieblicher und gesellschaftlicher Festlegungen, die durch die jeweiligen betrieblichen und industriekulturellen Kontexte geprägt sind.

Für die Entwicklung eines entwicklungslogischen Curriculums geht es in der Aufgabenanalyse darum, für die vier Lernbereiche, [a] Orientierungs- und Überblickswissen, [b] Zusammenhangswissen, [c] Detail- und Funktionswissen sowie [d] fachsystematisches Vertiefungswissen, Arbeitsaufgaben zu identifizieren und zu formulieren, die die Qualität von Entwicklungsaufgaben und paradigmatischen Aufgaben für den jeweiligen Lernbereich haben (…).

Berufliche Arbeitsaufgaben werden jedoch nicht wie bei Benner als die Bausteine des Curriculums verstanden, sondern sie repräsentieren das jeweilige Berufsbild in der Form entwicklungslogisch angeordneter charakteristischer Arbeitsaufgaben. Das so operationalisierte Berufsbild wird ergänzt durch die auf die beruflichen Arbeitsaufgaben Bezug nehmenden Bildungsziele.

Insofern repräsentiert ein Berufsbild prospektiv sowohl die empirische Arbeitswirklichkeit als auch das gesellschaftliche Leitbild für eine Facharbeiterpersönlichkeit, deren berufliche Bildung sich im dialektischen Spannungsverhältnis von Qualifizierung und Bildung – von Human Resources Development und Persönlichkeitsbildung – vollzieht. Für die curriculare Ausgestaltung dieses Spannungsverhältnisses kommt es nun darauf an, die (Aus-) Bildungsinhalte nicht nur entwicklungslogisch anzuordnen, sondern diese auch arbeits- und arbeitsprozessbezogen in gestaltungsorientierter Perspektive auszudifferenzieren.

Im Kern geht es darum, ausgehend von den beruflichen Arbeitsaufgaben sowie den darauf bezogenen Qualifizierungs- und Bildungszielen arbeitsprozessbezogene Inhalte nach drei Kategorien aufzuschlüsseln, nämlich nach

- den Gegenständen der (Fach-)Arbeit
- den Werkzeugen, Methoden und Organisation der (Fach-) Arbeit,
- den Anforderungen an die Foren und Inhalte der Facharbeit aus der Sicht unterschiedlicher Interessen und Normen.

Beide Bestimmungskriterien – die beruflichen Arbeitsaufgaben und die Bildungsziele – führen in einem 1. Schritt unter Umständen zu unterschiedlichen Ausbildungs-/Lehrinhalten, zwischen denen dann in einem 2. Schritt vermittelt werden muss. Gelegentlich ergeben sich aber auch Ergänzungen. Das Schema in Abbildung 2 eignet sich für die Entwicklung arbeits- und gestaltungsorientierter Berufsbildungspläne, da es dazu anleitet, die Inhalte arbeitsbezogen aus der Perspektive der Arbeitsaufgaben zu formulieren. Zugleich ist das Schema so angelegt, dass es von links nach rechts als Schritte zunehmender Reflexivität und Gestaltungsorientierung interpretiert werden kann. In der Spalte „Anforderungen an Arbeit und Technik“ werden die Anforderungen aus der Perspektive der Betriebe, des Gesetzgebers, der Öffentlichkeit, der Beschäftigten usw. festgehalten, damit sowohl der Gegenstand der Arbeit als auch ihre Organisation und ihre Formen als durch die unterschiedlichen Anforderungen und die daraus resultierenden Kompromisse geprägte Gegebenheiten interpretiert und erfahren werden können. In einem weiteren Schritt werden die in dieser Spalte implizit angelegten Reflexionsmöglichkeiten in der Form der objektiv gegebenen Handlungs- und Gestaltungsoptionen und -spielräume für die berufliche Arbeitswelt in der Spalte der Qualifizierungs- und Bildungsziele explizit mit aufgenommen. Damit fügt sich dieses Entwicklungsschema für integrierte und arbeitsbezogene Berufsbildungspläne in den Bildungsauftrag für die berufliche Bildung ein, nämlich die Auszubildenden zu befähigen, die Arbeitswelt und die Gesellschaft in sozialer und ökologischer Verantwortung mitzugestalten. (…)

Schluss

Selbstverständlich kommt es bei der Entwicklung einer berufswissenschaftlichen Forschungsmethode zur Ermittlung der charakteristischen *Arbeitsaufgaben* auf eine sorgfältige Auswahl der durch den Stellenwert ihres Arbeitsplatzes innerhalb des Geschäftsprozesses in Frage kommenden Facharbeiter („Probanden“) an. (…)

Die Methode, Facharbeiter nach charakteristischen Arbeitsaufgaben zu befragen, um ein ausbildungsrelevantes Bild der in den Arbeits- und Geschäftsprozess eingebetteten Facharbeit zu ermitteln, ist dann erfolgversprechend, wenn die befragten Probanden an solchen Arbeitsplätzen eingesetzt werden, die aus der *Logik des Produkts und seiner Fertigung* künftig nicht entfallen können (Aufgabenbindung der Facharbeit). Diese Logik liegt in jeder Branche in der Form eben von Arbeitsaufgaben vor, die in gewisser Weise der Branche bzw. dem Unternehmen zuzurechnen sind. Dabei handelt es sich um Arbeitsplätze, die in ihrem jetzigen Zuschnitt ein *technologisch* und *arbeitsorganisatorisch erzwungenes* Entwicklungspotential enthalten. Es kommt darauf an, dieses Potential für die Gestaltung der künftigen Facharbeit bereits in der Ausbildung zu nutzen und damit bei der Grundbildung zu beginnen. (…)

Die Fragen zur methodischen Ausgestaltung dieser Forschung sind damit allenfalls angedeutet. Sie bedürfen einer gesonderten Untersuchung.

Bildungsauftrag und autonomes Curriculum

ANTONIUS LIPSMEIER

1 Vorbemerkungen

Wird für die Berufsschule der neoindustriellen Zeit der Computer das zentrale Leitbild, wie es uns z. B. Klaus Haefner mit seiner „Homuter-Gesellschaft“ in Absetzung von der „humanalternativen Gesellschaft“ einreden will?[1] Eine Zeitlang habe ich auch geglaubt, wir sollten die humanistische Bildung durch die algorithmische Bildung ersetzen, doch inzwischen höre ich auf den Chor nicht der ablehnenden, sondern den der warnenden Stimmen, die – alter Bildungstradition entsprechend – mit der produktiven Teilhabe auch Kritik und Distanz fordern.

Vielleicht ist aber schon eine neue Phase eingeleitet worden, in der die inhaltlichen Aspekte von beruflichen Bildungsprozessen einer Methodeneuphorie gewichen sind. (…)

2 Ganzheitlichkeit und Handlungsorientierung als berufspädagogische Kategorie

Sicherlich wäre es sinnvoll, dieser Kategorie in ihren Ursprüngen nachzuspüren, denn sie ist schon in der Antike auszumachen; doch darauf muß ich hier verzichten. Und auch in einer Einschränkung auf die Geschichte der Berufsausbildung kann die historische Nachzeichnung dieser Idee hier nicht geleistet werden; erinnert sei aber beispielsweise an das frühe Bündnis der Baukunst mit den Wissenschaften, im engeren der Statik, das in der Erkenntnis des Pariser Baumeisters Jean Mignot in seinem Gut-

1 Der Titel des Beitrags wurde geändert und entspricht nicht dem Original.

achten für die Mailänder Dombauhütte aus dem Jahre 1398 zum Ausdruck kommt: „Ars sine scientia nihil est" – Die Kunst ist nichts ohne die Wissenschaften; (...)

Weitere Entwicklungslinien und Belege für die Ideengeschichte und auch für reale Ausprägungen der Kategorie „Ganzheitlichkeit", aber auch für Auflösungserscheinungen lassen sich sicherlich finden. (...)

Für die neuere Diskussion wird jedoch der Neuhumanismus zu einem Kulminationspunkt der Legitimation von Ganzheitlichkeit. „Zweck des Menschen" so formulierte Wilhelm von Humboldt, sei „die höchste und proportionierlichste Bildung seiner Kräfte zu einem Ganzen", und zwar zur „Idee der in sich zur eigenen, harmonischen Schönheit gereiften Persönlichkeit."

Die Industrialisierung und die mit ihr einhergehende Arbeitsteilung erschwerten dann im Verlaufe des 19. Jahrhunderts fraglos die Entwicklung und Implementierung ganzheitlicher Berufsausbildungskonzepte. Die Marx'sche Gegenstrategie war da schon konsequent. Marx hält am humanistischen Ziel der allseitigen Entwicklung der menschlichen Fähigkeiten fest und erklärt zur Bedingung ihrer Möglichkeit „die Beseitigung der bisherigen Teilung der Arbeit".

Es wäre falsch anzunehmen, daß dieses Gedankengut und diese Strategien lediglich auf die kommunistische Gesellschaftskritik dieser Zeit beschränkt gewesen wären. Fortschrittliche und unzweifelhaft anerkannte Ingenieurwissenschaftler wie Prechtl in Wien und Redtenbacher in Karlsruhe entwickelten, dabei freilich sich von einer ganz anderen Seite her den Problemen der industriellen Produktion zuwendend, ähnliche Gedanken.

Die bürgerliche Pädagogik nahm die Gedanken einer arbeitsorganisatorischen und produktionstechnischen Gegensteuerung, die eigentlich Pestalozzi schon 50 Jahre vor Marx für notwendig erachtet hatte, nicht auf, sicherlich deswegen nicht, weil diese betriebliche Strategie zugleich gesamtwirtschaftlich und damit gesamtgesellschaftlich Folgen nach sich ziehen würde, die aus ihrer Sicht unerwünscht gewesen wären.

Ich will die Garde der Kronzeugen für diese ganzheitliche Bildungs- und Berufsbildungstheorie hier nicht aufmarschieren lassen; sie würde, bezogen auf die Berufsbildungstheorie, außer von Spranger vorrangig von Kerschensteiner und Fischer angeführt werden. Ich will diese Theorie, die im Kern ein Instrument zur Überwindung jener „Kluft zwischen Arbeit und Bildung" ([Aloys] Fischer) sein sollte, die das 19. Jahrhundert mit der Gefahr der Entfremdung des Menschen im industriellen Arbeitsprozeß eingebracht hatte, auch nicht konterkarieren durch die schon früh einsetzende und von Aloys Fischer sehr ernst genommene Kritik am Realitätsgehalt dieser Idee, eine Kritik, die mit den Namen [Anna] Siemsen, [Pawel P.] Blonsky und [Erna] Barschak verbunden ist. Und ich werde hier auch nicht auf die nationalsozialistische Beugung dieser Idee mit der auf den „ganzen Menschen" zielenden Arbeitserziehung und auch nicht auf ihre konservative Wiedergeburt nach 1945, bezüglich des Ganzheitlichkeitsaspektes etwa verbunden mit dem Namen [Friedrich] Schlieper und [Eduard] Spranger, eingehen. [Fritz] Blättner hatte den „Bildungsenthusiasten", wie er formulierte, im Jahre 1959 auf dem Deutschen Berufsschultag den Spiegel vorgehalten.

Gleichwohl wird immer noch mit Bezug auf Kerschensteiner und Spranger an der traditionellen Berufsbildungstheorie festgehalten, obwohl der Verlust der Begründungskraft der klassischen Berufsbildungstheorie berufspädagogisches Allgemeingut ist. Das hängt auch damit zusammen, daß nicht nur bei Berufspädagogen, sondern auch bei Sozialwissenschaftlern die Kategorie „Beruf“ ein fragwürdiger, angesichts des Bedeutungsverlustes berufsförmig organisierter Arbeit zunehmend unbrauchbar werdender Begriff geworden ist. Nicht von ungefähr sind daher die Bemühungen, Arbeit und Beruf hinsichtlich ihrer Gehalte für eine Neufassung des Bildungsbegriffs neu zu definieren, verbunden mit der Hereinnahme von neuen Kategorien in diesen traditionellen Begriff, und dabei fällt der Kategorie „Ganzheitlichkeit“ (...) eine besondere Bedeutung zu.

Statt mich also auf die überkommene und im Kern eben untaugliche Berufsbildungstheorie zu berufen, will ich vielmehr das neue Ganzheitlichkeits-Paradigma (...) zunächst als pädagogische Kategorie akzeptieren. Auf die lernpsychologische Begründung dieses Paradigmas kann ich hier nicht eingehen, und seine produktionstechnologische Absicherung kann ich nur kurz streifen.

Als „Credo“ der neuen Produktionskonzepte haben [Horst] Kern / [Michael] Schumann [1984] bei ihren Untersuchungen in drei großen Branchen der industriellen Produktion folgenden gemeinsamen Nenner herausgefunden:

- Technisierung lebendiger Arbeit bringt nicht per se das wirtschaftliche Optimum;
- im ganzheitlichen Aufgabenzuschnitt liegen keine Gefahren für die Produktivität, sondern Chancen.

Das sind ganz neue Töne der industriesoziologischen Forschung (...). Die Ergebnisse ihrer Forschungen zur Umorganisation von Arbeit hin zu mehr Ganzheitlichkeit haben Kern/Schumann ja offensichtlich auch zu ihrem attraktiven, allerdings noch mit einem Fragezeichen versehenen, Buchtitel inspiriert: „Das Ende der Arbeitsteilung?“

Diese Ganzheitlichkeitsthese wird auch von vielen anderen Industriesoziologen aufgestellt und von Ingenieurwissenschaftlern, Arbeitgeber- und Arbeitnehmerorganisationen geteilt, wenn auch mit unterschiedlichen Akzentsetzungen, vor allem bezüglich der Folgen. (...)

Wie auch immer der sozialwissenschaftliche Streit um mehr oder weniger Ganzheitlichkeit im Produktionsprozeß, vor allem im Kontext der neuen Informations- und Kommunikationstechnologien, ausgehen mag: Die Bildungspolitik hat schon reagiert, indem sie in die neuen industriellen Ausbildungsberufe qualifikatorische Kategorien hineingeschrieben hat, die offensichtlich – bewußt oder unbewußt – auf die Gestaltungsspielräume im industriellen Arbeitsprozeß auch auf der Facharbeiterebene rekurrieren und von ganzheitlichen Aufgabenzuschnitten ausgehen:

- Neuordnung der industriellen Metallberufe (Verordnung 15.1.1987, § 3.4): Der Auszubildende soll zur Ausübung einer qualifizierten beruflichen Tätigkeit befähigt werden, „die insbesondere selbständiges Planen, Durchführen und Kontrollieren einschließt."

- KMK-Rahmenlehrplan (Beschluß der KMK vom 7.1.1987): Die Schüler sollen „Fähigkeiten und Einstellungen erwerben, die ihr Urteilsvermögen und ihre Handlungsfähigkeit sowie -bereitschaft in beruflichen und außerbetrieblichen Bereichen vergrößern"; eine fundierte Berufsausbildung soll ihren „Entscheidungs- und Handlungsspielraum" erweitern (allgemeine Vorbemerkungen zum Rahmenlehrplan).

Im Zusammenhang mit der Neuordnung wurde somit ein neuer Qualifikationsbegriff in die berufliche Erstausbildung implementiert, der über traditionelle Addition von Fertigkeiten und Kenntnissen hinausgeht. Die Arbeitgeberseite formuliert:

> „Nur ein beruflich ganzheitlich gebildeter Mitarbeiter wird in Zukunft den Anforderungen der Unternehmer gerecht" (DIHT/Gesamtmetall/ZVEI 1986, S. 11); und weiter: „Gleichzeitig ist damit auch ein Signal in Richtung Berufsschule gegeben, das im Betrieb übungs- und tätigkeitsorientiert vermittelte Berufswissen durch Einbetten in Lernzusammenhänge zu verbinden und damit auf Dauer handlungsorientiert verfügbar zu halten" (ebenda, S. 12).

Das Konzept des handlungsorientierten Lernens basiert ganz wesentlich auf der „psychologischen Handlungstheorie", der „Handlungsstrukturtheorie" oder der „Handlungsregulationstheorie" [Volpert]. Alle handlungsorientierten Ansätze fühlen sich einem „neuen pädagogischen Paradigma" verpflichtet, wie Gerds, Rauner und Weisenbach formulieren [1984], das verwiesen sei auf

- „den Lernenden, als aktiv Handelnden, der als Subjekt unter Wahrnehmung seiner Interessen am Bildungsprozeß mitgestaltend teilnimmt;
- die Überwindung eines in Theorie- und Praxislernen geteilten Bildungsprozesses;
- die Befähigung nicht nur zum Verstehen und Reflektieren, sondern auch zu einem auf Veränderung hinzielenden Handeln;
- eine verstärkte Hinwendung zur gegenständlichen in Ergänzung zur symbolischen Welt;
- die besondere Bedeutung der Kooperation als Grundform menschlicher Lebensäußerung."

Es ist naheliegend, daß diese Ziele handlungsorientierten Lernens angesichts der vielfach kritisierten Verfaßtheit beruflichen Lernens und der ebenso häufig kritisierten Strukturiertheit beruflicher Lernorganisation im dualen System in der Berufs- und Wirtschaftspädagogik und in der beruflichen Ausbildungspraxis in Schulen und Betrieben geradezu begierig aufgegriffen wurden; (...) Dem berufspraktischen Lernen sind gar (...) „über die Handlungstheorie neue theoretische Legitimationsmöglichkeiten, ein neues pädagogisches Selbstbewußtsein zugewachsen".

Doch zu fragen bleibt: Haben die betriebliche und die schulische Berufsausbildung schon didaktisch-methodische Konzeptionen bereit, die adäquat sind, immer unterstellt, die Ziele entsprächen sowohl den Qualifikationsanforderungen des Beschäftigungssystems als auch den humanen Kategorien der Entfaltung der Persönlichkeit?

Die einfachste, gleichwohl in konkrete Ausbildungsmaßnahmen nicht besonders leicht umsetzbare Antwort, die auch [Rudi] Kaerger jüngst gegeben hat, lautet immer, auch in der Berufsschule „handlungsorientierten Unterricht in Projekten vorzusehen." Doch ich will versuchen, die Antwort für die beiden Lernorte betriebliche Berufsausbildung und Berufsschule etwas differenzierter zu geben.

Die beiden Hauptakzente, die sich für die Neuorientierung des beruflichen Lernens in der neueren Zeit – gespeist aus unterschiedlichen Quellen (gesellschaftlicher Wandel, Qualifikationswandel, Lernpsychologie, Didaktik) – herausschälen, lassen sich mit den Stichworten integrative Lehr- und Lernverfahren und Erweiterung des Lernspielraums und Eigeninitiative der Auszubildenden charakterisieren; (...)

Diese neue Richtung mit einer Fülle neuartiger Aus- und Weiterbildungskonzeptionen schlägt allerdings zur Zeit stärker in der betrieblichen Berufsausbildung als in der schulischen Berufsausbildung durch; diese neuen Aus- und Weiterbildungskonzeptionen sind in der Berufspädagogik und in der schulischen Berufsausbildung (...) relativ wenig bekannt, auch wenn die Dampfmaschine von Daimler/Gaggenau inzwischen schon ausbildungsmethodologisches Allgemeingut zu sein schein. Aber Leittextmethode, Qualitätszirkel, Lernstatt, Juniorfirma, PETRA-Methode (Projekt- und transferorientierte Ausbildung: Siemens), TOB-Modell (Teamorientierte Berufsausbildung: Opel), Problemlösungsmethoden, Künstlerische Übungen usw. sind möglicherweise vom Namen her bekannt, da auch in der betrieblichen Anwendung bislang auf Einzelfälle beschränkt; die Berufsschule jedenfalls hat sich bislang kaum davon inspirieren lassen, von relativ verbreiteten Ansätzen in der kaufmännischen Berufsausbildung und ersten Bemühungen in der gewerblich-technischen Berufsausbildung einmal abgesehen. Woran liegt das? Liegt das an der generellen Schwerfälligkeit von Innovationen im Bildungswesen, an Verweigerungs- und Beharrungsstrategien der Basis, also im Wesentlichen der Berufsschullehrer, oder liegt das stärker oder gar wesentlich am Mißtrauen staatlicher Bildungsverwaltung gegenüber Ganzheitlichkeitskonzeptionen? Die Ursachen liegen wohl einerseits darin, daß das, was sich als handlungsorientiertes Lernen mit der Kontext-Formel der Ganzheitlichkeit vorgeblich als pädagogische Innovation andient, so furchtbar neu gar nicht ist; denn schließlich gibt es ja z. B. die berufspädagogischen Zusammenführungsbestrebungen eines als zu zersplittert angesehenen Berufsschulunterrichts, in der Frankfurter Methodik unter Werkunterricht firmierend, auch wenn ihnen relativ wenig Erfolg beschieden war. Zwar hat die Lehrplankritik der 1960er Jahre im Kontext der gesellschaftlichen Demokratisierungsbestrebungen dieser Zeit über die an sich sinnvollen Kategorien von Transparenz und Kontrolle die Lernzieloperationalisierungen den Feinlernzielfetischismus eingebracht, eine zur Atomisierung von Lernstrukturen und Lernzusammenhängen neigende Praxis; und die Gegenstrategie mit dem sogenannten „offenen Curriculum“ konnte diese Fehlentwicklungen nicht vollends korrigieren. Doch in den neuen baden-württembergischen Berufsschullehrplänen wird von der Zielkategorie einer „ganzheitlichen Auffassung des Menschen“ ausgegangen einschließlich entsprechender curricularer Konsequenzen.

Und auch hinter dem modernistischen Methodengeklimper mit geheimnisvollen Abkürzungen verbergen sich durchaus als probat erkannte und teilweise schon lange bekannte Rezepturen. Eine andere Ursache für die zögernde Implementation liegt darin, daß integrative oder ganzheitliche Konzeptionen in der Berufsausbildung, und zwar sowohl hinsichtlich der Organisation von Berufsausbildung, als auch bezüglich didaktisch-methodischer Konzeptionen, sowohl wenig Tradition, trotz einiger überzeugender Beispiele, als auch ihre aktuellen Probleme haben. Das zeigt nicht zuletzt die neuere, sich auf die Systemtheorie – allerdings nicht in ihrer technokratischen Reduktion – beziehende Diskussion um einen integrativen oder auch systemtechnisch orientierten Technikunterricht. Ich bin der festen Überzeugung, daß die Zukunft der Berufsschule ganz wesentlich, wenn auch nicht ausschließlich, von der Entwicklung und Implementation innovativer curricularer Konzeptionen für wichtige Kernbereiche, also besonders die Metall- und Elektroberufe, abhängen wird, jenseits großer und grundlegender Umgestaltungen der Berufsausbildung in rechtlich-organisatorischer Hinsicht, die ich gegenwärtig in das Land der Träume verweise.

Und dann ist noch darauf hinzuweisen, daß die Methoden-Hausse in der betrieblichen Aus- und Weiterbildung einerseits sicherlich mit dem technologisch-arbeitsorganisatorischen Wandel, andererseits aber mit den durch die Vierstufen-Methode über Jahrzehnte hinweg gelangweilten und nach didaktisch-methodischen Innovationen lechzenden, weil formal durch die AdA-Qualifikation professionalisierten Ausbildern zusammenhängt, obwohl kritisch gesehen werden muß, daß trotz reklamierter Ganzheitlichkeit „zugleich ein Verlust an Ganzheitlichkeit des Ausbildungsprozesses“ zu beobachten ist, zumindest in der industriellen Berufsausbildung.

Bei allem Enthusiasmus sollte jedoch nicht verkannt werden, daß es einerseits durchaus Kritik an den theoretischen Begründungsansätzen der Handlungstheorie, vor allem der Handlungsstrukturanalyse, gibt, zumal diese Ansätze unterrichts- und ausbildungspraktisch häufig auf projektorientierte Vorgehensweisen verkürzt werden. Zum anderen, und dieser Einwand ist gravierender, verhält sich die handlungsorientierte Didaktik inhaltlich neutral „gegenüber den Gegenständen und Inhalten technischer Bildung (also der Technik selbst)“, wie Gerds, Rauner und Weisenbach feststellen. – Und wie verhält es sich nun mit den Schlüsselqualifikationen?

3 Schlüsselqualifikation – Schlüssel für was und für wen?

Diese neue Zielgröße für die Berufsausbildung wurde im Jahre 1974 von Dieter Mertens [1974] kreiert, wobei er sich von folgenden Überlegungen leiten ließ: Da die Qualifikationsanforderungen in dem dynamisch gewordenen Beschäftigungssystem nicht konkret prognostizierbar seien, stehe die Bildungsplanung vor der Aufgabe, ein curriculares Konzept zu entwickeln, das den einzelnen mit den Kompetenzen ausstatte, die er für die Bewältigung von Unvorhersehbarem benötige. Den Flexibilitätserfordernissen der sich wandelnden Arbeitswelt könne nicht durch Differenzierung und Spezialisierung unter Bezug auf gegenwärtige und antizipierte Anforderungsprofile entsprochen werden, sie verlangten vielmehr nach Verallgemeinerung und Entspezialisierung.

Mertens definiert wie folgt: „Schlüsselqualifikationen sind solche Kenntnisse, Fähigkeiten und Fertigkeiten, welche nicht unmittelbaren und begrenzten Bezug zu bestimmten disparaten Tätigkeiten erbringen, sondern vielmehr [a] die Eignung für eine große Zahl von Positionen und Funktionen als alternative Optionen zum gleichen Zeitpunkt, und [b] die Eignung für die Bewältigung einer Sequenz von (meist unvorhersehbaren) Änderungen von Anforderungen im Laufe des Lebens."

Obwohl oft genug dargestellt, will ich die Mertens'schen Schlüsselqualifikationen in Erinnerung rufen:

a) „Basisqualifikationen", zu denen die Fähigkeit zu logischem, strukturierendem, konzeptionellem und dispositivem Denken sowie zu kooperativem Verhalten zählt;
b) „Horizontalqualifikationen", die um den Begriff der Information zentriert sind: Wissen über das Wesen von Information, Verstehen und Verarbeiten von Informationen;
c) bei den „Breitenelementen" handelt es sich um fachliche Kenntnisse und Fähigkeiten, die jedoch über breite Felder der Tätigkeitslandschaft erforderlich sind.
d) „Vintage-Faktoren" meinen einen Kanon allgemeinbildender Inhalte, die Gegenstand schulischer Lehrpläne sind oder sein sollen.

Vom Grundsatz her steht Mertens nach wie vor zu seinem Konzept, obwohl er inzwischen zugibt, daß es die Erörterung und Definition von Schlüsselqualifikationen in der pädagogischen Diskussion immer gegeben habe und er seine Postulate heutzutage so rigoros nicht mehr vertreten würde; doch er beansprucht, daß sein Konzept auch den neuen gesellschaftlichen Aufgaben- und Problembereichen wie Ökologie, Dritte Welt und Friedenssicherung angemessen sei. (…)

Originalität hat Mertens im Übrigen nie reklamiert (…). Gleichwohl: Der Begriff „Schlüsselqualifikation" und der mit ihm verbundene Anspruch wurden von der theoretischen und praktischen Berufspädagogik rasch übernommen, besonders von der Betriebspädagogik und den vielen Modellversuchen in diesem Bereich, ausdrücklich herausgehoben und entsprechend beachtet im PETRA-Modell bei Siemens. (...) Darüber hinaus wird nicht nur – vor allem in der schulischen und betrieblichen Aus- und Weiterbildungspraxis – gläubig an den vier Mertens'schen Schüsselqualifikationen festgehalten, sondern es ist in den letzten Jahren zu erheblichen Ausweitungen gekommen (...).

Doch es gibt inzwischen auch massive Zweifel an der Richtigkeit und an der Einlösbarkeit des Konzepts der Schüsselqualifikationen. Das Erstaunliche hieran ist, daß diese Kritik das gesamte wissenschaftstheoretische und bildungspolitische Spektrum der Berufs- und Wirtschaftspädagogik durchzieht, etwa von [Jürgen] Zabeck bis [Ingrid] Lisop reichend. So bezieht sich Zabeck in seiner Kritik im Kern auf die Ergebnisse der Lernpsychologie, in denen experimentell der Nachweis geführt worden sei, „daß die Steigerung der kognitiven Leistungsfähigkeit im Wesentlichen auf den Gegenstand beschränkt bleibt, an dem sie im Lernprozeß erzielt wurde". So richtig das sein mag und so stark das auch das Konzept der Schlüsselqualifikation erschüttern mag, so wenig kann ich mich der Zabeck'schen Schlußfolgerung anschließen, daß berufliche Leistungsfähigkeit die Bereitschaft des einzelnen voraussetze, „sich mit der Übernahme einer Berufsrolle in die durch Arbeitsteilung entstandenen, gesellschaftlichen Strukturen einzufügen". Das ist mir als Zielkategorie aus der Sicht eines Auszubildenden oder eines Arbeitnehmers zu passiv und zu anpasserisch und fällt hinter die Ansprüche von beruflicher Mündigkeit zurück. Da hilft es auch wenig, wenn Zabeck – m. E. richtigerweise – mit moralischen Kategorien nachbessert und beim Auszubildenden Werthaltungen zu entwickeln und zu stabilisieren empfiehlt, die an sittlich verantwortete Handlungsprinzipien gebunden sind. Denn sein Konzept der „Didaktik einer transfergerechten Qualifizierung" mit den Strukturmerkmalen

- Vermittlung der Fähigkeit zur repetitiven beruflichen Tätigkeit,
- Umstellungsfähigkeit und Umstellungsbereitschaft,
- Vermittlung eines allgemeinen beruflich-betrieblichen Orientierungswissens und
- Organisationsverständnis und Organisationsfähigkeit

bleibt ebenso im Formalen wie das Konzept von Mertens.

Da ist die Kritik von [Ingrid] Lisop, aber auch von [Oskar] Negt, [Rolf] Arnold und [Karlheinz] Geißler schon wesentlich grundsätzlicher und in der Gegenstrategie konsequenter. Den Kern der Kritik macht Lisop schon treffend in der Überschrift ihres Beitrages deutlich: „Schlüsselqualifikationen – Zukunftsbewältigung ohne Sinn und Verstand". Diese Autoren meinen, und ich schließe mich ihrer Auffassung an, daß das Konzept der Schlüsselqualifikation zu sehr im Formalen verbleibt und daß der „Verlust des Fachlichen", wie Arnold es nennt, offenkundig sei. Mit der Favorisierung extrafunktionaler Qualifikationen würde, um mit Lisop zu sprechen, eine Berufsausbildung unabhängig vom Berufsfeld, vom Beruf und von der Produktion favorisiert. Und Geißler meint gar, daß dieses Konzept einseitig die Unternehmer begünstigen und die Risiken des Qualifikationswandels weiterhin beim Arbeitnehmer belassen würde.

Die Inhaltsleere, die Ziellosigkeit und die nahezu beliebige Interpretierbarkeit und Ausfüllbarkeit liegen in der Tat, wie ich meine, bei dem Konzept der Schlüsselqualifikationen ebenso auf der Hand wie bei dem Ansatz der Handlungsorientierung. Daß bei diesen innovativen Ansätzen, so berechtigt sie auf der einen Seite sein mögen, leicht die im Arbeitnehmerinteresse liegenden Aspekte verlorengehen oder zumindest eine lange Zeit unbeachtet liegen bleiben können, zeigen die CNC-Curricula für die berufliche Aus- und Weiterbildung; sie sind „eindeutig verwendungs- und funktionsbezogen an der Vermittlung der technisch-instrumentellen Qualifikationen orientiert", wie Hild für die berufliche Weiterbildung untersucht hat, und unsere eigenen Untersuchungen im Rahmen des Modellversuchs „CNC-Technik/Mikroelektronik in den Berufsfeldern Metalltechnik und Holztechnik in berufsbildenden Schulen und Kollegschulen in Nordrhein-Westfalen" bestätigen dieses Ergebnis für die Berufsausbildung und für die Lehrerfortbildung.

Diese Befunde deuten darauf hin, daß curricularen Revisionen, vor allem im Kontext der neuen Technologien, zunächst Beachtung zu schenken ist, bevor unterrichts- und ausbildungsmethodisches Unheil angerichtet wird. (...)

Seit langen bin ich der Meinung, daß die Berufsschule mit traditionellen curricularen Strategien, die allesamt eine Orientierung des Verhältnisses der beiden Hauptlernorte Betrieb und Berufsschule zum Ziel haben, aus der Krise nicht herauskommt, zumal diese Krise durch die neuen Technologien immens vergrößert wird. Da sich dieser Lernort aus einer Fülle von Gründen nicht in eine Produktionsschule umfunktionieren lässt, was ich für optimal halten würde, muß nach anderen Lösungen gesucht werden. Die Lösung liegt für die industrielle gewerblich-technische Berufsausbildung m. E. in einem vierten Struktur-Typ, dem Autonomen Curriculum. (...) Die beiden Hauptlernorte der Berufsausbildung, nämlich der Betrieb und die Berufsschule sind in ihrem jeweiligen Bildungsauftrag zu verselbständigen; das bedeutet gegenwärtig noch nicht eine Aufgabe des dualen Systems, das ich aus unterschiedlichen Gründen zumindest noch mittelfristig für das beste aller denkbaren und praktizierbaren Modelle der Berufsausbildung in westlichen Industriegesellschaften halte, auch wenn es langfristig zumindest in der industriellen Berufsausbildung kaum überlebensfähig sein dürfte. (...)

Nun kann man zu Recht fragen, wie denn dieses anspruchsvolle Konzept eines autonomen Curriculums bei (zumindest noch mittelfristiger) Aufrechterhaltung des dualen Systems (und damit der Wirksamkeit und Verbindlichkeit der Ausbildungsordnungen) unterrichtliche Berufsschul-Wirklichkeit werden kann. Ich habe natürlich auch keine sofort greifende Strategie und kein unmittelbar umsetzbares Konzept zur Hand, doch könnte ich mir ein schrittweises Vorgehen mit sich teilweise ergänzenden und gegenseitig stützenden Einzelmaßnahmen vorstellen, von denen ich einige abschließend konkretisieren will:

- Zurückweisung der curricularen Restfunktion der Berufsschule im berufsbezogenen Lernbereich gemäß dem Prinzip des Differenz-Curriculums und stattdessen autonome Bestimmung des Curriculums (unter Beachtung der Qualifikationsanforderungen des Beschäftigungssystems einerseits und des genuinen Bildungsauftrages der Berufsschule andererseits).
- Revision des Berufsschul-Curriculums im Bereich gewerblich-technischer Berufsausbildung (Industrie) unter dem Aspekt der Systemtheorie der Technik, zunächst evtl. eingegrenzt auf Sachsysteme.
- Ausweitung dieses Ansatzes in Richtung soziotechnischer Systeme unter Einbeziehung des sozialkundlich-politischen Unterrichts (einschl. der Wirtschaftskunde).
- Entwicklung und Implementation von Schulberufen (…) im Bereich der Produktionstechnik für neue Technologien (CNC, CAD/CAM, CIM) evtl. in Kooperation mit Partnerbetrieben nach dem Modell der Berufsakademien oder der Hiberniaschule.
- Auf- und Ausbau der beruflichen Weiterbildung an beruflichen Schulen im Bereich der neuen Technologien unter besonderer Berücksichtigung des Aspekts ihrer Sozialverträglichkeit; Abstimmung von beruflicher Erstausbildung und beruflicher Weiterbildung.
- Versuche in Richtung ‚Produktionsschule', d. h. Hereinholen konkreter, realer Arbeit (z. B. unter Wettbewerbsbedingungen) in die beruflichen Schulen, zunächst in Form von Projekten.
- Kooperation zwischen gewerblich-technischer und kaufmännisch-verwaltender Berufsausbildung (etwa in Anlehnung an das betriebliche Modell der Juniorfirmen).
- Öffnung der beruflichen Schulen für die technischen, ökonomischen und sozialen Bedürfnisse der Region.

Nur über solche Maßnahmen könnte es gelingen, neben technologischen Aspekten moderner industrieller Arbeit auch die kommunikativen, ökonomischen, politischen, ökologischen und kreativen Dimensionen curricular einzufangen, so daß dann die Hoffnung berechtigt erschiene, damit auch einen neuen Begriff von beruflicher Bildung und berufsbezogener Allgemeinbildung prägen, unterrichtlich realisieren und in das berufliche wie private Leben implementieren zu können. Die Berufsschule müßte insofern in diesem Zusammenhang eine Korrektivfunktion erfüllen, als sie sich nicht reaktiv zum Erfüllungsgehilfen des wirtschaftlichen und technischen Wandels degradieren lassen dürfte, sondern aktiv eine bedeutende Rolle für die Gestaltung der menschlichen Arbeit und für die Entfaltungsmöglichkeiten des Menschen im Arbeitsprozeß und in der Gesellschaft übernehmen müßte.

Diese Forderung ergibt sich jedenfalls eindeutig aus erziehungswissenschaftlicher Position, die sich dem Leitbild des mündigen Bürgers in einem demokratischen

Rechtsstaat verpflichtet fühlen müßte, die sich aber auch der Gefahren der Deformierung des Leitbildes durch Technik und Ökonomie bewußt sein sollte.

Nachwort

Die permanente Revision berufsfachlicher Curricula gehört zum wissenschaftlichen Inventar der Berufs- und Wirtschaftspädagogik. Alle nichtakademischen Berufe müssen sich – das lehrt die Historie des 20. Jahrhunderts – sowohl volkswirtschaftlich auf dem jeweiligen, speziellen Arbeitsmarkt, getrennt nach Geschlechtern und Arbeitsplatzangebot, bewähren als auch den individuellen Vorstellungen von beruflicher Karriere, sozialem Status und nominalem Einkommen kurz-, mittel- und möglichst langfristig entsprechen. Die berufs- und wirtschaftspädagogische Disziplin hat dieses Feld theoretisch zu durchdringen und der nachwachsenden Generation, mithin den Jugendlichen sowie Erziehungsberechtigten, aber auch die für das System beruflicher Bildung Verantwortlichen mit belastbaren Erkenntnissen im gesamtgesellschaftlichen Kontext von Beschäftigungs- und Bildungssystem zu versorgen, und zwar über den Tag hinaus.

Der historisch-hermeneutische Blick auf Theorie, Geschichte, Politik und Didaktik der Zunft über mehrere Generationen hinweg – die Rede ist von rund einhundert Jahren – legt einerseits eine Rückschau auf die Disziplingeschichte nahe, andererseits sensibilisiert sie für wissenschaftstheoretische Kontinuitäten und Konjunkturen. Die so genannte Jugendfrage (Jugendbildung) hat seinerzeit die öffentliche Aufmerksamkeit auf die Reproduktionsbedingungen der Arbeiterklasse, speziell jedoch auf die nichtakademische, vornehmlich männliche Arbeiterjugend gelenkt. Seit nunmehr vier Generationen lässt sich die Frage beruflicher Sozialisation von unterschiedlichen Wissenschaftsdisziplinen – durchaus mit Gewinn für alle – im arbeitsteilig organisierten Wissenschaftsbetrieb auf der Grundlage von Philosophie, Psychologie, Soziologie und Anthropologie denken und methodisch unter Einsatz eben jener historisch-hermeneutischen Denkweise sowie empirisch-analytisch im Sinne einer interdisziplinären Sozialwissenschaft bearbeiten. Erziehungswissenschaft, mithin die Berufs- und Wirtschaftspädagogik wird sich aus naheliegenden Gründen dem einen nicht verweigern, um das andere ebenfalls zu tun.

Die Reproduktion von Gesellschaft, mit anderen Worten die demokratische Weiterentwicklung moderner (europäischer) Nationalstaaten ist wissenschaftstheoretisch ein interdisziplinäres, in der Regel an Universitäten betriebenes und von Partialinteressen absehendes Geschäft.

Die im vorliegenden Band versammelten Beiträge offenbaren unter den Bedingungen wechselnder Regierungsformen über die Jahrzehnte hinweg ein breites theoretisches Spektrum. Diverse und miteinander konkurrierende Zugänge zum Feld der nichtakademischen Berufserziehung und Berufsbildung sind zu erkennen, aber auch qualitativ neue Antworten, die die (gesamt-)gesellschaftliche Dynamik reflektieren und den Objektbereich systematisch erweitern. Die Notwendigkeit stetiger Curriculumrevision, das Verschwinden von Ausbildungsberufen und Berufsfeldern einerseits, politische Interventionen und nicht realisierte Reformen andererseits, erfordern nachgerade eine Überprüfung von Theorie und Methode, um der Dynamik des Objektbereichs Jugendbildung wissenschaftlich gerecht zu werden.

Die versammelten Autorinnen und Autoren diskutieren Vergangenes zugleich auch Zukünftiges, noch nicht Abgegoltenes. Objektive Veränderungen werden in den Beiträgen mit subjektiven Erwartungen an Erwerbsarbeit, Berufserziehung und Berufsbildung konfrontiert. Offensichtlich hat die Reflexion des Reproduktionsverhältnisses in Form der Jugendfrage ihren eigenen ‚Zeitkern'. Die Zukunft ist mithin offen, folglich gestaltbar!

Offen ist die Zukunft insofern, als sie angetrieben von Informationstechnologie und Datenökonomie auf eine neue, global organisierte Produktions- und Reproduktionsweise zusteuert. Die klassische Trennung von akademischen und nichtakademischen (Ausbildungs-)Berufen mit ihrer horizontalen sowie vertikalen Differenzierung steht mithin ebenso zur Disposition wie die sie tragenden resp. repräsentierenden Institutionen, und das auf nationaler wie globaler Ebene.

Mit der Konvergenz von Berufsbildern und Curricula wird ein Weg in die Zukunft zu beschreiten sein, der wissenschaftliches Know How mit ‚berufsfachlicher' Expertise (Umsetzungsexpertise) zusammenführt und somit zugleich (fach-)didaktisch legitimierten Bildungsprozessen eine neue Qualität abverlangt – mit Auswirkungen auf Personal, Institution und Organisation. In dem Umfang wie das Internet of Things (IOT) sich zum epochemachenden Produktionsmittel der Menschheit entwickelt, wird die immaterielle Arbeit Schritt für Schritt zum Maßstab moderner Erwerbsarbeit und zum sozio-kulturellen Motor von Bildungsaspiration und Bildungsreform, zunächst im Westen aber auch unübersehbar im globalen Süden. Die Konstitution von Arbeitsvermögen – sie ist den vorgelegten Beiträgen als Subtext eingeschrieben – ist folglich immer rückgekoppelt an die historische Form des Produktionsverhältnisses und individuellem Lebensentwurf. In den sachlichen-beruflichen Verhältnisse der Person spiegeln sich die ‚gesellschaftlichen Verhältnissen der Sachen' (Marx). Vernachlässigt die berufs- und wirtschaftspädagogische Zunft diesen Konnex, verliert sie ihre wissenschaftliche Reputation – wird zu einer wissenschaftlichen Universitätsdisziplin unter vielen!

***

Dank ist in viele Richtung auszusprechen. Zunächst ist dem *Franz Steiner Verlag* für die Bereitschaft zu danken, ausgewählte Klassikerinnen und Klassiker der Berufs- und Wirtschaftspädagogik zu Wort kommen zu lassen. Ferner den einzelnen Verlagen bzw. Autorinnen und Autoren, die unbürokratisch die Erlaubnis zum Nachdruck respektive Wiederabdruck erteilt und somit die Veröffentlichung beschleunigt haben. Zu danken ist ferner der Berliner *Bibliothek für Bildungshistorische Forschung* (BBF) des Deutschen Instituts für Internationale Pädagogische Forschung (DIPF) für die Beschaffung und digitale Bearbeitung der zusammengetragenen Beiträge, namentlich *Josefine Wähler*. Schließlich ist dem *Institut für Berufliche Bildung und Arbeitslehre* der TU Berlin (IBBA) für die Bereitstellung von Räumen und Equipment in Zeiten von Sars-CoV-2 unter pandemischen Bedingungen ein Dank auszusprechen.

Last but not least geht ein Dank an *Heinz-Elmar Tenorth* für die Anfrage sich mit einem Konvolut an der 16 Bände umfassenden Reihe Deutsche Bildungsgeschichte zu beteiligen, das Studierenden in der VR China u. a. einen Zugang zum erziehungswissenschaftlich-historischen Diskurs im Feld der Berufspädagogik in der Bundesrepublik Deutschland eröffnet und das dem vorliegenden Band als Grundlage diente. Für die pragmatische Kooperation zwischen der Berliner Humboldt Universität und Technischer Universität Berlin ist schließlich *Sabine Reh* und *Hans-Peter Füssel* zu danken.

Nachweis der Druckorte

Abel, Heinrich (1957): Berufswechsel und Berufsverbundenheit bei männlichen Arbeitnehmern in der gewerblichen Wirtschaft. Hrsg. von der Hochschule für Internationale Pädagogische Forschung Frankfurt a. M. Braunschweig: Westermann, S. 47–64

Baethge, Martin (2004): Entwicklungstendenzen der Beruflichkeit – neue Befunde aus der industriesoziologischen Forschung. In: Zeitschr. für Berufs- und Wirtschaftspädagogik 100. Jg. H. 3, S. 336–347

Blankertz, Herwig (1977): Die Verbindung von Abitur und Berufsausbildung. Konzepte und Modellversuche zur Fortsetzung expansiver Bildungspolitik. In: Zeitschr. für Pädagogik 23. Jg., Nr. 3, S. 329–343

Fischer, Aloys (1932): Wirtschaft und Schule. In: Mitteilungen des deutschen Verbandes für das kaufmännische Bildungswesen, Bd. 77. Braunschweig, S. 34–53. *Nachdruck in:* Röhrs, Hermann (Hrsg.) (1963): Die Bildungsfrage in der modernen Arbeitswelt. Frankfurt/M (Akademische Verlagsgesellschaft, Ffm.), S. 35–60

Greinert, Wolf-Dietrich (2013): Humanistische versus realistische Bildung. Eine Studie zur Ergänzung der Geschichte der ‚deutschen Sonderwege'. Baltmannsweiler: Schneider, S. 135–148

Kerschensteiner, Georg (1931): Theorie der Bildung. 3. Aufl. Leipzig: Quelle & Meyer, S. 86–219

Lempert, Wolfgang (1974): Soziale Rolle und berufliche Sozialisation. Zur berufspädagogischen Verwendung einer soziologischen Kategorie. In: Dux, G. / Luckmann, Th. (Hrsg.): Sachlichkeit. Opladen, S. 313–329; *Nachdruck in:* Lempert, Wolfgang (1974): Berufliche Bildung als Beitrag zur gesellschaftlichen Demokratisierung. Frankfurt/M: Suhrkamp, S. 38–61

Lipsmeier, Antonius (1991): Ganzheitlichkeit, Handlungsorientierung und Schlüsselqualifikation – über den berufspädagogischen Gehalt der neuen Zielgrößen für die berufliche Bildung im Kontext der neuen Technologien. In: Bonz, Bernhard / Lipsmeier, Antonius (Hrsg.): Computer und Berufsbildung. Beiträge zur Didaktik neuer Technologien in der gewerblich-technischen Berufsbildung. Stuttgart: Holland & Josenhans, S. 103–124

Lisop, Ingrid (1985): 40 [vierzig] Jahre Berufsausbildung im technischen Wandel – Ihre Zukunft im Rückspiegel betrachtet. Frankfurt/M: G. A. F. B., S. 85–98

Litt, Theodor (1960): Berufsbildung, Fachbildung, Menschenbildung. 2. Aufl. Heidelberg: 1960. *Nachdruck* in Theodor Litt. Pädagogische Schriften – Eine Auswahl ab 1927. Studienausgabe, hrsg. von Albert Reble. Bad Heilbrunn 1995 (Klinkhardt), S. 90–148

Münk, Dieter (2012): Bologna, Lissabon, der EQR und die pädagogische Perspektive – Von der Schwierigkeit eines Berufs- und Wirtschaftspädagogen, in Europa das Pädagogische zu finden. In: Büchter, Karin / Dehnbostel, Peter / Hanf, Georg (Hrsg.): Der Deutsche Qualifikationsrahmen (DQR). Ein Konzept zur Erhöhung von Durchlässigkeit und Chancengleichheit im Bildungssystem? Bielefeld: wbv, S. 135–159

Rauner, Felix (2002): Die Bedeutung des Arbeitsprozesswissens für eine gestaltungsorientierte Berufsbildung. In: Fischer, Martin / Rauner, Felix (Hrsg.) (2002): Lernfeld Arbeitsprozess. Ein Studienbuch zur Kompetenzentwicklung von Fachkräften in gewerblich-technischen Aufgabenbereichen. Bildung und Arbeitswelt Bd. 6. Baden-Baden: Nomos, S. 25–52

Schütte, Friedhelm (2013): Konkurrenz von akademischer und nicht akademischer Bildung. In: Severin, Eckart / Teichler, Ulrich (Hrsg): Akademisierung der Berufswelt? Bonn: BIBB/W. Bertelsmann, S. 43–62

Siemsen, Anna (1930): Die soziale Funktion der Berufsschule. Berlin: Verlag Arbeitsgemeinschaft sozialdemokratischer Lehrer und Lehrerinnen Deutschlands. Berlin: Verlag: Arbeitsgemeinschaft sozialdemokratischer Lehrer und Lehrerinnen

Spranger, Eduard (1923): Grundlegende Bildung, Berufsbildung, Allgemeinbildung. In: Ders.: Kultur und Erziehung. 2. erw. Aufl. Leipzig: Quelle & Meyer, S. 159–177

Stratmann, Karlwilhelm (1999): Das Duale System: Ansätze zu einer Bilanz. In: Karlwilhelm Stratmann: Berufserziehung und sozialer Wandel, hrsg. von Günter Pätzold und Manfred Wahle. Frankfurt/M: G. A. F. B., S. 375–393

Wissing, Jürgen A. (1954): Die Fächerung des Unterrichts der gewerblichen Berufsschule. Vortrag, gehalten auf der 1. Haupttagung des Landesverbandes der Lehrerschaft an berufsbildenden Schulen (NRW) in Recklinghausen. In: Ders.: Zur Didaktik des werkkundlichen Berufsschulunterrichts. 2. Aufl. Weinheim/Berlin: J. Beltz, S. 5–17

Literatur

Arnold, Rolf / Dobischat, Rolf / Ott, Bernd (Hrsg.) (1997): Weiterungen der Berufspädagogik. Von der Berufsbildungstheorie zur internationalen Berufsbildung. Stuttgart: Franz Steiner Verlag

Arnold, Rolf / Gonon, Philipp (Hrsg.) (2006): Einführung in die Berufspädagogik. Opladen/ Bloomfield Hills: Budrich/UTB

Arnold, Rolf / Lipsmeier, Antonius (Hrsg.) (2006): Handbuch der Berufsbildung. 2. Auf. Wiesbaden: VS Verlag

Arnold, Rolf / Lipsmeier, Antonius / Rohs Matthias (Hrsg.) (2020): Handbuch der Berufsbildung. 3. Auf. Wiesbaden: Springer VS

Becker, Matthias / Grimm, Axel / Herkner, Volkmar / Schlausch, Rainer (Hrsg.) (2018): Flensburger Perspektiven für zur Lehre und Forschung für die Berufsbildung. 20 Jahre biat. Frankfurt/M: P. Lang

Berner, Esther / Gonon, Philipp (Eds.) (2015): History of Vocational Education and Training in Europe. Cases, Concepts and Challenges. Frankfurt/M: P. Lang

Blankertz, Herwig (1985): Berufsbildung und Utilitarismus. Problemgeschichtliche Untersuchungen. Weinheim/München: Juventa [zuerst 1963]

Blankertz, Herwig (1982): Geschichte der Pädagogik. Von der Aufklärung bis zur Gegenwart. Wetzlar: Büchse der Pandora

Blättner, Fritz / Kiehn, Ludwig / Monsheimer, Otto u. a. (Hrsg.) (1960): Handbuch für das Berufsschulwesen. Heidelberg: Quelle & Meyer

Bohlinger, Sandra / Scheiermann, Gero / Schmidt, Christian (Hrsg.) (2022): Berufsbildung, Beruf und Arbeit im gesellschaftlichen Wandel. Wiesbaden: Springer SV

Bonz, Bernhard / Ott, Bernd (Hrsg.) (2003): Allgemeine Technikdidaktik – Theorieansätze und Praxisbezüge. Baltmannsweiler: Schneider

Bonz, Bernhard / Schütte, Friedhelm (Hrsg.) (2013): Berufspädagogik im Wandel. Diskurse zum System beruflicher Bildung und zur Professionalisierung. Baltmannsweiler: Schneider

Büchter, Karin (2013): Erziehung, Bildung, Ausbildung in der Berufspädagogik Heinrich Abels – Verständnis, Rezeption und Folgen. In: Bonz/Schütte, S. 48–70

Dernbach-Stolz, Stefanie / Eigenmann, Philipp / Kamm, Chantal / Kessler, Stefan (Hrsg.) (2021): Transformation von Arbeit, Beruf und Bildung in internationaler Betrachtung. Wiesbaden: Springer SV

Deutscher Ausschuß für das Erziehungs- und Bildungswesen (1966): Empfehlungen und Gutachten 1953–1965. Gesamtausgabe im Auftrage des Ausschusses besorgt von Hans Bohnenkamp, Walter Dirks, Doris Knab. Stuttgart: Klett Verlag

Deutscher Bildungsrat (1973): Empfehlungen für das Bildungswesen. 4. Aufl. Stuttgart: Klett Verlag

Deutscher Bildungsrat (1975): Gutachten und Studien der Bildungskommission Bd. 54: Lernen im Jugendalter. Ergebnisse, Fragestellungen und Probleme sozialwissenschaftlicher Forschung. Stuttgart: Klett

Dolch, Josef (1927): Georg Kerschensteiners Bildungstheorie. In: Pharus 18. Jg., 2. Halbjahresband, S. 241–255

Drechsel, Klaus (1996): Berufsausbildung mit Abitur in der DDR. Eine Retrospektive. In: Die berufsbildende Schule [BbSch] 48. Jg., H. 7/8, S. 239–246

Fischer, Aloys (1924): Die Humanisierung der Berufsschule. Nachdruck: Kreitmair 1950a, S. 315–384

Fischer, Nina / Grimm, Axel (Hrsg.) (2011): Lernen und Lehren in der beruflichen Bildung. Professionalisierung im Spannungsfeld von Hochschule und Schule. Frankfurt/M: P. Lang

Götzl, Mathias / Geiser, Patrick / Müller, Niklas (2020): NETZWERK-BWP. Zur Entwicklung der Berufs- und Wirtschaftspädagogik als wissenschaftliche Disziplin. In: Kaiser/Götzl, S. 73–92

Gonon, Philipp (2002): Georg Kerschensteiner: Begriff der Arbeitsschule. Darmstadt: Wissenschaftliche Buchgesellschaft

Gonon, Philipp / Reinisch, Holger / Schütte, Friedhelm (2010): Beruf und Bildung: Zur Ideengeschichte der Berufs- und Wirtschaftspädagogik. In: Nickolaus/Pätzold/Reinisch, S. 424–440

Greinert, Wolf-Dietrich (1997): Konzepte beruflichen Lernens unter systematischer, historischer und kritischer Perspektive. 3. Aufl. Baden-Baden: Nomos

Greinert, Wolf-Dietrich (1998): Das ‚deutsche System' der Berufsausbildung. Tradition, Organisation, Funktion. Studien zur Vergleichenden Berufspädagogik, Bd.1. Stuttgart: 3. Aufl. Baden-Baden: Nomos

Greinert, Wolf-Dietrich (2012): Wortmeldung eines Adepten. In: Schütte, S. 19–29

Greinert, Wolf-Dietrich (2013): Humanistische versus realistische Bildung. Eine Studie zur Ergänzung der Geschichte der ‚deutschen Sonderwege'. Baltmannsweiler: Schneider

Greinert, Wolf-Dietrich (2017): Berufsqualifizierung in Europa. Baltmannsweiler: Schneider

Grottker, Dieter (2006): Berufsbildungsforschung in der DDR. In: Rauner, S. 35–44

Grüner, Gustav (Hrsg.) (1983): Quellen und Dokumente zur schulischen Berufsbildung 1945–1982. 2 Bde. Köln/Weimar/Wien: Böhlau

Hegelheimer, Armin (1977): Finanzierungsprobleme der beruflichen Bildung. Stuttgart

Heid, Helmut (1986): Über die Schwierigkeit, berufliche von allgemeinen Bildungsinhalten zu unterscheiden. In: Tenorth, S. 95–116

Kaiser, Franz / Götzl, Mathias (Hrsg.) (2020): Historische Berufsbildungsforschung. Perspektiven auf Wissenschaftsgenese und -dynamik. Detmold: Eusl

Kleinau, Elke / Mayer, Christine (Hrsg.) (1996): Erziehung und Bildung des weiblichen Geschlechts. Band 1 und 2. Weinheim: DSV

Kreitmair, Karl (1950): Aloys Fischer. Leben und Werk. Bd. 1: Biographie. München: Bayrischer Schulbuchverlag

Kutscha, Günter (1992): ‚Entberuflichung' und ‚Neue Beruflichkeit' – Thesen und Aspekte zur Modernisierung der Berufsbildung und ihrer Theorie. In: Zeitschrift für Berufs- und Wirtschaftspädagogik [ZBW] 88. Jg. H. 7, S. 535–548

Lange, Ute / Harney, Klaus / Rahn, Sylvia u. a. (Hrsg.) (1999): Studienbuch Berufliche Sozialisation. Bad Heilbrunn: Klinkhardt

Lempert, Wolfgang (1974): Berufliche Bildung als Beitrag zur gesellschaftlichen Demokratisierung. Frankfurt/M: Suhrkamp

Lempert, Wolfgang (1976): Aufgaben der Berufsbildungsforschung. In: Zeitschrift für Pädagogik [ZfPäd.] 21. Jg., Nr. 1, S. 57–76
Lempert, Wolfgang (1980): Sinn und Chancen einer Verbindung unterschiedlicher sozialwissenschaftlicher Theorie in berufspädagogischer Absicht. In: ZBW, Beiheft 1: Ansätze berufs- und wirtschaftspädagogischer Theoriebildung. Wiesbaden: Steiner, S. 1–6
Lempert, Wolfgang (2002): Berufliche Sozialisation oder was Berufe aus Menschen machen. Eine Einführung. 2. Aufl. Baltmannsweiler: Schneider
Lempert, Wolfgang (2006): Berufspädagogen am Scheideweg. In: ZBW 102. Jg., S. 604–615
Lenzen, Dieter (2014): Bildung statt Bologna. Berlin: Ullstein
Lipsmeier, Antonius (1998): Vom verblassenden Wert des Berufes für das berufliche Lernen. In: ZBW 94. Jg., H. 4, S. 481–495
Lipsmeier, Antonius (2006): Genese der berufspädagogischen Forschung. In: Rauner, S. 19–27
Lipsmeier, Antonius / Münk, Dieter (Hrsg.) (2019/2022): Biographisches Handbuch der Berufspädagogik sowie des beruflichen Schul-, Aus-, Weiterbildungs- und Verbandswesens. Bd. 1 [2019] und Bd. 2: Ergänzungsband [2022]. Stuttgart: Franz Steiner Verlag
Lisop, Ingrid (1985): 40 [vierzig] Jahre Berufsausbildung im technischen Wandel – Ihre Zukunft im Rückspiegel betrachtet. Frankfurt/M: G. A. F. B.
Lisop, Ingrid (1994): Arbeitsorientierte Exemplarik. Theorie und Praxis subjektbezogener Bildung. 2. Aufl. Frankfurt/M: G. A. F. B.
Lisop, Ingrid (1998): Zur Transformation der universitären Berufs- und Wirtschaftspädagogik im Lichte des dualen Systems. In: Schütte/Uhe, S. 199–219
Ingrid Lisop (2014): Abseits des Mainstreams – Autobiografie. Frankfurt/M: G. A. F. B.
Lisop, Ingrid / Huisinga, Richard (1994): Arbeitsorientierte Exemplarik. Theorie und Praxis subjektbezogener Bildung. Frankfurt/M: G. A. F. B.
Monsheimer, Otto (1956): Drei Generationen Berufsschularbeit. Gewerbliche Berufsschulen. Weinheim: Beltz
Müllges, Udo (1967): Bildung und Berufsbildung. Ratingen bei Düsseldorf: A. Henn Verlag
Nicolin, Friedhelm / Wehle, Gerhard (Hrsg.) (1982): Theodor Litt. Pädagogische Analysen zu seinem Werk. Bad Heilbrunn: Klinkhardt
Niedermair, Gerhard (Hrsg.) (2017): Berufliche Benachteiligtenförderung. Theoretische Einsichten, empirische Befunde und aktuelle Maßnahmen. Linz: Trauner Verlag
Nickolaus, Reinhold / Pätzold, Günter / Reinisch, Holger u. a. (Hrsg.) (2010): Handbuch Berufs- und Wirtschaftspädagogik. Bad Heilbrunn: Klinkhardt/UTB
Nida-Rümelin, Julian (2014): Der Akademisierungswahn. Zur Krise beruflicher und akademischer Bildung. Hamburg: Körber-Stiftung
Offe, Claus (1970): Leistungsprinzip und industrielle Arbeit. Frankfurt/M: Suhrkamp
Offe, Claus (1975): Berufsbildungsreform. Eine Studie über Reformpolitik. Frankfurt/M: Suhrkamp
Offe, Claus (1975a): Bildungssystem, Beschäftigungssystem und Bildungspolitik – Ansätze zu einer gesamtgesellschaftlichen Funktionsbestimmung des Bildungssystems, S. 217–252. In: Deutscher Bildungsrat, S. 256–302
Pätzold, Günter (1992): Berufsschuldidaktik in Geschichte und Gegenwart: Richtlinien, Konzeptionen, Reformen. Bochum: N. Brockmeyer
Pahl, Jörg-Peter (2009): Berufsfachschule. Ausformung und Entwicklungsmöglichkeiten. Bielefeld: wbv
Pahl, Jörg-Peter (2012): Berufsbildung und Berufsbildungssystem. Darstellung und Untersuchung nichtakademischer und akademischer Lernbereiche. Bielefeld: wbv

Pahl, Jörg-Peter (Hrsg.). Perspektiven gewerblich-technischer Berufsschulen. Visionen, Ansprüche und Möglichkeiten. Neusäß: Kieser Verlag
Pahl, Jörg-Peter / Herkner, Volkmar (Hrsg.) (2010): Handbuch Berufliche Fachrichtungen. Bielefeld
Pahl, Jörg-Peter / Rauner, Felix / Spöttl, Georg (Hrsg.) (2000): Berufliches Arbeitsprozesswissen. Ein Forschungsgegenstand der Berufsfeldwissenschaften. Baden-Baden: Nomos
Pahl, Jörg-Peter / Schütte, Friedhelm (Hrsg.) (2000): Berufliche Fachdidaktik im Wandel. Seelze-Velber: Kallmeyer'sche Verlagsbuchhandlung
Pilz, Matthias / Breuing, Kathrin / Schumann, Stephan (Hrsg.) (2019): Berufsbildung zwischen Tradition und Moderne. Wiesbaden: Springer VS
Pukas, Dietrich (1988): Die gewerbliche Berufsschule der Fachrichtung Metalltechnik – ihre Entstehung um die Jahrhundertwende und ihre Entwicklung bis zur Gegenwart. Alsbach/Bergstr.: Leuchtturm Verlag
Rauner, Felix (Hrsg.) (2006): Handbuch Berufsbildungsforschung. 2. Aufl. Bielefeld: wbv
Reh, Sabine / Füssel, Hans-Peter (Hrsg.) (2014): Recht und moderne Schule. Beiträge zu ihrer Geschichte. Bad Heilbrunn/Berlin: BWV/Klinkhardt
Riedel, Johannes (Hrsg.) (1925): Arbeitskunde. Grundlagen, Bedingungen und Ziele der wirtschaftlichen Arbeit. Leipzig/Berlin: Teubner
Röhrs, Hermann (1953): Die Pädagogik Aloys Fischers. Versuch einer systematischen Darstellung seines wissenschaftlichen Gesamtwerks. [Habil.-Schr.] Ratingen: A. Henn Verlag
Röhrs, Hermann (Hrsg.) (1963): Die Bildungsfrage in der modernen Arbeitswelt. Frankfurt/M: Akademischer Verlagsgesellschaft
Sänger, Christoph (2016): Den Marxismus lebendig halten. Pädagogische Impulse zweier Vordenkerinnen des demokratischen Sozialismus: Anna Siemsen und Alice Rühle-Gerstel. In: Sozialwissenschaftliche Rundschau 39. Jg., H. 73, S. 134–148
Schlieper, Friedrich (1963): Allgemeine Berufspädagogik. Freiburg i. B.: Lambertus Verlag
Schütte, Friedhelm (1992): Berufserziehung zwischen Revolution und Nationalsozialismus. Ein Beitrag zur Bildungs- und Sozialgeschichte der Weimarer Republik. Weinheim: DSV
Schütte, Friedhelm (2001): Die deutsche Berufsschule und die Europäisierung der Bildungsinstitutionen – Von der ‚Berufsbildung' zur ‚Fachbildung'. In: Pahl, S. 197–214
Schütte, Friedhelm (2003): Technisches Bildungswesen in Preußen-Deutschland. Aufstieg und Wandel der Technischen Fachschule 1890–1938. [Habil.-Schr.] Köln/Weimar/Wien: Böhlau
Schütte, Friedhelm (2003a): Technikdidaktik zwischen Lehrmethode und Fachmethodik. Methodische Organisation von Lehren und Lernen in den Berufsfeldern Metall- und Elektrotechnik. In: Bonz/Ott, S. 19–35
Schütte, Friedhelm (2006): Berufliche Fachdidaktik. Theorie und Praxis der Fachdidaktik Metall- und Elektrotechnik. Ein Lehr- und Studienbuch. Stuttgart: Franz Steiner Verlag
Schütte, Friedhelm (2010): 40 Jahre Berufsbildungsgesetz – eine disziplinhistorische Anmerkung zur Vorgeschichte (1959–1969). In: Wuttke/Friese/Fürstenau, S. 135–147
Schütte, Friedhelm (2013): Disziplinäre Dynamik der Berufspädagogik. In: Bonz/Schütte, S. 15–34
Schütte, Friedhelm (2014): Berufsbildungsrecht. Geschichte, Systematik, Politik. In: Reh/Füssel, S. 305–322
Schütte, Friedhelm (2015): Education Systems Research – Intention, Socpe, Desiderata. A Vocational-Pedagogy and Historical Comment. In: Berner/Gonon, S. 449–471
Schütte, Friedhelm (2017): Berufsbildung zwischen Integration und Inklusion. Anforderungen an Lehrkräftebildung und Berufliche Didaktik. In: Niedermair, S. 337–357

Schütte, Friedhelm (2018): Von der gestaltungsorientierten Berufsbildung zum Arbeitsprozesswissen – ein Kommentar zum berufswissenschaftlichen ‚Paradigma'. In: Becker/Grimm/Herkner/Schlausch, S. 303–316
Schütte, Friedhelm (2019): Internationaler Austausch via Länderstudien – Heinrich Abel: Pionier der Vergleichenden Berufspädagogik. In: Pilz/Breuing/Schumann, S. 31–46
Schütte, Friedhelm (2019a): Didaktik und Methodik berufsfachlicher Lehr-Lern-Arrangements – ein Überblick. In: Enzyklopädie Erziehungswissenschaft Online [EEO] hrsg. von Karin Büchter und Friedhelm Schütte. Weinheim/München: Juventa Verlag DOI.org/10.3262/EEO12180409
Schütte, Friedhelm (2020): Disziplingeschichte via Biographieforschung? Berufs- und Wirtschaftspädagogik zwischen Philosophie und Soziologie. Beispiel: Heinrich Abel. In: Kaiser/Götzl, S. 341–356
Schütte, Friedhelm (2020a): Konzepte und Probleme der (Fach-)Didaktik beruflicher Bildung. In: Arnold/Lipsmeier/Rohs, S. 387–398
Schütte, Friedhelm (2021): Von der Wertphilosophie zur Digitalen Society – Statt Georg Kerschensteiner, Julia Ebner, Jaron Lanier und Theodor W. Adorno. In: Dernbach-Stolz/Eigenmann/Kamm, S. 323–339
Schütte, Friedhelm (2022): Berufserziehung – Jugendbildung. Fünfzehn berufspädagogische Vorlesungen. Stuttgart: Franz Steiner Verlag
Schütte, Friedhelm (2022a): Soziale Integration der Arbeiterjugend – der unheimliche Objektbereich der Berufs- und Wirtschaftspädagogik. Notate zum wissenschaftstheoretischen Diskurs der Disziplin. In: Bohlinger/Scheiermann/Schmidt, S. 41–55
Schütte, Friedhelm (Hrsg.) (2003b): Quellen und Dokumente zur Geschichte der technischen Bildung in Deutschland. Teil 2: Das Technische Fachschulwesen 1890–1945. [C/8.2] Köln/Weimar/Wien: Böhlau
Schütte, Friedhelm (Hrsg.) (2012): Verdunkelung einer Lichtgestalt – Heinrich Abel und die ‚Schattenexistenz' der Berufspädagogik. Frankfurt/M: G. A. F. B.
Schütte, Friedhelm/Uhe, Ernst (Hrsg.) (1997): Die Modernität des Unmodernen. Das ‚deutsche System' der Berufsausbildung zwischen Krise und Akzeptanz. Berlin: BiBB
Schwitanski, Alexander J. (Hrsg.) (2016): Anna Siemsen. Aspekte eingreifenden Denkens. Essen: Klartext
Siemsen, Anna (1926): Beruf und Erziehung. Berlin
Strahm, Rudolf H. (2014): Die Akademisierungsfalle. Warum nicht alle an die Uni müssen. Bern: hep-Verlag
Stratmann, Karlwilhelm (1980 ff.): Quellen und Dokumente zur Geschichte der Berufsbildung in Deutschland. Köln/Weimar/Wien: Böhlau
Stratmann, Karlwilhelm (1992): ‚Zeit der Gärung und Zersetzung'. Arbeiterjugend im Kaiserreich zwischen Schule und Beruf. Weinheim: DSV
Stratmann, Karlwilhelm (1999): Berufserziehung und sozialer Wandel, hrsg. von Günter Pätzold und Manfred Wahle, Frankfurt/M: G. A. F. A.
Stratmann, Karlwilhelm / Bartel, Werner (Hrsg.) (1975): Berufspädagogik. Ansätze zu ihrer Differenzierung. Köln: Kiepenheut & Witsch
Stratmann, Karlwilhelm / Schlösser, Manfred (1990): Das duale System der Berufsbildung. Eine historische Analyse seiner Reformdebatten. Frankfurt/M: G. A. F. A.
Sünker, Heinz (2013): Bildung und Arbeit. Notate zu ‚Fachbildung' und ‚Allgemeinbildung' bei Theodor Litt. In: Bonz/Schütte, S. 36–47

Tenorth, Heinz-Elmar (Hrsg.): Allgemeine Bildung. Analysen zu ihrer Wirklichkeit, Versuche über ihre Zukunft. Weinheim/München: Juventa

Uhe, Ernst (2011): Friedhelm Schütte – Lebensweg und Profession. In: Fischer, Nina / Grimm, Axel (Hrsg.): Lernen und Lehren in der beruflichen Bildung. Professionalisierung im Spannungsfeld von Hochschule und Schule. Frankfurt/M: P. Lang, S. 15–17

Wiemann, Günter (1998): Wolf-Dietrich Greinert. Zum Geburtstag – eine ganz persönliche Würdigung. In: Schütte/Uhe, S. 21–24

Wuttke, Evelin / Friese, Marianne / Fürstenau, Bärbel u. a. (Hrsg.): Dimensionen der Berufsbildung. Opladen/Farmington Hills: B. Budrich

Zabeck, Jürgen (2009): Geschichte der Berufserziehung und ihrer Theorie. Paderborn: Eusl

Abkürzungsverzeichnis

a. a. O.	am angegebenen Ort
Abb.	Abbildung
AdA	Ausbildung der Ausbilder | Ausbilderinnen
AEVO	Ausbildereignungs-Verordnung
Azubi	Auszubildende
BA	Bachelor
BAFöG	Bundesausbildungs-Förderungsgesetz
BBiG	Berufsbildungsgesetz
BbSch	Die berufsbildende Schule
BBW	Berufsbildungswerke
BerBiFG	Berufsbildungs-Förderungsgesetz
BFS	Berufsfachschule
BiBB	Bundesinstitut für Berufsbildung (Bonn)
BMBF	Bundesministerium für Bildung und Forschung
BMWI	Bundesministerium für Wirtschaft (und Technologie)
BOS	Berufsoberschule
BPZ	Berufspädagogische Zeitschrift
BRD	Bundesrepublik Deutschland
BS	Berufsschule
bspw.	beispielsweise
BWP	Berufs- und Wirtschaftspädagogik
CAD | CAM	Computer Added Design | Added Manufacturing
CDU	Christlich Demokratische Union
CEDEFOP	Europäisches Zentrum für die Förderung der Berufsbildung (Thessaloniki)
CIM	Computer Integrated Manufacturing
CNC	Computer Numeric Control
CSU	Christlich Soziale Union
DFG	Deutsche Forschungsgemeinschaft
DDR	Deutsche Demokratische Republik (1949–1989)

DGB	Deutscher Gewerkschaftsbund
DGfE	Deutsche Gesellschaft für Erziehungswissenschaft
DHKT	Deutscher Handwerkskammertag
DIHT	Deutscher Industrie- und Handelstag
DQR	Deutscher Qualifikationsrahmen
DtBFsch	Deutsche Berufs- und Fachschule
ebd.	ebenda
ECVET	European Credit System for VET
EEO	Enzyklopädie Erziehungswissenschaft
EQAVET	European Quality Assurance in VET
EQF | EQR	European Qualification Frame | Europäischer Qualifikationsrahmen
EU	Europäische Union
FH	Fachhochschule
FOS	Fachoberschule
GG	Grundgesetz
ggf.	gegebenenfalls
HK	Handwerkskammer
HwO	Handwerksordnung
IBBA	Institut für Berufliche Bildung und Arbeitslehre (TU Berlin)
i. d. R	in der Regel
i. E.	im Einzelnen
IGM	Industriegewerkschaft Metall
i. e. S.	im engeren Sinn
i. w. S.	im weiteren Sinn
ISF	Institut für Sozialwissenschaftliche Forschung (München)
KMK	Kultusminister-Konferenz der Länder
LP	Lehrplan
MA	Master
m. a. W.	mit anderen Worten
NW | NRW	Nordrhein-Westfalen
OECD	Organisation für wirtschaftliche Zusammenarbeit und Entwicklung
passim	da und dort | zerstreut
SAJ	Sozialistische Arbeiterjugend
SOFI	Sozialforschungsinstitut (Göttingen)
s. o.	siehe oben
SPD	Sozialdemokratische Partei Deutschland
TU	Technische Universität
UN	Vereinte Nationen
UNESCO	Organisation der Vereinten Nationen für Bildung, Wissenschaft, Kultur und Kommunikation
u. U.	unter Umständen

VET	Vocational Education and Training
vs.	versus
ZBW	Zeitschrift für Berufs- und Wirtschaftspädagogik (vormals DtBFsch)
ZfPäd.	Zeitschrift für Pädagogik
ZVEI	Zentralverband der deutschen Elektroindustrie